杨常宝◎著

NEIMENGGU NONGCUN MUQU
CHANYE ZHENXING ANLI YANJIU

内蒙古农村牧区产业振兴案例研究

经济管理出版社

ECONOMY & MANAGEMENT PUBLISHING HOUSE

前　言

　　本书旨在以乡村振兴战略为视角，综合运用可持续发展、互惠、发展人类学和文化生态学等理论，采用民族学和社会学的田野调查方法，对内蒙古自治区的牧区和农区进行案例研究。本书共由四个案例构成：①牧区"人—畜—草"互惠关系研究：以乌日根塔拉镇为例；②牧区产业振兴研究：以布寨嘎查为例；③牧区畜牧业市场化研究：以嘎达苏种畜场为例；④农区农具变迁研究：以保尔斯稿嘎查为例。本书为内蒙古农村牧区的产业振兴和可持续发展提供有益案例，具有现实参考意义。

　　案例一为"牧区'人—畜—草'互惠关系研究：以乌日根塔拉镇为例"，包括第一章至第四章，是基于内蒙古锡林郭勒盟苏尼特右旗乌日根塔拉镇的实地调查，结合可持续发展理论和互惠理论，探究了牧民、草原和牲畜之间的相互关系和内部协调情况。本案例研究旨在深入剖析游牧文化在乡村振兴战略中的现实意义，并通过系统分析探讨如何在创新机制的帮助下实现蒙古族游牧文化的继承和发展。同时，还呼吁转变畜牧业经营方式，为建立自然、人文全面发展的和谐社会提供理论依据。在具体研究中指出牧区存在的问题，并提出解决方案，探讨如何使牧民与时俱进，保持畜群与自然之间的和谐共生。此外，还强调加强草原生态建设的重要性，以确保畜牧业的可持续发展。

　　案例二为"牧区产业振兴研究：以布寨嘎查为例"，包括第五章至第八章，从发展人类学的视角出发，通过对内蒙古鄂尔多斯市乌审旗布寨嘎查细毛羊羊毛产业的考察，重点分析了牧区产业振兴的相关问题，包括实践和探索路径问题。通过对布寨嘎查产业发展历程的考察，本案例研究分析了该地区实现产业振兴的路径及其取得的成果，对内蒙古自治区及其他牧区的产业振兴具有借鉴意义。

　　案例三为"牧区畜牧业市场化研究：以嘎达苏种畜场为例"，包括第九章至第十二章，以内蒙古自治区通辽市嘎达苏种畜场为研究对象，从乡村振兴战略视角出发，探究畜牧业市场化的发展情况。本案例研究运用文化生态学和可持续发展理论，以文献研究和田野调查等研究方法为基础，从多个方面深入探究畜牧业市场化对牧民经济、生活、文化、传统意识观念和传统人际关系的影响，并研究生态环境和文化之间的关系。旨在深入分析如何实现畜牧业的可持续发展以及如何实现产业振兴，从而提供可行性的建议。本案例研究的意义在于探究内蒙古通辽市嘎达苏种畜场的畜牧业市场化现状，深入了解其对牧民经济、生活、文化、传统意识观念和传统人际关系的影响，以及生态环境和文化之间的关系。通过对畜牧业市场化的研究，为实现畜牧业的可持续发展和产业振兴提供有益的参考和建议，同时，促进其可持续发展。

案例四为"农区农具变迁研究：以保尔斯稿嘎查为例"，包括第十三章至第十六章，以内蒙古自治区通辽市库伦旗额勒顺镇保尔斯稿嘎查为例，主要采用实地田野调查和访谈等方法，重点探讨通辽市库伦旗额勒顺镇保尔斯稿嘎查农区农业生产方式的变迁，尤其是农具变迁以及对农业发展的影响。本案例研究发现，该地区农业生产已实现机械化，部分传统农具已逐渐被淘汰，现在很难在农民家中发现这些传统农具，只能在农具博物馆中看到。因此，希望唤起人们对传统农耕方式的记忆，具有传承当地农耕文化的教育意义。本案例研究的贡献在于以保尔斯稿嘎查为例，全面探究半农半牧地区农具变迁的现状和问题，并提供多角度、多维度的分析，为民族地区生产方式变迁的实证研究提供了有益参考。

杨常宝

2023 年 6 月 16 日

目　录

案例一　牧区"人—畜—草"互惠关系研究：
　　　　以乌日根塔拉镇为例

案例二　牧区产业振兴研究：以布寨嘎查为例

案例三　牧区畜牧业市场化研究：以嘎达苏种畜场为例

案例四 农区农具变迁研究：以保尔斯稿嘎查为例

案例一

牧区"人—畜—草"互惠关系研究：
以乌日根塔拉镇为例

珠拉　杨常宝

绪　论

一、研究背景

　　蒙古族以其卓越的畜牧技术、出色的畜牧文明以及建立在合理自然环境和资源利用基础上的生存体系而闻名。在这一体系中，自然界是他们的基石，畜牧业是生活的核心。牲畜的存在和健康是游牧文化形成和延续的必要条件之一。在畜牧业生产和经营过程中，牧民以草原资源作为畜群饲养、训练和加工产品的基础，同时也传承和发扬着爱护五畜的情感和意识。这使游牧文化充满丰富的精神内涵，凸显其独特特色。在这种有机关系中，任何一方都无法独立生存。牧民和牲畜需要相互配合、相互依存以实现他们在生态系统中的共存共荣。

　　实现可持续发展需要依靠自然生态系统为基础，合理利用资源、保护草原、创新畜牧业生产组织和政策机制等方面的支持。这不仅是对草原牧区可持续发展方向的探讨和思考，也是对游牧文化价值的深刻认知和把握。

　　本案例的田野调查点乌日根塔拉镇的畜牧业具有悠久的历史。随着现代化进程的推进，当地的牧民逐渐从游牧生活向定居转变，这导致他们的传统生活方式发生转变，社会关系发生一定变化，市场化趋势的出现也推动了"人—畜—草"关系的变化。

　　在乡村振兴战略的背景下，牧民们开始寻求新的发展道路，对牧区现代化的看法和理解也发生了改变，这些变化与所处的生态环境、社会环境以及生活方式的变革密切相关。虽然经济快速发展、人民生活基本条件改善，文化教育、医疗和政策也有很大改进，但在"人—畜—草"的生态关系中仍存在"不和谐"的现象。这主要是因为人们对与自然和谐相处的深层次意义了解不够，忽视了自然的调和，过分强调了利益的作用。

　　现代畜牧业在游牧经济基础上不断创新与完善，两者内在联系紧密但又各具特点。现代畜牧业与游牧经济各自代表着畜牧业发展的不同阶段，改造游牧经济为现代畜牧业是时代的要求。诸如牧草搭配、牲畜选育方法、季节改良、畜产品加工、畜牧兽医等技术知识均源自古代游牧民族。蒙古族善于根据畜种季节性调整草场利用，并妥善保护草场生态，充分发挥其经济价值。这不仅源于他们对草原自然的深入认识，也体现对自然的敬畏和文化智慧的传承与创新。

二、研究意义

（一）理论意义

本案例研究以内蒙古锡林郭勒盟苏尼特右旗乌日根塔拉镇为研究对象，通过文献综述和田野调查，对现代牧区中"人—畜—草"三者之间的协调发展进行研究。在乡村振兴战略的背景下，具体分析了牧区"人—畜—草"三者协调发展中存在的问题，并探讨了如何使牧民保持与时俱进，实现畜群与自然的和谐共生。本案例研究的目的是通过深入思考游牧文化的现实意义，并进行系统分析，探讨在继承和发展蒙古族游牧文化的前提下，通过创新机制实现可持续发展的目标。从科学发展的角度出发，转变畜牧业经营方式，为建立自然人文全面发展的和谐社会提供理论依据。同时，本书呼吁加强草原生态建设，以确保畜牧业的可持续发展。

（二）现实意义

如何合理协调传统游牧文化中有益因素的继承与发展，并有效实施乡村振兴战略，全面构建小康社会的目标，是一项重要的挑战。在当今人类与自然关系日益紧张的背景下，游牧文化中的众多观念、知识和智慧具有更大的时代价值和意义。这些观念和智慧揭示了人类与自然关系的内在联系，为我们提供了从自然与生命体验中获取智慧的思路。特别是对蒙古族文化传承进行深入研究，为我们重新认识和评价蒙古文化的历史和价值提供重要的思想支持和理论基础。蒙古文化强调人与自然的协调和平衡，将人与自然视为整体，反映了人类对自然环境的敬畏和珍视。因此，学习和借鉴蒙古游牧文化中的有益因素，对于我们在当代社会建立更加和谐、可持续的人与自然关系具有启示性的指导意义。

三、研究现状

（一）"人—畜—草"关系研究现状

目前，蒙古文化的研究在国内已形成一定规模，并建立了一些固定组织。自1980年起，国内许多专家和学者已对蒙古游牧文化给予极大的关注，研究机构、研究组织、研究人员以及研究成果的数量和质量等方面，我国已经成为蒙古文化研究的主要基地之一。自1999年以来，内蒙古自治区的经济学、生态学、生态经济学、蒙古学、历史学、哲学等多个领域的学者，结合多学科、跨专业的角度，对蒙古族的形成、发展演变，游牧文化和农耕文化的互动、交融以及游牧文化对中国甚至世界历史的贡献，草原畜牧业的历史与未来等议题展开了广泛深入的研究。

李圆圆（2012）① 认为，草原生态的主要退化原因是牧民收入偏低、超载过牧、人口压力，以及矿产资源的开发。在探究锡林郭勒盟三个牧业旗的状况时，作者将牧民收入作为视角，采用草原生态保护牧民行为博弈分析的方法，提出了影响牧护收入的主要因素，并呼吁实现牧民、草原和牲畜之间的内部协调性。

斯琴毕力格（2013）② 对锡林郭勒盟牧区的发展现状进行了深入分析，并提出了抓住"人—畜—草"三大要素的建议。为解决问题，他建议从"人"的方面出发，稳步转移牧区人口，加强牧民培训和教育；从"草"的方面出发，建立健全草原生态补偿机制，精心组织实施生态建设项目和规范天然草场利用；从"畜"的方面出发，促进优势特色产业的专业化发展，发展生态草原畜牧业，从而促进草原生态恢复，并增加牧民收入。

盛国滨（2012）③ 对青海牧区畜牧业发展现状进行了分析，发现存在草原功能下降、经济基础薄弱、畜牧超载严重等制约因素。他认为，要促进人、草、畜协调发展，需要积极转变牧区发展方式，促进牧民收入增长，积极组建牧民合作经济组织，加强草、畜平衡措施。

罗康隆（2017）④ 基于人类学的视角，以内蒙古草原、青藏高原、西南草地为田野案例，探讨了生态环境与文化。他认为，原生态文化研究的重点在于不同民族对所处生态系统做出文化适应的全部相关内容。由于民族文化是一个整体，这样的研究涉及文化的所有事项，因而需要研究的内容极其丰富多样。

马桂英（2013）⑤ 以人类与自然关系为主线，从"历史"与"共时"相结合的角度，关注人与自然的互动，讨论人与自然的互动基础上形成的文化，解读这种文化中包含的人与自然关系的理论形态。本书提到在生存资源的时空重组中，牧人通过调控家畜来顺应水草资源的时空变化，人不直接干预自然，在草场第一性生产力的限度内，通过时空重组，使家畜第二性生产力获得最大程度的发展，不仅大大减轻人的劳动强度，更重要的是缓解草场的压力，为草场的休养生息让渡出充足的时间和空间，使草场生态保持良性循环。

鄂斯尔（2006）⑥ 认为，可持续发展的理念在游牧社会中被体现为共生，即人与人、人与生物，包括人、动物和自然环境，彼此依存、共存，共同构成生态

① 李圆圆．牧民收入视角下的草原生态保护研究［D］．内蒙古农业大学硕士学位论文，2012．
② 斯琴毕力格．抓住"人、草、畜"三要素［J］．草原与牧业，2013（2）：7-9．
③ 盛国滨．青海牧区人草畜和谐发展与社会稳定研究［J］．西北民族大学学报，2012（3）：94-98．
④ 罗康隆．草原游牧的生态文化研究［M］．北京：中国社会科学出版社，2017．
⑤ 马桂英．蒙古文化中的人与自然关系研究［M］．沈阳：辽宁民族出版社，2013．
⑥ 鄂斯尔．现代化建设与游牧生活［M］．呼和浩特：内蒙古人民出版社，2006．

系统的不可或缺的因素。牧民可以从自然中获得许多有关规律的知识，这些知识成为他们持续经营生产的重要条件，同时也因为游牧生态企业与自然系统的交互作用密不可分，更加凸显了这种相互依存的关系。

特·那木吉拉苏荣（2015）[①] 提到，在人类对五种畜群的控制中，畜群社会的原始阶段已经结束，进入了人、畜、自然相互依存、平等共存、共同发展的新阶段。虽然蒙古族牧民的游牧生产方式存在着对个人不利的方面（生活与生产环境艰苦），但却与自然生态相适应，具有促进畜群安全生长、利用天然草场的特点。

宝因贺希格（2018）[②] 指出，游牧经济的三个要素分别是草原、畜群和牧民，任何一个要素的缺失都会导致游牧经济的无法持续。游牧经济的三个体系——人、自然和牲畜相互支持、相互依存，构成了一条完整的链条。实际上，畜牧业的出现就是这个三位一体的体系的产物。

乌苏日格仓（2013）[③] 指出，游牧经济的三个基本构成要素分别是人、自然和畜群，其中自然作为纽带连接了这三个构成要素之间的关系，可称为三者协调。三者协调是游牧经济的基本特征，也是其独特之处，游牧必须依靠三者协调才能正常发展。一旦三者协调失衡，游牧的发展就会受到影响。因此，三者协调的平衡问题是游牧生产自然性内在系统的基本原则。这个系统的正常稳定发展的根本保证或基础在于自然；人（即游牧人）是系统的控制和执行者；畜群是关系的结果，而自然则是连接这三者的纽带。

蒙古国学者那·哈夫卡（2013）[④] 的研究结果表明，蒙古族养牧学是支撑蒙古游牧经典畜牧业的三个支柱之一，户、家庭的体系是建立在这三个支柱之间相互发展、相互联系和相互信任的基础上的。同时，也是基于牧民、草场和牲畜三个支柱的户、家庭的体系领域，按照普遍的三个体系的连锁原则进行蒙古族的放牧学行为。只有兼备这些体系，蒙古人才能对畜牧学这一独立的机构体系有全面的理解。

那木吉拉苏荣（2007）[⑤] 探讨的牧业文化的形成与发展中，人、畜、自然三者之间的和谐关系，并以呼伦贝尔畜牧业的历史变迁和现实状况为例进行了深入分析。他对于畜牧业中存在的问题进行了具体研究，提出了如何落实党的政策及如何建设社会主义新牧区的看法。

① 特·那木吉拉苏荣. 草原五宝丛书［M］. 呼和浩特：内蒙古人民出版社，2015.
② 宝因贺希格. 蒙古族游牧轨迹［M］. 北京：民族出版社，2018.
③ 乌苏日格仓. 游牧经济变迁与发展［M］. 呼和浩特：内蒙古教育出版社，2013.
④ ［蒙古］那·哈夫卡. 蒙古游牧哲学［M］. 呼和浩特：内蒙古人民出版社，2013.
⑤ 那木吉拉苏荣. 游牧文化与和谐理念［M］. 呼伦贝尔：内蒙古文化出版社，2007.

嘎·系日呼等（2019）在《老牧民经验汇编》① 一书中收录了新巴尔虎右旗22 位功勋牧民 32 年来的宝贵经验和智慧，详细介绍了牲畜的饲养情况，尤其着重介绍了春、夏、秋、冬四个季节的畜牧饲养技巧。同时，在五畜饲养方面，这本书介绍了一年中各阶段牲畜的驯化、饲养方法以及放牧时的注意事项。此外，书中还分享了以土法治疗疾病的经验，特别从炕针灸的角度讲述了哈淖尔针灸的种类、使用工具和针灸的注意事项，并详细解释了止血方法。

巴图斯日古楞（2013）② 深刻阐述了乌珠穆沁牧民在长期的生产实践中，结合当地的自然气候和环境资源，利用草场，改良畜种，平衡了草畜之间的关系，在满足生活需求的同时有效地保护了生态平衡。他指出，在不同的季节中，为不同的畜种选择适合的地势和草场，并注重水资源的科学利用，充分考虑五畜食草特征，选择适宜的草场；在不同季节放牧，为牲畜提供合适的植物种类，以达到有效的育肥和保护牲畜的目的。同时，他认为游牧人应根据当地的自然条件和资源，进行相应的游牧和敖特尔，以促进牲畜的繁衍和保护草场，维护生态多样性。该研究思想体现了游牧文化丰富而优美的生态智慧，并对牧民的生产生活和自然保护产生重要影响。

总之，以上研究都认为游牧经济的可持续发展需要保持"人—草—畜"之间的协调关系，同时也需要从牧民收入、草原生态保护、畜牧业发展等方面入手，实现生态、经济和社会的可持续发展。另外，强调了游牧文化的重要性，认为游牧文化作为一种生态文化，应该得到更多的重视和保护，对本案例研究提供了参考依据。

（二）牧区发展研究现状

有关牧区发展研究已取得了大量的成果，代表性成果如下：

潘晶等（2020）③ 提出，草原牧区的可持续发展，在农牧民生活方式的改变中存在一些可能对草原造成危害的行为，如不合理的围栏和过度开垦等，这些不当行为导致草原的退化和荒漠化等问题。为了有效促进草原的可持续发展，笔者提出了一些可行的策略。

李悦（2020）④ 从自然资本、物质资本、金融资本和社会资本等角度具体分析内蒙古牧区牧民的生计现状，并提出了优化牧区牧民可持续生计发展的策略。不可忽视的是，内蒙古牧区存在一系列问题，例如，生态环境恶化、合作组织缓

① 嘎·系日呼，其日麦拉图. 老牧民经验汇编 ［M］. 呼伦贝尔：内蒙古文化出版社，2019.

② 巴图斯日古楞. 游牧民牧养五畜习俗探析——以锡林郭勒盟东乌珠穆沁旗为例 ［D］. 内蒙古师范大学硕士学位论文，2013.

③ 潘晶，张奎疑，郝英. 草原牧区发展现状及实现可持续发展的策略 ［J］. 江西农业，2020（8）：132.

④ 李悦. 内蒙古牧区发展与牧民可持续生计研究 ［D］. 内蒙古大学硕士学位论文，2020.

慢发展、牧民教育水平低、老龄化加剧，以及高成本、高负债等问题，这些问题制约了牧区的发展。基于此，作者指出，我们应该探索一些切实有效的措施，来优化牧区牧民的可持续生计发展的思路。

余海龙（2018）[①] 在田野调查中对甘肃省南裕固族自治县牧区发展进行了深入探究。他从国家生态保护政策视角出发，对该地草原生态环境政策的实施情况进行了具体分析。通过深度访谈法，作者描述了当地居民对草原补偿政策的反应、认知和态度。同时，研究者还深入分析了草原生态保护政策实施后，牧区生产和生活方式的转变以及发展中出现的问题，并对牧区发展进行了反思。

乌日陶克套胡（2005，2018）[②] 对内蒙古畜牧业进行了组织分析，发现传统畜牧业仍然是内蒙古畜牧业的主要阶段，生态、牧民和牲畜是发展牧区畜牧业的重要因素。通过对畜牧业生产组织的变革和创新，我们可以推动畜牧业实现稳定发展，其中，以牧民合作制企业主导的模式应该得到采用。

阿古达木（2017）[③] 对锡林郭勒盟家庭牧业现状进行了深入剖析。他指出，气候变化、过度放牧和畜群结构失调等多重因素导致草原生态环境逐渐退化，牧业经营成本不断攀升，这一问题亟须得到解决。通过建立合作社，提高牧民的生产经营组织能力，增加牧户家庭收入，推进畜牧业的健康发展，成为了解决当前问题的重要途径。

张皓（2019）[④] 指出，内蒙古草原畜牧业在可持续发展中所面临的挑战包括草场退化、环境污染、过度放牧和畜产品加工业科技技术落后等问题。他从自然环境、认识素质、经济和制度等多个方面对影响畜牧业发展的因素进行了剖析。通过借鉴其他国家的草原畜牧业发展经验，提出了一系列切实可行的对策和建议，以推动内蒙古草原畜牧业的可持续发展。

李平等（2013）[⑤] 从草原牧区的功能定位出发，分析了当前畜牧业发展中人口和牲畜数量的急剧增长等因素所导致的"人、畜、草、地"四者之间失衡的情况。针对这一问题，他建议进行人口控制和转移，有效解决牧区生态环境脆弱和资源紧缺问题。同时，还建议加强生态保护工程和牧区政策机制的实施和安排，增强应对气候变化的意识和应对能力。

① 余海龙. 草原生态保护视域下的牧区发展研究 [D]. 西北民族大学硕士学位论文，2018.
② 乌日陶克套胡. 论蒙古族游牧经济特征 [J]. 中央民族大学学报，2005（2）：32-36；乌日陶克套胡. 内蒙古自治区牧区经济发展史研究 [M]. 北京：人民出版社，2018.
③ 阿古达木. 牧区家庭畜牧业发展中所面临的问题及对策研究 [D]. 内蒙古农业大学硕士学位论文，2017.
④ 张皓. 内蒙古草原畜牧业可持续发展研究 [D]. 西北农林科技大学硕士学位论文，2019.
⑤ 李平，孙小龙，刘天明. 草原牧区发展中问题浅析 [J] 中国草地学报，2013，35（5）：133-138.

马林等（2013）① 对西乌珠穆沁旗生态旅游推进模式、鄂尔多斯家庭牧场发展模式等进行了分析和总结。他们认为，为了实现畜牧业的可持续发展，需要调节好生态恢复、生产方式转变和民生改善三个系统的动态平衡。在这样的系统动态平衡中，畜牧业产业的不断发展，必须要与生态、经济和社会三个方面进行协调、平衡和适应。只有这样，我们才能使畜牧业在可持续发展的轨道上取得长远的发展。

以上研究成果都关注草原牧区的可持续发展问题，从不同角度对其存在的问题进行了分析，并提出了可行的策略和建议。主要问题包括草原退化和荒漠化、生态环境恶化、合作组织缓慢发展、牧民教育水平低、老龄化加剧、高成本、高负债、畜牧业产业发展与生态、经济、社会三个方面的协调等。针对这些问题，提出了加强生态保护工程和政策机制的实施与安排、探索切实有效的措施来优化牧区牧民的可持续生计发展、推动畜牧业实现稳定发展、建立合作社、加强人口控制和转移、借鉴其他国家的草原畜牧业发展经验等建议。这些研究对于草原牧区的可持续发展具有一定的指导意义，对本案例研究提供了重要参考价值。

四、研究方法

（一）访谈法

在本案例研究中，笔者将采用面对面访谈和电话访谈的方式与涉及牧民、家庭牧场、合作社、企业等访谈对象进行沟通。在蒙古族的生产生活和与牧民、五畜有关的书籍和相关研究的支撑下，笔者选定内蒙古锡林郭勒盟苏尼特右旗乌日根塔拉镇作为田野点，进行实地田野考察。通过访谈法，将深入了解牧民在畜牧业生产过程中与自然、畜群相适应存在的智慧和经验，以及探究苏尼特右旗牧场合作产业的情况。笔者通过访谈法了解当地居民如何在现代畜牧业发展过程中传承和调适游牧文化，以及如何协调"人—畜—草"三者之间的关系。主要访谈对象如绪表1-1所示。

绪表1-1　主要访谈对象基本信息

访谈牧户	年龄	性别	居住地	访谈时间	访谈地点
B 户牧民	62 岁	男	昌图锡力嘎查	2020 年 8 月 5 日	昌图锡力嘎查
E 户牧民	49 岁	男	萨如拉塔拉嘎查	2020 年 8 月 12 日	萨如拉塔拉嘎查
D 户牧民	36 岁	女	赛汉塔拉镇	2021 年 1 月 13 日	赛汉塔拉镇

---

① 马林，张扬. 我国草原牧区可持续发展模式及对策研究 [J]. 中国草地学报，2013, 35（2）：104-109.

访谈牧户	年龄	性别	居住地	访谈时间	访谈地点
H 户牧民	72 岁	女	昌图锡力嘎查	2021 年 1 月 20 日	昌图锡力嘎查
C 户牧民	40 岁	女	巴彦楚鲁嘎查	2020 年 8 月 13 日	巴彦楚鲁嘎查
G 户牧民	54 岁	男	巴彦楚鲁嘎查	2020 年 8 月 22 日	巴彦楚鲁嘎查
M 户牧民	35 岁	男	巴彦额勒图嘎查	2020 年 1 月 17 日	巴彦额勒图嘎查
L 户牧民	46 岁	男	额尔敦敖包嘎查	2020 年 8 月 5 日	额尔敦敖包嘎查

资料来源：笔者根据调研数据整理。

（二）参与式观察法

笔者在田野调查的过程中进行实地观察，深入了解牧民的经济生活状况、畜牧业的现状、牧业生产物的加工利用和销售途径，也了解了乳制品和肉制品的加工技术及其销售方面的情况。同时，也对五畜结构以及畜种改良状况进行了探究，并了解了收益增加的途径。此外，牧场、工厂和公司的经营模式、牧民饲养五畜的技巧和经验以及五畜对草原生态环境的影响等方面进行了实地调查。

（三）问卷调查法

针对乌日根塔拉镇下辖的 9 个嘎查，笔者选取在生产经营方式和草场环境上具有代表性的 141 户牧户进行田野调查。在此过程中，选择随机抽样的方式，设计调查问卷，记录并询问牧户的畜牧业生产经营相关数据。具体而言，调查问卷涵盖牧户的文化水平、放牧方式、家畜结构和数量、生活习惯、牧民生产收支、基础设施及其他相关方面的情况，并以入户访谈的方式进行了问卷调查。

五、理论依据

（一）可持续发展理论

可持续发展理念经历了漫长的发展过程，国内外的研究者从不同的角度出发，对可持续发展进行了系统和科学的定义。早在 1980 年，《世界自然资源保护纲要》由世界自然基金会（WWF）、联合国环境规划署（UNEP）和国际自然保护联盟（IUCN）联合发表，对可持续性发展理论进行了系统的解释和定义。目前被广泛接受的是 1987 年由世界环境与发展委员会发表的报告《我们共同的未来》，其中对可持续发展理论进行了系统阐述和定义：在满足当代人的需求的同时，不危害后代人满足自身需求的能力。1992 年 6 月，在联合国巴西里约热内卢举行的环境与发展大会上，通过了《里约环境与发展宣言》和 102 个国家共同签署的《21 世纪议程》。

随着学术界对可持续发展理论的不断完善和共识的形成，可持续发展被界定为三方面的发展，即生态、经济和社会的可持续发展，通过持续性、公平性和共同性原则的相互协调实现可持续发展。

为了实现可持续发展，畜牧业必须处理好"人—畜—草"之间的协调发展关系。在畜牧业生产中，合理利用草场资源，同时保护草原生态系统，防止草地退化并修复受损地区。要以草场的实际承载量为依据，控制牲畜数量，通过改良牲畜品种和调整畜群结构等方式提高经济效益。应用现代科技手段，实现畜牧业生产集约化，在满足生活需求的同时，保障后代人的需求方面扮演积极角色，确保再生产和可重复利用的原则。更具体地说，畜牧业的经营应维护草原畜牧业经济水平，提升牧民社会生活质量，实现草地、畜牧业、经济和社会生态环境的互惠共生和共同和谐发展。

（二）互惠理论

互惠理论的应用范围十分广泛，它渗透在人类学、民族学、社会学、哲学、经济学、管理学、生物学等多个学科，并成为多个学科的基础理论。礼物交换是人类文明中最早的一种互惠形式，互惠理论的形成源于对礼物交换的研究。美国人类学家博厄斯（Boas）通过考察夸扣特尔人的"夸富宴"，将其视为特殊的礼物交换形式进行描述，引发了学术界对礼物交换的广泛关注和研究。基于礼物交换的研究，学者们逐渐形成了对互惠概念的认识，并从不同的角度进行了反思和讨论，为论文的研究提供了重要参考。

法国人类学家、社会学家马塞尔·莫斯[①]（2016）在其著作《礼物：古代社会中交换的形式和理由》一书中，指出礼物交换是一种普遍的社会现象，送礼和回礼都是具有义务性的。莫斯在他的研究中发现，礼物交换中存在一种神秘的力量"豪"（hau），它促使人们进行礼物交换时，也促使受礼者做出回礼。礼物是不可转让的，因而会受到"礼物之灵"的约束。莫斯认为，在早期社会中，礼物交换所建立的解放和回馈的关系是互惠的，它不仅体现礼物的物质价值，也创造了社会关系，更体现了其他价值。

美国人类学家萨林斯在前人研究的基础上更强调互惠的概念，并提出三种不同的类型：普遍互惠、均衡互惠和消极互惠。他的学术观点为互惠交换的研究和经济学领域提供了全新的帮助，并受到学术界的广泛认可。

著名人类学家阎云翔（2017）在其《礼物的流动——一个中国村庄的互惠原则与社会网络》[②] 一书中，通过对黑龙江下岬村进行田野调查，深入探讨了礼

①　[法]马塞尔·莫斯.礼物：古代社会中交换的形式和理由 [M].汲喆译.北京：商务印书馆，2016.

②　阎云翔.礼物的流动——一个中国村庄的互惠原则与社会网络 [M].上海：上海人民出版社，2017.

物交换在日常生活中的重要性，并剖析了交换礼物的人与人之间所构筑的关系网络。在农村社会中，礼物作为一种复杂的角色，既可以借以加强彼此间的认同与情感，又能通过道德义务为人们的保障提供支持，共担风险并带给农民实际的收益。因此，理性的计算方式并不足以完全诠释礼物交换的真正含义。而在这样一个环境下，互惠的关系成为联系礼物流动与社会人际网络之间的纽带。

杨美慧（2009）[①] 在对当代中国城市的礼物交换及私人关系进行研究时，从关系学的角度出发，阐述了在中国社会中关系、人情和"面子"的极其重要性。在这个社会中，人际关系的建立和维系往往是基于情感的互动和相互关注，并且根据自身社会地位和认知水平的不同，对待他人的方式也各有差异。互惠关系则是建立在人与人之间情感、义务以及观念的基础之上，在互惠中不断加深和巩固人际网络的联系。

互惠理论是指一种社会心理学理论，认为人们在交往中往往会倾向于互相给予好处，以期望对方也能给予同等或更多的好处，从而达到互惠的目的。该理论认为，互惠行为是人类社会中普遍存在的一种行为方式，它能够促进人际关系的建立和维持，并且在一定程度上能够增强彼此的信任和合作意愿。在互惠理论中，人们的行为往往是基于"你给我什么，我就给你什么"的原则，同时还考虑到时间、努力和资源等方面的因素。基于这样的理解，本书采用"互惠关系"的概念，阐述"人—畜—草"三者之间的相互作用。

---

① 杨美慧. 中国人际关系与主体性建构［M］. 南京：江苏人民出版社，2009.

第一章 田野点概况

乌日根塔拉，蒙语译意为"广原"，面积为 2628.18 平方千米[①]。乌日根塔拉镇坐落于锡林郭勒盟苏尼特右旗北部，东邻苏尼特左旗，南邻桑宝拉嘎苏木，西接赛汉塔拉镇和额仁淖尔苏木，北与二连浩特市格日勒敖都苏木相连。该地区地形为半荒漠、丘陵和草原，东部以沙漠和戈壁为主，西部则以平原为主。

1949 年前，该地区隶属于乌兰甘珠尔苏木[②]，而 1949 年后则归属第三苏木。在 1956 年的合作化时期，该地区成为乌日根塔拉苏木，但在 1958 年人民公社化时期，划归至桑宝拉格人民公社。然而，在 1962 年的体制调整时期，该地区被划出，成立乌日根塔拉人民公社。最终，1984 年进行改革，改为苏木人民政府，下辖 6 个嘎查，共 810 户 2797 人。[③]

截至 2019 年末，乌日根塔拉镇户籍人口为 5113 人。截至 2020 年 6 月，乌日根塔拉镇下辖 2 个社区、9 个嘎查。[④]

第一节 乌日根塔拉镇畜牧业发展历程

一、草原经营方式的演变

1949 年后，乌日根塔拉苏木的土地、森林和矿产资源全部归国家所有，但是水草的使用仍归苏木和小组所有。从 1958 年开始，人民公社运动将私有制改为集体所有制，牲畜被集中到公社，牧民们开始实行集体生产和生活。于是，牲

[①③] 苏尼特右旗志编纂委员会. 苏尼特右旗志 [M]. 呼伦贝尔：内蒙古文化出版社，2002：72.

[②] 苏木是蒙古族传统社会中的一种行政单位，是蒙古族部落制度的基本单位，相当于中国古代的乡镇。

[④] 乌日根塔拉镇 [EB/OL]. 百度百科，https：//baike. so. com/doc/6687461-6901364. html.

畜和草原都成为了集体所有。在这个背景下，人民公社成立了大队和小队，执行队所有制度。1962年进行整顿之后，原本的大型公社被分裂为小型公社，在乌日根塔拉草原上建立了乌日根塔拉公社和呼格吉乐图牧场，内部的分队拥有牲畜和草场的所有权。

1983年，人民公社改为苏木，乌日根塔拉公社和呼格吉乐图牧场也随之改为苏木，嘎查被设立在乡级政府下面，牲畜和草原被承包给嘎查所有，但使用权被分配给了牧户。此时，畜群和草原仍然是集体所有的，但使用权已被分配到户，畜产的直接管理和经营被分配给了社员，他们获得了草场的承包权。

二、人畜规模的变化

中华人民共和国成立后，畜牧业在实施"不分、不斗、不划阶级"、支持"牧工、牧主两利"等政策后，开始获得快速发展。1950～1957年，未对个体畜牧业经营进行改革，这七年中，第三苏木的牲畜数量增加了1倍。从1958年开始，逐步推行合作社模式，将个体畜牧业转变为集体畜牧业共同经营后，牲畜数量继续增长。1962年，基于第三苏木，建立的大公社被分成了多个小公社，其中乌日根塔拉公社的大小牲畜总计达到54598头（包括牛6790头、马3269匹、骆驼791头、羊28843只、山羊14905只）。到了1965年，公社的大小牲畜已经增加到72115头，增长了18117头。此时，当地正遭遇连续发生的自然灾害，夏季无雨，牲畜无法食用新鲜草，而春季又刮大风，牲畜不得不全旗迁移至阿巴嘎旗和乌珠穆沁旗。然而，走场的牲畜不仅死在途中，到达目的地后也有不少死亡，因此这场灾难一直持续到1968年，造成了社会和自然灾害的双重打击，导致牲畜数量大幅减少。在这场持续三年的灾难中，乌日根塔拉公社的牲畜在1966年降至72010头，1968年更是跌至35267头。1965～1968年，损失36839头牲畜，数量下降了一半。从1969年开始，牲畜又开始逐步增长，到1976年，公社的全部牲畜数量已经恢复至72156头。[①]

1983年，公社改为苏木，此后各队共同拥有的牲畜便承包到个体户经营。到1999年，乌日根塔拉苏木的牲畜成活率达到了历史最高水平，大小牲畜共增至173887头，其中，马3132匹、牛4192头、骆驼857头、绵羊98859只、山羊66855只。

然而，到了2000年，由于牲畜和人口的迅猛增长、旱灾等多种因素的影响，乌日根塔拉镇的草原状态大量处于贫瘠的沙化状态，无法依照传统的科学规律得以保护。此时，大旱和沙尘暴等自然灾害的袭击加剧了草场的退化，致使牲畜缺

---

① 苏尼特右旗志编纂委员会. 苏尼特右旗志［M］. 呼伦贝尔：内蒙古文化出版社，2002.

乏饲料，死亡率急剧上升。迫于此，当局只得处理大量牲畜，导致牲畜数量急剧下降。[①] 截至 2002 年，乌日根塔拉苏木的大小牲畜只剩 40641 头。到了 2005 年，大牲畜数量减至牛 2186 头、马 369 匹、骆驼 190 头，其中牛的数量下降 3 倍、马的数量下降约 10 倍、骆驼的数量下降 5 倍以上。此外，马和骆驼更是走向了灭绝，全苏木只有寥寥 500 头。2009 年，由于人口增长、牲畜数量增加等多种因素，苏木的牲畜数量再次达到了顶峰，共计 229880 头。随后，为了引导农民遵循政策，稳定牲畜数量，优化牲畜质量和结构，牲畜头数开始逐渐减少。截至 2020 年，大小牲畜总数降至 91943 头。[②]

自中华人民共和国成立以来，乌日根塔拉苏木的土地面积并未扩大，人口和牲畜数量却呈现出巨大的增长。根据 1999 年的统计数据显示，牧户数量比原居民户数增长了 6~7 倍，牲畜总数更是增长了 10 倍，达到了 15 万头。这种人畜数量的增加，其中有多重原因。首先，牧民们响应党的"人畜同步增长"政策，顶着风沙和多种风险，付出艰辛的努力，才使人畜数量逐年以一定比例高速提高；其次，在"大跃进"和"文革"等一系列政治运动中，许多汉族牧民进入草原放牧，还有 20 世纪 60 年代初，原有的居民搬到了其他苏木，导致人口和牲畜的大规模增加。这些居民在长期居住于乌日根塔拉苏木后，将人和牲畜带到了荒漠草原上居住定居，从而导致人畜数量急剧增长。此外，行政上过分追求牲畜数量的增长，直接破坏了草畜比例规律，促使牲畜数量过度增长，导致草原资源的浪费。由于人畜数量的剧增，原本轮流放牧的四季草场更是消失不见，因此转变成了四季只有一个固定草场供牲畜放牧。

1978~2020 年，乌日根塔拉镇的牲畜数量增加了近 3 倍。2009 年，牲畜数量达到高峰，总数为 229880 头。与 1978 年最少数量相比，增加了 7 倍。尽管小型畜牧动物（如绵羊、山羊）的数量有所增加，但从 21 世纪 10 年代初开始，其数量逐渐减少，尤其是山羊数量减少得更为明显，比 20 世纪 80 年代初/末都要少。大牲畜（如牛、马、骆驼）的数量在 21 世纪初曾达到最低点。总体而言，山羊比例逐年增加，但在 21 世纪初后逐渐减少，而大型牲畜的比例也大大减少，如图 1-1 所示。

从以上的历史进程中我们可以看到，乌日根塔拉草原畜牧业的起伏与发展。从早年的政策稳定和自由经营，到后来的集体化合作社共同经营，再到新政策下的个体户经营，畜牧业经历了不同的经营模式和政策引导。但随着自然灾害和社会灾难叠加，草原土地的退化和牲畜数量的下降成为严重问题。尽管在这些问题面前，畜牧业也有过恢复和发展，但最终的畜牧业数量仍然有所下降。

---

①　苏尼特右旗志编纂委员会．苏尼特右旗志［M］．呼伦贝尔：内蒙古文化出版社，2002.
②　根据苏尼特右旗统计局数据统计整理。

（头）

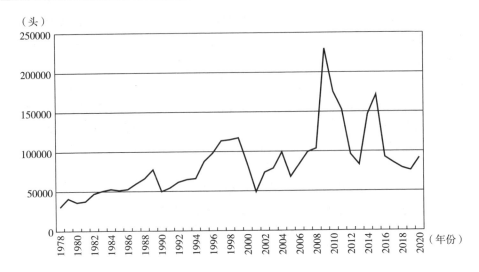

图1-1　1978~2020年乌日根塔拉镇牲畜总数量

资料来源：根据苏尼特右旗统计局数据统计整理。

　　这些原因导致乌日根塔拉镇的人畜数量激增，超过草原可承载的能力。尤其是过分追求牲畜数量增长，导致草畜比例规律被破坏，使草原的生态环境遭受了极大的破坏。对草场的长期过度放牧使得原本天然保存的草原消失殆尽，而被迫进行的突击扩大放牧面积，也进一步破坏了草原生态。这样的生态环境问题，使得草原遭遇了大规模的自然灾害，牲畜数量也随之下降，给乌日根塔拉镇带来了很大的损失和压力。

第二节　乌日根塔拉镇草场变化

一、草场类型和草原所有制

　　乌日根塔拉镇是一座以纯牧业为主要产业的小镇，其草地土壤属于橙钙土。该镇的草场类型包括草原、沙漠、包如海、戈壁草场四种，其中包括山地草原。然而，由于气候和地貌因素，该地的草场并没有真正的山地高湿植被，只有在平原和包如海地区的草场才能看到其生长状况。因此，该镇几乎没有山地区的草类植物生长。

　　1949年，草原归国家所有，但由于其特殊的共享性质，所有权仍然归集体所有。自中华人民共和国成立以来一直到20世纪80年代，草场仍以苏木、公社、队（嘎查）等集体单位的形式被共同占有。随着草场承包政策的实施，草原也逐渐被划分并租赁给个体户。这使千百年来曾经共同占有和利用的草原、井水等资源成为个体户所控制的资产。

二、草场植被及其变化

乌日根塔拉镇里生长着多种草类，丰富多样，茂盛生长。但是回溯到20世纪80年代末期，该镇草原只有一半甚至2/3被荒漠所覆盖。其原因在于该苏木的居民群体非常少，仅有600~700户人家，目前居住在该地区的人家不超过100多户，主要聚居于丘陵地带。此外，由于平原和戈壁地带井水匮乏，几乎无人居住，仅有马匹和骆驼偶尔在此逗留。

1949年以后，随着牲畜头数和人口数量的快速增加，人们不得不在草原上建造了机井来安家。但是，由于平原和戈壁地带的井水稀少，只有偶尔的马匹和骆驼前来，而凋敝的草原明显无法支撑如此多的生命，草地种类逐渐减少，且生长矮小稀疏，濒临灭绝。植被所需的土壤也遭到了严重退化，生长条件大为恶化。

草场的退化现象越发严重，草场的土壤因牲畜踩踏和汽车重压而变得坚硬，土壤的硬化与此不仅使草根无法扎根土中，更让植物种子的落地受阻，难以发芽生长，导致植物失去生长条件。地面的硬化也妨碍了植物根系的自由生长，越发缩短了根生长的深度，如此一来，这些植物越来越容易被风吹干、吹走，而其种子生长的成活率则越来越低。此外，枝条生长的植物也因此长势不佳，生长的根系也越来越密集。曾经镶嵌在沙漠中的草地面积微不足道，沙漠几乎被植物覆盖，然而暴露在外的沙漠范围则增加了几倍。

现在乌日根塔拉镇原来的沙地土壤遭到了很大的破坏，植被被破坏，出现了很多沙地。从目前的沙化情况来看，植被越来越差的原因不能归咎于畜数量增加的单方面因素。草原植被退化造成植物土壤严重破坏的主要原因是社会原因和自然原因。社会原因包括人口增加、开垦草原、违反畜牧业发展规律、牲畜数量增加等。这里所说的违反畜牧业发展规律，主要体现在以下两个方面：一是没有遵守、执行保护和利用草原的规律；二是没有协调好草原面积和牲畜数量的比例。乌日根塔拉镇草原植被退化，植物土壤破坏与1965年和1966年的大旱、大风和2000年的大旱、大沙尘暴有直接关系。自然因素起了很大的作用，如果能保护植被、保护植物土壤，大风不可能造成这么大的破坏。而植被退化，导致植物土壤大破坏出现的大反点是强风的大破坏奠定了基础。

第三节　乌日根塔拉镇人口变化

中华人民共和国成立初期，乌日根塔拉苏木人口较少，医疗条件差，生产方式落后、受战争影响等现实历史背景的影响，人口增长率较低。当时苏木人口大多数是蒙古族，这些人也大多从事牧业生产，牧业成为当时社会最重要的行业。牧民一年四季都在游牧生活，很多人的职业是纯游牧，靠牲畜的再生产维持着自己的生活。

改革开放后，乌日根塔拉苏木的人口数量持续增加，我国的医疗技术进入了空前繁荣的状态，牧民有了医疗保障提高了人口的健康增长率。也是这段时间为了发展国民经济，从内地搬来了大量的汉族。

2000年以来乌日根塔拉镇不仅人口不断增加，而且蒙古族人口的行业结构发生了很大变化。2006年，原巴彦舒图苏木、乌日根塔拉苏木、阿其图乌拉苏木合并为乌日根塔拉镇的原因，总户数和总人口数量一下子增长，分别达到3260户和8641人。比2005年总人口数量增长了2.6倍。2006~2020年总户数和总人口数量逐渐下降，减少了1.7倍，如图1-2、图1-3所示。

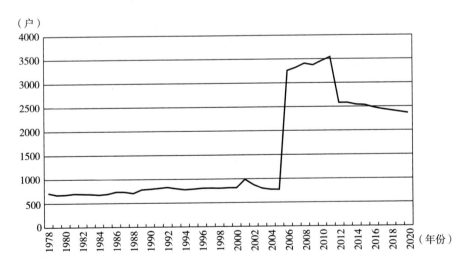

图1-2　1978~2020年乌日根塔拉镇户数变化

资料来源：根据苏尼特右旗统计局数据统计整理。

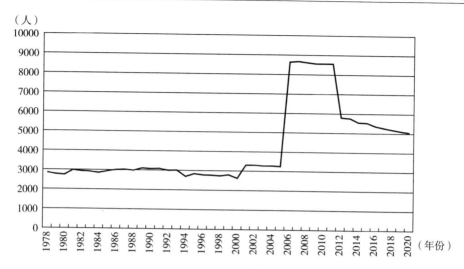

图1-3　1978~2020年乌日根塔拉镇人口变化

资料来源：根据苏尼特右旗统计局数据统计整理。

第四节　调研牧户基本情况

本案例研究中所使用的资料来源于笔者对内蒙古锡林郭勒盟苏尼特右旗乌日根塔拉镇共9个嘎查的实地调研，时间为2020年8月和2021年1月。该调研采用了多种形式，包括随机抽样入户访谈、电话访谈和问卷填写等方式。最终共调研141户牧户，如表1-1所示。

表1-1　样本来源分布区域

嘎查	户数（户）	比例（%）
昌图锡力嘎查	23	16.31
额尔敦敖包嘎查	21	14.89
萨如拉塔拉嘎查	15	10.64
巴彦敖包嘎查	14	9.93
那仁宝拉格嘎查	17	12.06
巴彦楚鲁嘎查	15	10.64
额尔敦都呼牧	13	9.22

续表

嘎查	户数（户）	比例（%）
巴彦额勒图嘎查	13	9.22
贡宝拉格嘎查	10	7.09
合计	141	100.00

资料来源：笔者根据调研数据统计整理。

一、劳动力

（一）牧户家庭规模与劳动力数量

根据调查结果显示，调研涉及牧户家庭的总人口为561人。

表1-2展示了家庭规模与劳动力人数之间的关系。从表1-2中可以了解以下两点：①从家庭规模来看，共有四种家庭规模，分别是3人及以下、4人、5人、6人及以上。首先3人及以下家庭最常见，为53户，占37.59%；其次为4人的家庭，为46户，占32.62%；再次为5人的家庭，29户，占20.57%；最后是6人及以上的家庭规模，为13户，仅占9.22%。②从劳动力人数来看，共有1人、2人、3人和4人及以上四个分类。首先是劳动力人数为2人的家庭最多，为71户，占总户数的50.36%；其次是3人，37户，占总户数的26.24%；最后是劳动力人数为1人的家庭最少，为8户，仅占总户数的5.67%。

表1-2 家庭规模与劳动力人数

家庭规模	户数（户）	比例（%）	劳动力人数	户数（户）	比例（%）
3人及以下	53	37.59	1人	8	5.67
4人	46	32.62	2人	71	50.36
5人	29	20.57	3人	37	26.24
6人及以上	13	9.22	4人及以上	25	17.73
合计	141	100.00	合计	141	100.00

资料来源：笔者根据调研数据统计整理。

（二）受教育程度

调查地区141个户主受教育程度基本情况见表1-3。小学文化程度的户主占比为样本半数以上，户主人数最多；初中文化程度的为37人，占26.24%；高中或中专文化程度的为21人，占14.89%；同时未上过学的人数为2人，占总样本的1.42%。从整体来看，牧户的教育水平依然较低（见表1-3）。

表1-3　户主受教育程度

文化程度	人数（人）	比例（%）
未上过学	2	1.42
小学	76	53.90
初中	37	26.24
高中或中专	21	14.89
大专及以上	5	3.55
合计	141	100.00

资料来源：笔者根据调研数据统计整理。

二、养殖情况

（一）养殖年限

经过与牧民的深入沟通，笔者发现，绝大部分牧民的养殖年限在21~30年，占总户数的39.72%，在这些牧民以中年人为主；30年以上的占比为26.95%；而年限在10年以下的牧民较为少见，仅占总户数的14.89%。可见，66.67%的调查牧户养殖年限为20年以上，牧民的养殖经验随着年限的延长而逐渐丰富，技术水平也逐渐提升（见表1-4）。

表1-4　养殖年限

养殖年限	户数（户）	比例（%）
10年及以下	21	14.89
11~20年	26	18.44
21~30年	56	39.72
31年以上	38	26.95
合计	141	100.00

资料来源：笔者根据调研数据统计整理。

（二）养殖规模

据调查结果显示，大部分牧民以养牛羊为主，只有少数牧户养马，而以养骆驼为主的牧户则十分罕见。在养殖规模方面，52户牧民养殖规模在301~500个羊单位，占总户数的36.88%；11户牧民养殖规模在100个羊单位及以下，仅占7.80%；45户牧民养殖规模在101~300个羊单位，占比31.91%；33户牧民养殖规模在501个羊单位以上，占比23.41%（见表1-5）。

表 1-5　养殖规模

养殖规模	户数（户）	比例（%）
100 个羊单位及以下	11	7.80
101~300 个羊单位	45	31.91
301~500 个羊单位	52	36.88
501 个羊单位以上	33	23.41
合计	141	100.00

资料来源：笔者根据调研数据统计整理。

三、草场面积

乌日根塔拉镇草场面积广阔，在被调查的牧户家庭中，草场面积为 3000 亩及以下的有 20 户，占 14.18%；草场面积为 3001~6000 亩的有 52 户，占 36.88%；草场面积为 6001~10000 亩的有 40 户，占 28.37%；草场面积为 10001 亩以上的有 29 户，占 20.57%。畜牧业养殖中草料的供应量非常重要，一般情况下牧户的草场面积越大其养殖规模也越大（见图 1-4）。

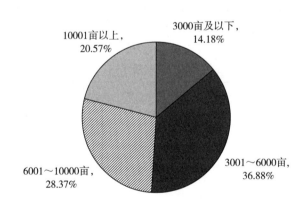

图 1-4　草场面积分布

资料来源：笔者根据调研数据统计整理。

第二章 "人—草"互惠关系分析

协调人与自然发展与中国式现代化是一个不可分割的整体。只有通过协调人与自然发展，才能实现中国式现代化的可持续发展。统筹协调人与自然发展，是贯彻科学发展观、保障经济和社会可持续发展的关键所在。对于我国广袤的草原牧区而言，爱护草原、加强环境保护，不仅具有现实意义，也具有深远意义，涉及建设富裕和谐社会的基本前提。正如俗话所说，大自然就是上帝，这准确地反映了人与自然之间的亲密关系。人类是自然的产物，大自然孕育了人类，人与自然之间是子孙与祖先、鱼儿与水的关系。人类必须依靠自然，才能实现发展和繁荣。然而，到了 21 世纪初，苏尼特右旗的草原开始严重退化，这引起了社会各界的高度关注。草原退化是当前内蒙古牧区面临的重大挑战之一，对靠五畜产品维持生计的蒙古族来说，这是一个严峻的考验。特别是苏尼特右旗，这里自古以来就是干旱地区，每隔十年出现一次旱情，因此草场退化出现的问题最为严重。

第一节 经营方式对"人—草"关系的影响

一、大量外购草料的经营方式

牧区畜牧业的基础是饲草料，在现代化、规模化、集约化畜牧业的可持续发展中，它扮演着支撑和保障的重要角色。半舍饲方式是冬季靠外购草料喂养牲畜的主要方式，受到广泛推崇和应用。在调研中发现，牧户饲草储备以外购为主、大多数来自乌珠穆沁旗、多伦县等地。此外，牧民也大量购买玉米、颗粒饲料、青贮玉米等饲料进行补充，但是在荒漠化草原上生产经营饲料地和打草的牧户较为少见。目前，畜牧业的生产经营过于依赖天然草地，导致"夏季肥壮、秋冬憔悴、春季死亡"的现象普遍存在。

（一）草料的大量外购现象的出现

据调查，自2000年后，绝大多数牧区开始大量外购饲草和饲料。而在此之前，牧民过冬时只储备少量散草和饲料，仅将其用于喂养老弱牲畜。实行草畜双承包制度后，牧民开始在自己分到的草场上放牧，并将牲畜的流动范围限制在一定范围内。原先在嘎查、苏木从事非放牧的人和外来人员分配到草场并开始以放牧为生。这导致原本集体性质的草场和浩特①逐渐解散，演变为每个家庭在自己分到的草场上定居并进行个体经营的模式。再加上父母将分配的草场和牲畜分配给成年子女，增加了牧民和牲畜的数量。

20世纪90年代初，牧民开始通过盖房子和羊圈、打井、围栏草场等方式定居生活，短时间内牲畜的数量增加了数倍。随着畜群数量的增长和草场面积的减少，牲畜的践踏作用不断增强，畜群结构发生变化。加之人为破坏等因素影响，草原的生态环境逐渐恶化，其抗灾能力变弱，造成草种类减少、植被稀疏、草场不断退化，对草原生态造成了严重的影响。

自2000年以后，草原退化程度加剧，气候变化的影响导致多起自然灾害，如沙尘暴、雪灾、旱灾、鼠虫害等，对牧民的生计带来严重影响。在自然灾害中，牧户的饲草料储备严重不足，导致牲畜数量大量减少，给牧民造成了巨大的经济损失、加重了牧民负担，甚至导致牧民的贫困问题。例如，在遭遇雪灾后，积雪过深导致牲畜无法进食而受伤。为避免此类事件重现，牧民开始逐渐意识到储备饲草料的重要性，过冬时的饲草储备量不断增加，逐渐演变为饲喂所有牲畜的需求，且喂养时间从入冬到来年的长草生长期。

本地区B户牧民说②：

从2000年开始灾害就不断，开始买饲料喂养牲畜。一旦下了大雪，牲畜就出不去了。我们家每年买300包草，200袋饲料要花几万元。喂养比放牧成本高得多。以前没分草场时，一年四季换草场放牧，用草场的草过冬，雨水好的年份秋天割草，从来不知道是用草料喂养。我有两个儿子，他们都成家了，给他们分了草场和牲畜。大儿子跟我们住在一起，但是我们两家的畜群各有各的牧场，小儿子是上门女婿，夏天他们过来在自己的草场上放牧，然后冬天再回去。

（二）草料外购对牧区"人—草"关系的影响

在畜牧业发展过程中，饲草料是生产与经营的关键物质基础，其在防止自然灾害、加强牧户抗灾能力、降低冬季牲畜死亡率、提高牲畜品质和增加出栏率等方面发挥了至关重要的作用。采用优质饲草喂养的方式有效降低了自然灾害带来的损失，同时未对牧民收入产生显著影响，反而促进了收入的稳定增长，有力保

---

① "浩特"是畜牧业生产的客观需要而邻近居住的若干牧户。
② 访谈对象：B户牧民，62岁，小学学历，2020年8月5日访谈。

障了牧民的生命和财产安全。随着草原畜牧业的现代化进程不断加速，充足的冷季饲草料储备将会发挥更加重要的作用。

然而，草场的退化问题已经导致暖季放牧和冷季舍饲的半集约化模式成为普遍实践。牧民们不得不购买草料来喂养牲畜，而草料价格的不断上涨给牧民带来了极大的经济压力，成为牧户最大的开支之一。尽管储备草料的增加会导致其价格上涨，但牛羊价格的波动并不稳定。为了应对这一难题，许多牧民不断增加牲畜数量，以期获取更多的收益和减少成本。但随着生产成本的急剧上升，越来越多的牧户不得不依赖借款以解决困难。

许多牧民都坚信，即使饲草料可以填饱牲畜的肚子，也不能完全替代自然草场的重要性。因此，保证足够的冬季饲草料储备对畜牧业的健康发展至关重要。

本地区 E 户牧民说[①]：

我们家乡雨水少，连年持续干旱。到了冬天会花很多钱给牲畜买草料，如果不喂养饲料，冬季母畜下羔时就奶水不够，那样的话要买牛奶喂给小羊羔喝，否则它春天体力不足，站不起来。我们家有四口人，有近万亩草场，在嘎查里算是较大的草场了，但是雨水少草长得不好，有再大的草场也没用。到秋天还是得买饲料，现在饲料的价格一年比一年上涨，牧民们没有多少纯收入，有的人家甚至需要从饲料商店赊购饲料。我们乡下几乎没有不从银行贷款的人家，用辛苦挣来的钱还银行的债，再从银行贷款买饲料。

二、高成本的经营方式

（一）经营成本的加重

经实践证明，实施草畜承包政策后，牧民的生产方式真正实现了转型升级，不再过度依赖低成本的传统畜牧业经营方式。但令人担忧的是，草场分配问题、草场种类单一、缺乏水资源等问题依旧给牧民带来巨大的经营压力。

在定居过程中，牧民需要投入大量费用来修建棚圈、挖井、围栏草场，雇用工人，购买设备和燃油等。此外，年景不同、草场退化和牲畜数量增加等因素让牧民们不得不租借他人的草场和购买大量的草料和饲料以维持牲畜的生产和生长。然而，由于草场租金和饲料价格不断上涨，牧民们的经营成本与日俱增，使他们的经营收入难以弥补生产支出，甚至处于亏损的困境。

调查结果表明，在 141 个牧户中有 136 个牧户采用饲草料喂养的方式，草料储备率高达 96%，即大多数牧民采用了饲草料喂养的方式。然而，牧民购买草料的平均费用高达 32984.3 元，机械化程度较低，导致雇用人工成本和基础建设成

---

① 访谈对象：E 户牧民，49 岁，初中学历，2020 年 8 月 12 日访谈。

本等日益攀升，直接影响了生产效益，让经营成本越发显得异常繁重。

（二）从收支情况分析经营成本高问题

1. 牧户收入分析

牧民家庭收入来源多样，包括家庭经营性收入、工资性收入、财产性收入和转移性收入等。其中，家庭经营性收入是牧民的主要收入来源，包括出售牲畜、羊绒、羊毛等养殖产品获得的收入，这也是他们在草场承包后依然持续采用的主要生产方式。工资性收入主要是指在嘎查、苏木上班和外出打工后向家里寄回的收入。由于生产经营压力的增加，因此越来越多的牧民选择外出打工来增加收入。财产性收入主要是指出租草场和承包牲畜等形式获得的收入，这种收入与自由市场经济有很大关联。转移性收入主要是指政府为牧民提供的各种补助和救济金等，以促进畜牧业的发展和保障牧民的生活。

通过对牧户的调研，笔者发现生产和生活补贴十分丰富，包括草原生态保护奖励、救济金、救灾金、养老保险补贴、最低生活保障补贴、燃料补贴、教育补贴和设施购置补贴等。这些补贴为牧民的生产和生活提供了重要支持，也是政府促进畜牧业可持续发展的重要手段。

从牧户收入结构的实际情况来看，由表2-1中可以看出，首先是牧户收入的主要来源为家庭经营性收入，达到83682.73元，占比为86.01%。这也表明牧户主要收入来源是靠自己的生产经营活动，如畜牧业、种植业等。其次是转移性收入，为7356.22元，占比为7.56%，这部分收入主要来自政府和社会的转移支付，如养老金、医保等。工资性收入和财产性收入的比重相对较小，分别为4.82%和1.61%。

表2-1　牧户收入结构

收入种类	金额（元）	比例（%）
家庭经营性收入	83682.73	86.01
工资性收入	4693.86	4.82
财产性收入	1561.83	1.61
转移性收入	7356.22	7.56
总收入	97294.64	100.00

资料来源：笔者根据调研数据统计整理。

2. 牧户支出情况

根据支出类型，牧户支出可分为生产性支出和生活性支出两大类。生产性支出主要包括基础设施建设、家畜购买、饲草料、牲畜防疫、工资（雇人的工资）、草场租金和机械支出等。生活性支出包括基本生活需求，如食品消费、物品购买、家庭设备、水电费等，还包括医疗、文化教育、娱乐、交通通信、人情礼金及其他商品和服务支出等。

表 2-2 反映了牧户支出结构的实际情况，从表中可以看出，牧户支出主要分为生产性支出和生活性支出两部分。牧户家庭总支出平均为 71314.90 元，其中生产性支出占比 46.21%，生活性支出占比为 53.79%。值得注意的是，生活性支出比生产性支出略高，差距为 7.58%。

表 2-2　牧户支出结构

支出种类	金额（元）	比例（%）
生产性支出	32953.62	46.21
生活性支出	38361.26	53.79
总支出	71314.90	100.00

资料来源：笔者根据调研数据统计整理。

（三）经营成本的维持——牧户借贷的日常化

最近几年，牧区草场退化趋势加剧，自然灾害频发，此外饲草料价格上涨，牲畜价格不稳定，经营成本逐渐增加等原因导致牧民需要投入越来越多的金钱，但是收入减少。为了维持生产和生活，牧民纷纷借贷，牧区借贷需求增长。目前，大部分牧民都有不同金额的债务，没有贷款的居民占比较少。借款途径多种多样，有些牧民去银行融资，有些则向亲朋好友借钱。由此产生了"以贷还贷"和高利贷等复杂的借贷形式。随着债务日益增加，牧民们承担的经济负担日益加重，正常的生产生活受到了影响。

1. 借贷规模

借贷规模是借贷需求的最直接反映，因此本章将借贷规模作为因变量，用以表征借贷需求程度。实际借贷规模一方面反映了牧户对借贷资金的需求，因为只有存在借贷需求，才可能发生借贷；另一方面实际借贷规模越大，说明所需资金越多，牧户对借贷的需求程度越强烈。因此，本书假设借贷规模与借贷需求之间存在正相关关系。

表 2-3 反映了牧户借贷规模的实际情况，牧户借贷规模主要分为 7 个等级，从 5001 元至 200000 元以上。在调查牧户 141 户中，有 7 户未进行借贷，而有 134 户进行了借贷，笔者发现，在 134 户中，借贷金额为 50001~100000 元的牧户最为普遍，共 35 户，占全部借贷牧户的 26.12%。此外，借贷金额 5000 元以

下的牧户只有 5 户，占 3.73%；5001～10000 元的牧户有 11 户，占 8.21%；10001～30000 元的牧户有 23 户，占 17.16%；30001～50000 元的牧户有 29 户，占 21.64%；100001～200000 元的牧户有 18 户，占 13.43%；借贷金额超过 200000 元的牧户有 13 户，占 9.71%。总体来看，有一定数量的牧户在借贷时选择较大的金额，而借贷金额处于中等规模的牧户最为普遍，这可能与其经济状况和借贷需求相关。

表 2-3　牧户借贷规模情况

借贷金额	户数（户）	比例（%）
5000 元及以下	5	3.73
5001～10000 元	11	8.21
10001～30000 元	23	17.16
30001～50000 元	29	21.64
50001～100000 元	35	26.12
100001～200000 元	18	13.43
200000 元以上	13	9.71
总计	141	100.00

资料来源：笔者根据调研数据统计整理。

2. 借贷用途

牧户的借贷用途主要分为生产性借贷和生活性借贷。大部分牧户所借贷款都被用于生产性经营，这意味着扩大养殖规模、租赁草场、购买饲草料、修建棚圈、购置机械设备等方面都是备受重视的。此外，也有些牧户将所借贷款用于生活支出，如医疗开支、购车、装修宅舍、子女教育、婚丧嫁娶的花费和已发生贷款的偿还等。

在调查过程中，笔者发现贷款主要被用于牧民们的畜牧业生产，而不是日常生活开销。具体来说，在生产性借贷中，用途最多的首先是购买饲草料，借贷牧户中有 120 户，占比为 89.55%；其次是购置机械设备，借贷牧户中有 72 户，占比为 53.73%。在生活性借贷的牧户中，首先借贷是用于子女教育，借贷牧户中有 87 户，占比为 64.93%；其次为看病治病，借贷牧户中有 56 户，占比为 41.79%（见表 2-4）。

表 2-4 牧户借贷用途

借贷用途		户数（户）	比例（%）
生产性借贷	扩大养殖规模	21	15.67
	购买饲草料	120	89.55
	租赁草场	36	26.87
	修建棚圈	51	38.06
	购置机械设备	72	53.73
生活性借贷	看病治病	56	41.79
	子女教育	87	64.93
	购置车辆	14	10.45
	改善住房条件	25	18.66
	婚丧嫁娶	7	5.22
总计		134	100.00

资料来源：笔者根据调研数据统计整理。

第二节　草原利用方式对"人—草"关系的影响

一、"三牧"制度的实施

20 世纪 90 年代初，内蒙古自治区的畜牧业生态环境严重恶化，草场退化、沙漠化以及沙尘暴等自然灾害的发生威胁了当地牧民的生产和生活。因此，内蒙古自治区制定了一系列不同的政策措施，如草畜平衡、围栏加强、退牧还草、生态移民等，旨在改善当地的生态环境。其中，禁牧舍饲、划区轮牧和休牧是保护草原生态环境的主要制度。

（一）禁牧

苏尼特右旗位于荒漠化草原地带，自 2003 年开始实施了禁牧政策。在评价此政策的效果时，一般从生态、经济和社会三个层面进行考量。实施生态保护政策需要政府的正确引导和牧民的积极协作。禁牧政策的目的在于改善和修复草原生态环境，但同时也影响了牧民的生产和生活方式。

乌日根塔拉镇巴彦敖包嘎查的生态环境遭受了严重破坏，草地退化范围不断扩大，降水量逐渐减少，沙化程度日益加剧。因此，该区域在 2006 年被指定为草原保护禁牧的试点区域，并将 79 牧户共 236 人迁入赛罕塔拉镇，政府为他们提供了相应的补贴。当地采取了禁止放牧的措施，将 54 万亩草场划为禁牧区，并设置禁牧围栏，禁牧周期长达 10 年。然而，有一部分牧民并不愿意迁到城市居住，因此，仍有 16 户牧户共 67 人留在嘎查。

自巴彦敖包嘎查实施禁牧政策以来，牲畜数量大幅减少，草原的生产能力得到提升，草本植物的品种多样性增强，草场状况得到显著改善。在政府的积极支持下，进城牧民的生活方式发生了转变，有了更优越的居住条件，并通过职业培训获得新技能掌握，开始从事包括餐饮服务、服装制作等多样化的职业。但离开牧区的部分牧民，同时还面临着畜牧业收入的缺失、文化水平不高、收入不稳定等问题，生活水平急剧下降。同时，舍饲禁牧则导致了放牧成本的提高和饲草投入的增加，影响了牧民的经济收益。

（二）休牧

春季是草原牧草返青的黄金时期。持续实施休牧政策，能够有效规避牲畜在草场上过度啃食和踩踏的现象，保护和合理利用牧草资源，有助于植物群落结构的协调和草场产草量的提高，进一步促进草地整体生态系统的健康发展和稳定性。并且，实施休牧政策还可提高畜牧业生产率，减少牲畜损失率以及牧民的经济损失，是一项具有良好生态效益的草原保护机制。此外，以休牧政策缓解"人—畜—草"三者间的矛盾，意味着促进传统畜牧业向现代畜牧业养殖转型的生产方式的成功实现。

休牧措施可分为强制性休牧和自愿性休牧两类。强制性休牧是指在每年春季牧草返青季节，监管部门强制进行休牧，由草地监管部门进行监督并对违规行为进行惩罚。自愿性休牧则是监管部门通过口头形式向牧民建议春季进行休牧以保护草地，适用于草地质量好、牧草长势佳的区域。由于休牧期间必须完全圈养牲畜，使用的劳动力和饲草费用相应增加，因此所带来的生态效益需要进一步研究探讨。

乌日根塔拉镇的春季牧草返青期休牧措施，在 9 个嘎查的草畜平衡区得到了实施。休牧期限为每年 4 月 10 日至 5 月 25 日，共计 45 天，休牧畜种为牛和羊（马和骆驼不在休牧范围），休牧范围总面积达 3092.16 万亩。每户承包经营权证书草场面积的补贴标准为 1.125 元/亩（2022 年）。

（三）划区轮牧

划区轮牧是一种合理利用草场的方式，它根据不同的放牧方式和草场的生产力，将草场按季节划分为若干片区，并按照放牧计划、顺序和天数放牧。在草场承包政策实施之前，牧民采用四季轮牧的方式，不受移动范围的限制进行自由放牧。现在，由于分到的草场十分有限，大多数牧民为了保护自己的草场，采用铁丝网将草场分成两部分，一部分用于暖季使用，而剩下的部分则禁止放牧，保留夏季生长的草，以备冬季母羊和老弱畜使用。相比自由放牧，划区轮牧减少了牲畜的踩踏，提高了饲草的产量，有利于优良牧草和生态环境的恢复。

二、草场流转现象的出现

执行草场承包政策之后，分得草场的牧民将其所得草场围栏起来，逐渐形成个体经营的生产模式。牲畜的活动空间逐渐受到限制，因此，不同草地生长的牧草种类有所差异，无法满足五畜对不同牧草种类的需求。在半舍饲的经营模式下，需外购草料，而这种成本不断增加的情况进一步加剧了对草场流转的需求，牧民对草场流转的依赖更加紧迫。

（一）草场流转的现状

在畜牧业经营中，草场的流转现象十分普遍。草场流转现象主要出现在养殖规模大、草场退化严重、草场面积小的牧户，无牲畜或者牲畜数量较少、丧失劳动能力的老人以及从事非畜牧业的进城牧户当中。草场的租赁价格与草场的产草量、基础设施建设和水资源等因素密切相关。租出户按照草场的亩数、使用时间的长短以及牲畜头数来计算租金。近年来，草场租赁价格不断上涨，甚至出现有的牧民报出高价仍找不到草场的情况。牧民租用他人草场的方式主要是为了满足基本生活需求、增加牲畜的活动范围、扩大生产经营，并避开"大针茅"和牲畜掉膘的风险。牧户草场流转的来源主要是亲戚朋友、邻居和同乡之间。一般而言，牧民在夏季和秋季到租用的草场放牧，把自己的草场留在冬季和春季接羊羔时使用。

本地区 D 户牧民在旗中心赛汉塔拉镇上开了一家商店，从别的苏木租了4500 亩草场。她说[①]：

我们家只有我一个人有草场，所以草场面积小养不了多少牲畜。不得不每年租草场来饲养牲畜，租用草场比买草料合算，租草场有 7 年了，我们有 200 多只羊，50 多头牛。每年牲畜过冬所需的草料都先准备好，然后雇人放牧的，到了冬天接羔时我就来帮忙接羔。

表 2-5 是调查牧户草场流转现状数据，共分为三种类型：出租草场的牧户、租用草场的牧户和无流转行为的牧户。其中，出租草场的牧户有 18 户，占12.77%；租用草场的牧户有 45 户，占比 31.91%；无流转行为的牧户有 78 户，占 55.32%。通过比较三种类型的牧户数量可以看出，大部分牧户选择不进行草

---

① 访谈对象：D 户牧民，36 岁，高中学历，2021 年 1 月 13 日访谈。

场流转，而选择自主经营草场。同时，租用草场的牧户数量较多，表明草场租赁市场存在一定规模。出租草场的牧户数量相对较少，由于草场资源有限，且出租草场需要具备一定的资金和管理能力，对于牧户来说较为困难。

表2-5 牧户草场流转现状

牧户类型	户数（户）	比例（%）
出租草场的牧户	18	12.77
租用草场的牧户	45	31.91
无流转行为的牧户	78	55.32
总计	141	100.00

资料来源：笔者根据调研数据统计整理。

（二）草场流转对牧户的影响

草场的流转对于缓解草畜矛盾，并提高牧民的生产收入具有重要的作用。运用流转的方式，牲畜可以得到更广泛的活动范围，摄入多样的牧草，保持体膘、提升质量，在繁殖和出售时也能获得良好的价格。同时，租用草场的牧民不仅能够避免自然灾害的影响，扩大经营规模，降低经营成本，还能增加收入来源。草场流转对于无畜户和贫困户以及转向其他生活方式的牧民来说，是维持收入来源和生活保障的重要措施。然而，在生态方面，草场的流转也加剧了草场退化的负面影响。由于流转时间短、合同内容难以明确、缺乏使用监督，一些草场被过度开发、超出承载能力，造成的生产力下降和严重损失，需要引起大家的高度关注。

H户牧民是年过70岁的老人，已经进城养老。他说[1]：

我俩年纪大了，不能放牧了。为了温暖舒适、方便来旗里住了，顺便陪着孙子念书，接送到学校。我们有5000亩草场租给了外嘎查的牧民，因为租给亲戚朋友的话不好谈价格，现在只靠养老金和租出去的草场费用来维持生活。把草场租给别人与在自己的草场上放牧相比，草场退化得更严重，因为牲畜数量多，一天到晚不停地踩踏。

---

[1] 访谈对象：H户牧民，72岁，小学学历，2021年1月20日访谈。

第三章 "人—畜"互惠关系分析

第一节 畜产品经营现状

畜产品是草原畜牧业的重要组成部分，也是牧民的主要经济来源之一。在传统产业的基础上，牧民通过开发新的畜产品、注重质量和安全，推动了当地的产业发展。乳制品、肉制品和其他的羊毛、羊绒、皮革等产品是畜产品的主要品种，同时，随着人们意识的提高，环保要求的增强，畜产品的加工和销售也得到了很大的重视。

从经营角度出发，基于苏尼特右旗得天独厚的牛、羊、骆驼等丰富资源，当地的畜牧业开拓出具有创新性与独特性的新畜产品，强调食品的品质与安全，确保生产原料的纯正。同时，随着生产规模的不断扩大，加工工厂的建设以及自主民族品牌的确立，这一过程为当地产业发展注入了新的动力。乳制品、肉制品、羊绒、羊毛、皮革等畜产品是其主要品种。此外，牧民还不断寻找新的销售方式和渠道，以提高畜产品的价值和拓展经营收入。

一、肉制品的经营

苏尼特右旗正在实施基于"企业+专业合作社+牧户"的经营模式，以发展现代畜牧业养殖业为主要目标。该模式将企业、合作社和牧民之间的责任与利益相连接，促进了各方的积极参与。双方根据市场上的羔羊收购价格协商确定收购价格，并签订购销合同。牧民按照产品质量要求负责进行精品养殖。到出栏牲畜的季节后，企业依据已签订的合同收购牧户的牛羊。为减轻草场压力，增加牧民收入，该旗鼓励牧民提前出栏，并采取了冬羔补饲的措施。每年有两个阶段的出栏时间，每个阶段的收购价格有所不同，越早出栏价格越高。通过上述畜产品销售措施，牧民不再为出售产品而感到困扰，牛羊的销路增加了一种选择，这提高了牧户的养殖积极性，同时也增加了他们的生产收入。

乌日根塔拉镇被评为国家地理标志保护产品——苏尼特羊的主产区之一。为确保建立无公害现代畜牧业养殖体系并对销售渠道进行进一步拓宽，促进牧民增收致富，推动全镇苏尼特羊的销售，采取"市场价+补贴"的方式。在此基础上，乌日根塔拉镇于2017年5月成立现代畜牧业经营专业合作社，由9个嘎查联合组建而成，致力于更好地促进畜牧业的发展。

本地M户牧民已经加入乌日根塔拉现代畜牧业经营合作社，并与当地的一个肉业有限公司建立了合作协议。由于此举，他所出栏的牲畜售价比市场价每斤要多出0.8元，他的收入比往年增加了。他认为，加入合作社以后他再也不用为出售自家的羊感到担忧了。他既有了销售保障，又能增加收入。这个例子展示了如何通过牧企合作和现代化的管理经营模式促进草原畜牧业的可持续发展。建立现代化的畜牧业养殖体系和拓宽销售渠道，不仅促进了牧民增收致富，还有利于保护和改善草原生态系统，实现了经济效益、社会效益和环境效益的协同。

二、乳制品的经营

近年来，乌日根塔拉镇严格按照国家、自治区奶业振兴的政策措施，积极开展乳制品经营，切实拓宽牧民的增收渠道。通过项目扶持、联合经营和邀请专业教学人士对牧民进行技能培训，有效地提升了其奶食品制作水平。在因地制宜的原则下，乳制品的发展趋势愈加明显，多种特色奶制品种类得以开拓，为牧民自主创业奠定了坚实的基础。

通电和通网等基础设施的建设和改造，极大地改善了牧区牧民的生产与生活环境。同时，这些设施的推广及改良不仅节省了工作时间和人力成本，也在乳制品的生产过程中发挥了巨大的作用。目前，众多牧民积极参与奶制品的培训与开发，不仅发扬了传统奶食品的制作方法，还创新开发了包括特色奶酒、酸奶糖和雪糕等在内的多种奶制品，进一步推动了乳制品产业的发展。

本地区的C户牧民，凭借自己的双手与创业热情，托起了自己的梦想。在深入研究之后，她深刻认识到牛奶的价值不仅在于奶制品，还可被运用于日用品和化妆品的制作中。在系统的技艺学习之后，她运用牛奶成功制作出彰显传统民族特色的口红和香皂等商品，其精湛的技艺和高品质的产品引起消费者纷纷赞扬，销售渠道也逐步拓宽，她的产品在全国各地获得了不少支持者（见图3-1）。①

---

① 访谈对象：C户牧民，40岁，初中学历，2020年8月13日访谈。

图 3-1 C 户牧民用牛奶制作的口红和香皂

为了进一步提振牧民的养驼积极性，在各项有力举措的推动下，苏尼特右旗发展了骆驼养殖产业。驼奶的生产经营对牧区经济发展起着重要的促进作用，为带动牧民的增收致富提供了有效的途径。驼奶富含高营养元素，热度合适，常见于老人及婴幼儿的日常膳食中。

本地区 G 户牧民作为一位 30 多年养驼经验的老手，家中共有 180 峰驼，其中 30 峰母驼用于挤奶，现驼奶日产量逾 20 斤，每斤驼奶的售价将近 70 元。经过冷冻保存后，把驼奶卖给苏尼特驼业生物科技有限公司。公司每斤驼奶以 10 元的价格回收，每月 G 户牧民能够出售驼奶 1000 斤。在企业的支持与合作下，驼奶不再积压存储，这大大激发了其对养殖产业的热情（见图 3-2）。①

图 3-2 G 户骆驼养殖场

① 访谈对象：G 户牧民，54 岁，高中学历，2020 年 8 月 22 日访谈。

这些例子很好地展示了农牧民的创业精神和创新能力，同时也说明了政策扶持和市场需求的重要性。政府可以通过提供专业培训，搭建销售渠道等方式帮助农牧民发展特色产业，同时市场也需要对这些农特产品给予更多的认可和支持，通过推广和宣传，增加消费者的购买意愿和消费量，促进农牧业的可持续发展。

三、其他畜产品的经营

在传统的畜牧业生产中，牧民善于利用生产出来的肉、皮、毛等材料制作成袍子、毡子、绳子等实用物品。然而，随着生活水平的提高，牧民对毛皮的需求开始减少，逐渐喜欢购买现成的方便物品，从事传统工艺生产的人也越来越少。近年来，上门收购羊绒、羊毛、羊皮等物品的商贩也很少见。由于皮革贵重、不易存储，尤其是在夏季，容易受潮发霉，大部分牧民将羊皮便宜出售给收购商直接处理。由于毛皮的销售额在牧户总收入中所占比例不高，因此他们很少关心销售价格。到了秋季，许多牧民都面临着羊皮难以出售的困境，导致大量羊皮被堆放在冷库外面的垃圾桶里。有些牧民甚至直接将羊皮用于狗窝的铺垫。而随着牧民对市场的认知不断提升，他们开始通过自己的想法和手艺将牛羊皮加工成钱包、腰带、皮画等商品，并以更高的价格出售，这使他们的经济收入得到明显提升。

随着现代化畜牧业的发展和市场需求的变化，传统的畜牧业生产方式已经面临一定的挑战，但同时也为牧民带来了新的机遇和发展空间。通过创新和转型，牧民可以将羊毛、羊皮等资源加工成高价值的终端产品，从而实现更好的经济效益。

第二节 畜产品销售渠道

一、自产自销模式

自产自销模式是指牧民自主养殖、加工和自由销售畜产品的销售方式。在这种模式下，没有中间商和机构的介入，牧民可高价出售畜产品并获取更多的利益。随着人们生活水平的提高，健康、安全、营养、绿色的天然产品成为消费者关心的热点。自产自销模式恰好解决了这些需求，提供育肥、纯天然的优质畜产品，消费者能更加放心地购买。现在，一些牧民会在中秋节、春节等传统节日期间，直接将产品销售给消费者；还有一些牧民通过网络宣传和直播带货的方式，经营肉铺店和家庭牧场，提高了畜产品的销售收入。

自产自销模式则是一种更加灵活、高效、有利可图的新型销售模式，自产自销模式不仅可以让牧民获取更多的利益，还可以满足消费者对于高品质、健康、绿色产品的需求，同时也可以推动当地畜牧业的发展。利用自媒体、电商等现代化手段，将传统的畜牧业和现代化科技进行有机结合，可以提高产业效率，扩大市场覆盖范围，带动更多牧民脱贫致富。

本地区 M 户牧民发现自家养殖的苏尼特羊肉味道鲜美，被誉为"肉中人参"，但却难以以好价格销售，缺乏销路。从 2018 年底开始，他尝试通过直播的方式，展示苏尼特羊肉、纯天然的奶制品和原生态的牧民生活，吸引了大批网友的关注。直播后订单络绎不绝，直播带货效果显著。他将传统行业和自媒体相结合，利用电商的方式，志愿帮助家乡的牧民通过自媒体平台将民族特色产品推向全国各地，让电子商务走进牧区，为畜牧业的高效发展探索出一条新路。[①]

二、中间商销售模式

牧民通常通过中间商销售其畜产品。在秋季，牛羊大量出栏，此时，许多从外地而来的中间商（俗称"二道贩子"）会前往牧区与牧民进行交易。由于牧户居住地分散、距离旗上交易市场较远、运输成本高，许多牧户会在自家门口把畜产品卖给中间商。又由于畜产品是活体，运输不便，并且牛羊的运输过程十分繁杂，因此，中间商通常会通过上门服务，将畜产品运输到指定的销售点，从中赚取差价。有时牧民的畜产品膘情不佳，中间商不愿意以高价收购，从而出现畜产品难以销售的现象。还由于牧民的市场意识缺乏、信息不畅通、销售渠道狭窄等原因，导致他们不得不接受低价出售。

三、屠宰场和活畜交易市场销售模式

屠宰场作为连接牧民与市场的重要桥梁和纽带，越来越成为牧民销售畜产品的重要渠道。有些牧民选择养殖产肉量多的品种，因此，选择按白条称重的方式进行售卖是最为合适的。过去，大多数牧民没有太多机会选择买主，只能等待买主前来收购，价格也相对较低。如今，随着生活条件的改善，每个牧户基本都拥有农用车，运输方面变得更加便利，因此，有更多的牧民选择前往屠宰场进行销售，能够获得更好的销售价格和收益。

活畜交易市场的出现为牧民提供了方便，也为其增收扩大了市场。苏尼特右旗农牧业产业园则是当地最大的活畜交易市场之一，自 2014 年开始运作以来，

---

① 访谈对象：M 户牧民，35 岁，本科学历，2020 年 1 月 17 日访谈。

已经设立了6个交易平台，并且年交易量逐年上升。据了解，除了当地客商外，现有来自山西、河南、河北、甘肃、宁夏、江苏、海南、吉林等省外的货主参与，他们能够以市场最高价格收购当地山羊、绵羊，并将其进行补饲、育肥。由此可见，活畜交易市场的运作为买卖双方解决了许多难题，营造了一个方便的交易环境，进一步拓宽了畜产品销售渠道、拉动了活畜收购价格，同时也促进了牲畜出栏和畜产品流通，具有积极作用。

屠宰场和活畜交易市场可以为牧民提供更多的销售渠道，促进畜产品的流通和销售，增加牧民的收入和市场竞争力。同时，这些市场和交易平台也能够加强市场监管和规范，保障消费者的消费权益。

第三节　牲畜品种改良

一、牲畜品种改良现状

近年来，苏尼特右旗高度重视畜牧业的结构调整，致力于提升畜牧业发展的质量和效益。通过大力推进牲畜品种改良工作，不断加强优良品种的培育和推广，苏尼特右旗成功激发了牧民的养殖积极性，提高了肉牛产业的生产规模和效益，同时也不断扩大出栏量，提升了肉牛产业的质量和市场竞争力。

对于这一发展趋势，苏尼特右旗政府也给予了相应的政策扶持，包括项目扶持、资金扶持和农企联合销售等措施，使肉牛养殖企业、合作社和专业养殖大户均取得可观的发展成果。这一发展格局在促进地方经济发展的同时也为畜牧业的可持续发展提供了坚实的保障。

通过实地调查发现，大多数牧民在进行牛的品种改良时，更倾向于改良西门塔尔牛。然而，仍有一部分牧民选择保持本地传统的养殖方式，继续饲养黄牛。在羊的品种改良方面，有90%的牧民选择畜牧区本地的苏尼特羊进行养殖。但是，由于进口牛羊肉的流入以及市场需求受到影响，牧民的销售价格也受到一定的波动，因此，部分牧民开始尝试养殖小尾寒羊、萨福克羊、杜泊羊等品种，以满足市场需求。

当地优良品种和知名品牌苏尼特羊在经济利益、生态保护和社会效益方面发挥着重要作用。政府方面为了鼓励牧民养殖优质的苏尼特羊，多次开展苏尼特羊比评活动，以淘汰劣质牲畜，同时带动牧民加强对苏尼特羊的认识、选育和养殖方法的研究。

国家和当地政府为促进优质良种肉产业发展采取了良种牲畜补贴扶持措施，以支持养殖业的创新和改革。这些政策和举措将有效支持优质苏尼特羊的养殖和发展，同时促进本地畜牧业的可持续发展。具体补贴政策有以下四种：

（1）种公羊补贴（苏尼特公羊）。每只合格的种公羊可获得 1300 元的补贴（国家 800 元、内蒙古自治区 400 元、盟级 100 元）。这些补贴将对优质苏尼特种公羊的选育和养殖发展起到重要的支持和促进作用，同时也有助于当地畜牧业的可持续发展。

（2）肉牛冷配冻精补贴。每只冷配母牛可获得冻精补贴（每头补贴 2 支冻精，每支 5 元），总计 10 元。这些补贴将促进肉牛养殖业的发展，鼓励畜牧业的技术进步和改良，为产业的可持续发展提供支持和帮助。

（3）驼羔补贴。对于未参与产育的驼羊母畜，每头可享受 300 元的补贴；购买优质种公驼，即可获得 500 元一次性补贴。这些措施旨在提高养殖业的发展质量和技术水平，保证畜牧业的健康和可持续发展。

（4）良种基础肉用母牛饲养补贴。对于存栏核心群、示范户和重点户的良种基础母牛，每头可获得 50 元的饲养补贴。为确保牧民将补贴资金用于购买饲料，补贴款项将直接转账至牧民的饲料供应商处。这一措施旨在鼓励牧民购买优质饲料，提高养殖效益和产品品质，促进畜牧业的可持续发展。

政府采取的良种牲畜补贴扶持办法可促进优质良种肉产业发展，提高畜产品的质量和市场竞争力。同时，举行苏尼特羊比评活动可以提高牧民对优良品种的认识和养殖方法，推动苏尼特羊的发展和普及。

二、牲畜品种改良的作用

在畜牧业发展过程中，牲畜的改良具有重要的意义和作用。品种的改良有利于增强牲畜的生产性能、品质和数量，引进优良品种，淘汰生产性能低的品种，与当地优良品种进行交配，进而筛选出更适合本地自然环境的品种。这种方法的实施可有效推动畜牧业的良性发展，提高当地畜牧产业的综合竞争力，并增强养殖领域的市场份额，从而提高牧户的经济收益水平。

在改良牲畜品种的工作中，需要在政府的管理下，广泛推广牲畜的新技术，并积极推动当地牧民的参与和配合。必须维护好当地的优质畜种和引进的改良畜种之间的匹配关系，才能保护好当地的生态环境和文化传承，促进当地畜牧业的可持续发展之路。

当地 L 户牧民为了优化畜群结构，按照自身地理环境的条件，选择以养殖优质良种牛为主的方式，通过减少羊的数量、增加牛的数量来实现草畜平衡和调整载畜量。自 2009 年开始，他集中改良自家的牛群，冬季牛的数量稳定在 40 头左右。2016 年，他们经营的家庭牧场成为盟级种畜重点群，巩固了养殖业的地位。到 2020 年，他们家的 15 头公牛犊以平均 2 万元的价位被售出，这带来了超过 30 万元的净收入。他们家的母牛是西伯利亚品种，其产奶、肉品质均优，所以在冬季他们能够挤出牛奶，制作奶制品。母牛每年早产牛犊，到 7~8 月就能出售，这不仅减轻草场的负担，也能够保证母畜的好身体状况。①

在本案例中，L 户牧民成功地实现了从传统畜牧业向现代畜牧业的转型，通过优化畜群结构，提高肉类和乳制品的质量和数量，增加了家庭的收入。他的实践表明，畜牧业的发展必须紧密结合当地的自然和人文环境，以生态和可持续的方式进行。同时，需要通过引进优良品种、实施集中改良、加强管理和监管等措施，提高畜牧业的生产性能和质量。L 户牧民的实践还表明，畜牧业的发展具有广泛的空间和潜力，可以带动当地经济的发展和增加农民的收入，因此应该得到政府的重视和支持。

① 访谈对象：L 户牧民，46 岁，大专学历，2020 年 8 月 5 日访谈。

第四章　"畜—草"互惠关系分析

　　根据牲畜的食性、个体和生产条件，牧民构建了畜群结构，以此来维护"人—畜—草"之间的和谐共存。畜群结构的构成受到牧区自然、地理、气候条件等基本因素的影响。然而，畜种结构变化对草原带来的压力以及五畜结构对牧民的重要性却常常被忽视。随着经济的迅速发展，人们对五畜的各种评价，源于自身的需要和兴趣，并以经济效益为导向。五畜是牧民了解和利用草原多样性的经典范例。

第一节　五畜的特征及内部和谐

一、五畜的特征

　　第一，山羊的性格活泼、聪明、耐干旱、合群性强。常常走在羊群最前面，嗅觉敏感，在羊群中最先吃到新鲜、营养的草。山羊的活动范围广，善于爬山，可以生存的范围较广。在吃草方面，喜欢吃细草、草根、草的枝叶之类的细碎部分。人们认为山羊的腿速较快，踩踏牧草，破坏生态环境。

　　第二，羊的体格大、鼻梁隆起、耐严寒、善游走、生命力强。人们认为羊是五畜中最温顺的，但实际上是最能与自然和谐相处的，易养殖，繁殖快，给牧民带来最大利益。因为羊肉的味道鲜美、肉质鲜嫩、纯天然等优秀条件，许多人选择购买散养羊，羊肉的需求不断增长。

　　第三，蒙古马有耐力、体质较小、种抓膘快、掉膘慢、抗病力强。马对草质的要求高，和小牲畜一样喜欢吃细草、干的草，一般利用荒漠草原上的草场，吃草时从上面锯下来吃。这样的采食方式，不会伤害牧草的根部。因为马不是反刍动物，采食的牧草经过肚子后直接排泄出去，有利于传播种子。

第四，牛的个体矮、粗壮、易放养抓膘快、抗旱抗热的适应性强。牛喜欢吃高大茂盛的草，多汁的草，从草的中间部分用舌头卷起来吃。由于牛的乳肉产量高，品质好，在牧民的饮食中被广泛食用。牧民用牛奶制作成奶制品，增加收入。

第五，双峰骆驼具有耐渴、记忆力强、寿命长、能负重等特点。在五畜中，骆驼这个动物与其他牲畜不同，冬春成群放牧，夏秋在戈壁、草原上跟着风的方向走，有了独特的特点。骆驼吃的是羊和马群几乎不吃的戈壁草原上的苦的粗的、硬的和带刺的草，喜欢碱性类的草。

二、五畜的内部和谐

在畜牧业生产实践中，牧民们会根据不同品种牲畜的特点，调配出一份相对和谐的比例结构，选择最适合草场饲养的畜种进行共同放牧，以使草场得到最大化的效益。

牧民们通常将绵羊和山羊合群放牧，这样做的原因是山羊的控制能力更强，绵羊则更温和、沉稳。在放牧时，绵羊有着聚集进食和缓慢动作的习惯，而山羊则更擅长在放牧时分散进食，加上它们快速敏捷的特点，可以更充分地利用草场，采食更多种类的植物。在遇到雪灾、沙尘暴等恶劣天气时，山羊通常会冲在前头护送绵羊安全回家。不过，如果单独把山羊放入草场中，牧民们则很难控制它们的运动，导致放牧过程不稳定，甚至会踩踏草场，对植物和土壤产生影响。而如果把绵羊和山羊放在一起放牧，那么它们会互相照顾，运动也会更均匀、稳定。通常情况下，羊群中山羊的比例会低于绵羊。通过调整小牲畜的畜群结构，解决草畜之间的矛盾，既有利于牲畜的生长发育和产量提升，又有利于草场的生态保护。在冬天积雪厚的情况下，马会利用蹄子挖掘出草来，而牛群则会在马后面给羊群开路。在利用草场时，羊、牛群通常会利用周边的草场，而马、骆驼则会利用更远处的荒原草场。

这种畜群结构的调整，不仅可以充分利用草场资源，还可以避免畜群之间的竞争和排斥，从而实现畜牧业的可持续发展。通过合理的畜群结构，牲畜之间可以相互照顾，互相促进，从而提高养殖效益，减少草场的过度利用和环境污染，还可以保护生态环境，维护草原生态平衡。

第二节　畜群结构转型分析

自从草畜承包制度实施以来，牧民们的经营方式和草场利用方式发生了翻天覆地的变化。与此同时，牧民的畜群结构也经历了巨大的调整，针对当地的生态环境和经济状况，他们对五畜的饲养进行了巧妙的调配。然而，气候变化、自然灾害、过度放牧等自然和人文因素加剧了草原生态环境的退化，导致畜牧地域结构发生变化，养殖规模也发生了翻天覆地的变化。

1965~1976 年，乌日根塔拉镇的牲畜总数减少了一半以上，特别是牛、绵羊和山羊损失最为惨重，马的数量损失相对较小，而骆驼的数目并没有减少反而略有增加。到了 1978 年，小牲畜头数比大牲畜多了 3 倍以上。到 1999 年，虽然五畜整体数量呈上升趋势，但大牲畜数量仍少于小牲畜数量。到了 2001 年，牧民的畜群结构发生了巨大变化，大牲畜已经进入消失的阶段（见图 4-1）。

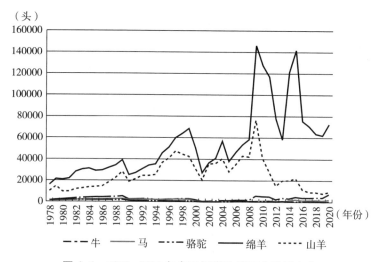

图 4-1 1978~2020 年乌日根塔拉镇五畜数量变化

资料来源：笔者根据苏尼特右旗统计局数据统计整理。

总体而言，乌日根塔拉镇的大牲畜数量增减波动不大，牛、羊和骆驼的数量一直未超过小牲畜。在小牲畜中，绵羊的数量始终高于山羊的数量，而自 2009 年以来，两者之间的数量差距变得明显。山羊的数量从 1978 年逐渐上涨，但在 2020 年前开始持续下降。相比之下，绵羊的数量在 2009 年达到了高峰，达到了14.5 万头，之后经历了两次大幅增减，自 2015 年起开始缓慢减少。

一、畜群结构转型因素

影响畜群结构的原因可分为自然因素和社会因素两个方面。其中，自然因素包括地理条件、气候变化、生物生长等；社会因素则涵盖生产能力、市场需求、牲畜职能、政策等方面。在现代畜牧业中，社会因素更加决定畜群结构的变迁。尤其随着经济的发展，市场需求和牲畜的销售价格成为畜群结构变动的主要原因。

乌日根塔拉镇牲畜结构的变化主要受到社会因素的影响。马、骆驼和牛不仅是牧民的食品来源，也是他们的主要交通工具。由于大牲畜的肉、奶产量比小牲畜高得多，且买卖交易价值也比小牲畜高出多倍，因此牧民们一致认为大牲畜对长远利益更为重要，因此维持大牲畜在畜群总数中的比例。然而，从20世纪80年代开始，尤其是90年代，随着三轮车、四轮车和摩托车的增多，基本上停止了马、骆驼和牛在交通工具中的使用，牧民不再将其用于骑行和运输之用，仅将其饲养以便获取肉和奶。

以前，小牲畜中山羊的数量相对较少。然而，近年来，由于羊绒价格的上涨，人们开始大量养殖山羊，这导致小牲畜数量的大幅增加。此外，这也是大小牲畜数量差异的一个重要原因。人们普遍认为草原退化的原因在于山羊的破坏性较大，因为山羊的流动范围广，速度也很快。出于放牧的方便，人们减少了养殖山羊的数量。

然而，社会原因并不是主要原因，主要原因是牧民在将牲畜承包给牧户时，没有为马和骆驼设立专用草场，而是将五畜放在同一片草场上。这种放牧方式不利于马和骆驼的成长，又由于分开放牧困难等原因，牧民大量出售马和骆驼，因此大牲畜的数量明显减少了。

二、畜群结构转型对草场的影响

在草原与牲畜之间，牲畜获取食物，再践踏土壤反哺草原，实现"人—畜—草"的协调发展。牧民养殖五畜旨在充分利用草原，牲畜采食对促进牧草生长有不可估量的作用。五畜通过践踏土壤、传播牧草种子、提供天然有机肥料等手段，积极促进牧草的生长和更新，为"人—畜—草"之间的协调发展创造了良好的生态环境。

从五畜的牧草采食习性来看，不同畜群食用的草类存在差异，即便同一种草也能充分利用不同部位。因此，畜群的差异性可以实现草原多样性的最大限度利用。但由于牲畜承包，长腿的牲畜被短腿的牲畜替代，而羊只食用自己所喜爱的细草，其他草类长久得不到采食反而被践踏，影响了牧草的生态平衡。

结 论

一、三个结论

本案例研究选取乌日根塔拉镇为研究区，从人类学的角度出发，结合可持续发展理论和互惠理论，对牧区的发展现状进行深度分析。通过田野调查和问卷调查法，探究了牧民、草原和牲畜这三者之间的相互关系和内部协调情况。主要得出以下三个结论：

（1）人与草之间的互惠关系，在承包制度影响下，牧民们渐渐地定居，牲畜的移动空间受到了限制，牧户和畜群数量不断增长，畜群结构平衡失调，频繁地发生自然灾害等原因致使草原生态环境严重退化。然而，牧民开始外购草料喂养牲畜，有效地预防了自然灾害的发生，提高了牲畜的质量。但是随之而来的购买饲草料、基础建设、租赁草场等生产性需求的不断增加，形成了一个高成本经营模式。牧民在高成本、低收入的经济压力下，不得不靠借贷来维持生活。为了改善草原生态环境，国家和内蒙古自治区实施了草畜平衡、休牧、禁牧制度以及草原生态补奖政策。牧民通过划区轮牧、租用草场等方式来合理利用草原资源，实现草牧平衡，促进草原的生态保护和可持续发展。

（2）人与畜之间的互惠关系。在畜牧业生产实践中，人与畜之间形成了一种互惠关系。牧民通过对牲畜的养育和利用，获取畜产品如肉和乳，在此基础上发展了畜牧业生产。该苏木通过建立合作社，帮助牧民解决了出售难、价格低等问题，提高了出栏率，增加了牧民的收入。然而，由于合作社规模较小、牧民参与性较低等原因，牧民仍以个体经营为主。许多牧民通过积极参加培训活动，在传统经验的基础上，研发新的产品。目前大多数牧户的销售方式比较单一，大多数牧户通过中间商销售产品，但也有部分年轻人带动家乡牧户利用网络扩大销售途径。同时，大多数牧户选择养殖本地苏尼特羊，因当地良种牲畜补贴扶持办法，当地政府对此方面也比较重视。

（3）草与畜之间的互惠关系。在畜牧业生产实践中，牲畜的性格、食性、喜好、生产等不同特点，是决定畜群比例结构和放牧选择的关键因素。因此，在五畜与草之间存在着一种互惠关系，通过对草场的充分利用，进而促进畜群的生产和发展。而随着承包政策的实施，自然和社会因素的转变引起了畜群结构的变化。纯粹的利益追求让人们忽视了草原生态环境，这种短视的行为必将对畜牧业的可持续发展产生负面影响。

二、政策建议

主要有以下三个建议：

（1）提高牧民受教育水平。调查发现，大多数牧户家庭的户主仅具有小学文化水平甚至未受过教育。然而，教育水平较高的牧民拥有新的经营理念，更加深入了解畜牧业市场，并能充分利用互联网。因此，应加大牧区教育投入，在苏木嘎查创办学校，改进基础设施，强化师资队伍。同时，邀请专业技术人员加强牧民的职业技能培训，根据当地的生产特点和市场需求，从销售技巧、畜产品制作、养殖方法等方面指导牧民，提高他们的技能水平和创新意识。此外，还应保证培训内容的可操作性，让他们现学现用，增加经济收入。可以请养畜经验丰富的牧民，为新一代年轻人进行指导，提高教育的针对性和有效性。

（2）加强草原生态保护。为实现草畜平衡的可持续发展，应科学计算草原的载畜量，合理控制牲畜数量。同时，随着牧区人口的不断增长，人均草地面积减少，可以采取适当的人口转移和就业扶持等措施，维持人畜平衡。采用适宜的畜群品种可以提高牲畜的生产能力，减少草原的过度利用。企业和牧民签订购买合同，可在冬季育肥羔，尽早出栏，既能减轻草地压力，保护生态，又能提高牧民收入。

（3）发展牧区合作社。牧民畜产品价格偏低，市场信息匮乏，销售渠道狭窄，阻碍其收入增长。因此，建立合作社是提高生产率的必然之选。在牧区，扩大合作社规模，提高牧民合作社意识，拓宽畜产品销售渠道。在激烈的市场竞争中推行品牌经营策略，拓展市场，鼓励牧民创立自有品牌，推动特色产业发展。同时，加强品牌宣传，提升品牌知名度，让更多人认识和了解民族文化。畜产品经营过程要保障质量安全，向客户提供高质量的服务。

牧区产业振兴研究：
以布寨嘎查为例

布音敖其尔拉　杨常宝

绪　论

一、研究背景

本案例研究从发展人类学视角，以鄂尔多斯市乌审旗布寨嘎查细毛羊羊毛产业为例，重点探讨牧区产业振兴研究。

发展人类学是应用人类学的一个分支学科，它的起源可以追溯到世界各地的许多"发展项目"。发展人类学家通过田野工作作为核心研究方法，来研究不同文化背景下文化与发展之间的关系，并进行评估、确认和分析，以获取当地的知识和经验，并为政策制定者提供基础、信息和建议。

作为应用人类学者的积极实践者，发展人类学者受雇于包括欧美各国的基金会和世界银行在内的国际组织，通过发挥自己的学科专长，研究和探讨社会及文化因素在项目实施过程中产生的制约性问题和项目本身对当地民众的影响，从而帮助发展中国家和地区解决经济建设中遇到的实际问题。发展人类学的研究视角对我国成功实施"乡村振兴"战略有着极大的帮助（潘天舒，2019）。[①] 通过发展人类学的研究方法，我们可以更全面、更深入地了解内蒙古牧区发展的现状和存在的问题，提出具体可行的策略措施，并在推进乡村振兴进程中找到更有利的发展路径和方向。

2018 年，我国提出"乡村振兴"战略，旨在全面推进乡村产业、人才、文化、生态，充分发挥农产品供给、生态屏障、文化传承等功能，开辟了中国特色社会主义乡村发展的道路。加快农业农村现代化，形成工农互促、城乡互补、协调发展、共同繁荣的新型工农城乡关系，促进农业高质高效、乡村宜居宜业、农民富裕富足，为全面建设社会主义现代化国家提供有力支撑。其中，产业振兴不仅是实现农民增收、农业发展和农村繁荣的基石，也是解决农村问题的前提（苏启，2021）。[②]

---

① 潘天舒. 发展人类学十二讲［M］. 上海：上海教育出版社，2019.
② 苏启. 乡村振兴中乡村产业发展规划的思考［J］. 农村农业农民（B 版），2021（12）：22-23.

内蒙古自治区具有多元生产方式，除了农业之外，作为重要的肉、奶制品基地，牧区在产业结构中扮演着重要的角色。本案例研究以内蒙古鄂尔多斯市乌审旗嘎鲁图苏木布寨嘎查的细毛羊羊毛产业为例，通过实地调研，从发展人类学的视角研究牧区产业振兴现状及其发展脉络，寻找乡村产业发展的新突破口。

牧区是一个特殊的系统，集牧民特有的生活方式、以草原为根的生态环境、以畜牧业为核心的经济形态以及与此相适应的社会形态于一体（乌日陶克套胡，2018）[①]。

内蒙古自治区的牧区在居住方式上也有其独特之处。相比之下，内蒙古自治区的农村居住方式是集中式的，而牧区则比较分散。在分散的牧区中，每户之间距离相隔 200~300 米，甚至上千米，这种居住方式给产业发展带来极大的困难。因此，在散居的牧区发展产业，就必须探索一种与聚集地不同的模式。本案例研究所探讨的乌审旗布寨细毛羊专业合作社能解决分散生活方式下资源难以集中的问题，对当地牧民生活方式和生产方式的影响很小，且能达到增加牧民收入的目的。

在本案例研究中，笔者选择一些能够代表当时牧民心理的语句，如"赤裸的羔羊""出乎意料的惊喜""80 只羊羔的教训""自给自足"等作为小标题，直接引用了田野调查中搜集到的故事。

二、研究意义

（一）理论意义

发展人类学是应用人类学的一个分支，在观测、诊断和确认经济建设过程中的实际问题以及评估发展项目应用价值时，它具有不可替代的地位和价值，这得益于其独特的视角和方法论。

发展人类学为研究经济发展和社会变迁提供了一种独特的理论框架。它关注人类和社会发展过程中的文化、社会、经济等方面的相互作用，强调社会和文化背景对发展过程的影响。通过对社会变迁和经济发展的深入研究，发展人类学为我们提供了更全面、更深入的理解。

发展人类学还要关注社会和文化因素对发展过程的影响，强调将当地实际情况与现代传统的融合。这种研究方法有助于我们理解不同社会和文化背景下的发展挑战和机遇，为制定更适应性的发展策略提供了重要的理论参考。

发展人类学更要倡导民间参与和社区建设的完善，强调在发展过程中尊重和发展当地社区的经验和资源。通过发展人类学研究，我们可以更好地理解社区参

---

① 乌日陶克套胡. 内蒙古自治区牧区经济发展史研究［M］. 北京：人民出版社，2018.

与的重要性，从而促进发展过程中的民主化和社会公正。在发展过程中，发展人类学家不仅批评"自上而下"式的发展方式，还提出建设性的建议。

在当前国家大力推行乡村振兴战略背景下，开展发展人类学研究具有重要的理论价值和指导作用。发展人类学的视角为本书提供了重要的理论参考。

（二）现实意义

发展人类学研究具有重要的现实意义，主要体现在以下三个方面。首先，发展人类学研究可以为政策制定者提供有关社会发展和经济变革的深入洞察。通过对社会和文化因素对发展的影响的研究，可以帮助政策制定者更好地理解社会变迁的动态和复杂性，从而制定更具针对性和可持续性的发展政策。其次，发展人类学研究可以为实际的社区发展和项目实施提供指导。通过对当地社区的文化、社会和经济特点的深入了解，可以更好地设计和实施社区发展项目，提高其适应性和可持续性。最后，发展人类学研究强调文化的重要性，并倡导尊重和保护不同文化的多样性。在全球化的背景下，保护和传承独特的文化遗产对于社会发展至关重要。通过发展人类学研究，可以加强对不同文化的理解和尊重，促进文化多样性的保护和传承。

在中国各地出现新型专业合作社的背景下，乌审旗布寨嘎查细毛羊专业合作社应运而生。该合作社采用的运作机制不会影响当地牧民的生活方式，使其能够将羊毛集中起来，并将其找到价格最高的厂家或直接送到南京羊毛拍卖场进行拍卖。这一机制有效地提高了牧民的收入，同时厂商能收到优质的羊毛，从而实现双方共赢的局面。

本案例研究通过内蒙古鄂尔多斯市布寨嘎查细毛羊产业发展历程及现状的考察，重点分析牧区产业振兴的实践及探索路径问题，对内蒙古及牧区产业振兴具有一定的现实研究意义。

三、研究现状

（一）发展人类学研究现状

在 20 世纪后半叶国内开始出现一些介绍发展人类学的著作。石奕龙（1996）[①]、陈庆德（2007）[②]、潘天舒（2009）[③] 相继将应用人类学、发展人类学引进国内，为国内学者的研究提供了理论参考依据。尤其是潘天舒（2009）对人类学与发展研究、发展实践做了系统的论述，最后以国际视角对发展人类学前沿做了详尽的介绍。

---

① 石奕龙. 应用人类学［M］. 厦门：厦门大学出版社，1996.
② 陈庆德. 发展人类学引论［M］. 昆明：云南大学出版社，2007.
③ 潘天舒. 发展人类学概论［M］. 上海：华东理工大学出版社，2009.

近年来，发展人类学的研究逐渐兴起，刘晓茜等（2009）① 通过对西方发展人类学的历程与现状进行总结，认为人类学能够为发展研究做出重要贡献，主要原因为人类学关注社会过程的细节，可以进行深入的挖掘和阐述。

罗康隆等（2006）② 在研究中探讨了经济、科技、资源、人口和权力等因素与民族发展之间的矛盾和调和，并提出应该在尊重多元文化的基础上，将文化和经济发展有机地结合起来，以实现发展的观点。

杜华君等（2020）③ 认为，文化遗产可以促进传统向现代的转变，是乡村振兴的内生动力。在保护和传承文化的基础上，增加旅游业的发展，即使在当地进行产业化，也会产生更多的利益，助力于乡村振兴。

郭占锋（2010）④ 从国际发展机构的本质入手，思考可能引发的问题，并进一步探讨社区文化和农民参与等方面的因素，阐明应该超越参与式发展的表象，实现将外来的发展援助行动转化为农民自觉参与的活动。

史玉丁（2018）⑤ 提出"重建""整形""更行""再开发""再生""复兴"六大核心思想，包含改善、参与、赋权、可持续等方面，为传统乡村文化的保护提供了发展人类学的理论和路径指引。

陈刚（2009）⑥ 在《发展人类学视野中的文化生态旅游开发——以云南泸沽湖为例》一文中，提出发展人类学的两个趋势。首先，让被发展的对象参与到发展项目中，赋予他们自我控制和管理被发展者的资源和未来的权力；其次，加强与其他学科的合作，学习其他学科的新发展理论，不仅在研究发展对象方面，也需要考虑政治经济组织的更大影响。

虽然国内人类学研究越来越盛行，但各方也呼吁着高度重视本土文化、采取小步前进策略，让"被发展"地区的民众能够全身心地参与到项目中。目前国内相关研究大多局限在农村，并未对牧区进行深入研究。本案例研究从发展人类学的角度入手，以牧区产业振兴为研究主题，以内蒙古牧区为例，探究本土知识与发展项目间的互动问题。

---

① 刘晓茜，李小云．发展的人类学研究概述［J］．广西民族大学学报（哲学社会科学版），2009，31（5）：38-47.

② 罗康隆，黄贻修．发展与代价——中国少数民族发展问题研究［M］．北京：民族出版社，2006.

③ 杜华君，张继焦．文化遗产的"传统—现代"转型与乡村振兴的内源性动力——基于新古典"结构—功能论"的人类学分析［J］．广西民族大学学报（哲学社会科学版），2020，42（6）：103-111.

④ 郭占锋．走出参与式发展的"表象"——发展人类学视角下的国际发展项目［J］．开放时代，2010（1）：130-139.

⑤ 史玉丁．发展人类学视角下传统村落文化的保护与活化［J］．世界农业，2018（7）：65-70.

⑥ 陈刚．发展人类学视野中的文化生态旅游开发——以云南泸沽湖为例［J］．广西民族研究，2009（3）：163-171.

（二）农村牧区产业振兴研究现状

1. 农村产业振兴研究

自 2018 年我国首次提出"乡村振兴战略"以来，以"乡村振兴"为研究视角的研究逐渐增多。例如，张静（2018）在《乡村振兴与文化活力——人类学参与观察视角下浙江桐乡 M 村经验分析》① 一文中指出，传播优秀文化、组织多样化的乡村文化发展活动、运用新的媒体手段、建立更多的图书馆并增进城乡之间的联系等措施，可以在不影响农民生产生活的前提下提高乡村文化活力。

赵旭东（2020）② 认为，发展乡村文化的过程应该尊重乡村独有的文化，这是乡村农民的自主选择，我们应该理解和尊重。乡村文化的振兴不能简单地复兴不符合时代需要的传统文化，而应该与时俱进，以促进不同人群的利益和联系，从而打造一种新的文化变革，才能真正实现乡村文化的振兴。

曹晗（2019）③ 的研究主要关注乡村的发展与城市融合，在视角的选择上，作者以乡村为主要研究对象，力求解决乡村城市融合所面临的问题。在乡村振兴的过程中，产业振兴、人才培养、文化发展、生态发展都是不可或缺的方面。但在其中，产业发展则作为必由之路和基础更为重要。产业发展不仅涉及土地、农产品、资金、技术和信息等丰富的层面，还包括外部的资金、土地等资源以及内部的组织和管理等方面，同时也需要关注民族文化、生活方式等因素。

王逍（2016）④ 进行的畲族聚居区田野调查表明，在近十年来畲族农村的发展变化非常明显。从经济、文化、教育以及生态等方面的发展来看，畲族农村取得了显著的进步。产业蓬勃发展，生活水平提高，畲族文化在村落建设中得以展现。然而，在现实中也存在一些问题，如过度依赖政府、发展不平衡等弊端。为了解决这些问题，可以借鉴我国台湾地区的做法；可以通过改革发展主义、创建新型社会组织、组织热爱新农村的志愿者、鼓励高校高学历毕业生回乡等措施来促进农村发展。这些措施旨在推进农村的全面振兴，改善农村发展不平衡和区域发展不均等问题，让农村更好地融入现代经济社会，实现可持续发展。

秦红增（2004）⑤ 认为，新技术在农村的应用，是农业产业化的一个体现。

① 张静.乡村振兴与文化活力——人类学参与观察视角下浙江桐乡 M 村经验分析 [J].中华文化论坛，2018（4）：112-116.

② 赵旭东.乡村文化与乡村振兴——基于一种文化转型人类学的路径观察与社会实践 [J].贵州大学学报（社会科学版），2020，38（4）：30-43.

③ 曹晗.乡村振兴与中国人类学研究的新议题 [J].广西民族大学学报（哲学社会科学版），2019，41（5）：18-26.

④ 王逍.人类学视野中的畲族乡村发展反思 [J].浙江师范大学学报（社会科学版），2016，41（4）：65-71.

⑤ 秦红增.乡村土地使用制度与农业产业化经营——科技下乡的人类学视野之二 [J].广西民族学院学报（哲学社会科学版），2004（4）：75-82.

农村产业化，政府有必然的责任，但政府不能过度用权，乱占人民的土地，权力一定要有限使用。发展农村产业，利用可以采取"企业+户"形式的组织，使分散的农户更有利于整合上市。

谭同学（2020）[①] 在其《二元农业、农村生活货币化与乡村振兴——来自桂东北瑶寨的调查与思考》一文中将农村农牧业分为劳动密集型和资本密集型两种，并指出当地存在资本密集型农业，导致许多劳动密集型农民前往城市工作。因此，在实施乡村振兴政策时，可以通过利用公共资源为小农户在资金、技术和市场对接方面提供担保，而不是强制组织合作，从而促进小农户参与资本、技术密集型农业，并获得一定的收益空间。这样不仅可以最大限度地减少生活货币化带来的新风险，也能带动农村经济效益的全面提升。

2. 牧区产业振兴研究

牧区一直是人类学与民族学研究的主要关注点，许多学者从不同领域，对牧区进行多方位的深入研究。

例如，王明珂（2008）[②] 在其《游牧者的抉择——面对汉帝国的北亚游牧部族》一书中，主要探讨蒙古族游牧者的生活、文化和传统与现代化之间的关系。该书通过对蒙古族游牧者族群的生态、经济、社会、政治和文化状况的全面分析，揭示了游牧者在现代化进程中面临的各种挑战，特别是在土地使用、生态保护和文化传承方面面临的问题。

阿拉坦宝力格（2013）[③] 在其《游牧生态与市场经济》一书中强调，在牧区实施项目必须重视当地的生态环境，如果对于生态重视的程度不够高，必然是失败的观点。

阿拉腾嘎日嘎（2012）[④] 在《近现代内蒙古游牧变迁研究——以扎赉特旗为例》一书中，从历史人类学的角度研究了扎赉特旗的游牧变迁过程。

张雯（2016）[⑤] 在《自然的脱嵌——建国以来一个草原牧区的环境与社会变迁》一书中，首先介绍草原牧区的自然环境，特别是内蒙古草原的自然地理、气候环境和生物多样性，其次探讨了中华人民共和国成立后草原牧区的社会变迁，

① 谭同学. 二元农业、农户生活货币化与乡村振兴——来自桂东北瑶寨的调查与思考［J］. 北方民族大学学报，2020（6）：58-63.

② 王明珂. 游牧者的抉择——面对汉帝国的北亚游牧部族［M］. 南宁：广西师范大学出版社，2008.

③ 阿拉坦宝力格. 游牧生态与市场经济［M］. 呼和浩特：内蒙古大学出版社，2013.

④ 阿拉腾嘎日嘎. 近现代内蒙古游牧变迁研究——以扎赉特旗为例［M］. 沈阳：辽宁民族出版社，2012.

⑤ 张雯. 自然的脱嵌——建国以来一个草原牧区的环境与社会变迁［M］. 北京：知识产权出版社，2016.

包括公有制和集体经济的建立、农牧区的发展和现代化、牧区生态系统的演化和资源管理等问题。该书的主要价值在于将历史和生态问题相结合，探讨了生态环境、社会制度和经济发展之间的相互作用，提供了一种新的视角来理解草原牧区的历史和现状。

虽然牧区发展研究成果丰富，但是以发展人类学的视角探讨牧区产业振兴的研究却屈指可数（见绪表 2-1）。

绪表 2-1　知网检索结果

关键词	期刊论文数（篇）	学位论文数（篇）	总数（篇）
乡村振兴、人类学	113	39	142
产业振兴、人类学	1	2	3
乡村振兴、产业发展	11500	2520	11525

资料来源：2021 年 10 月 28 日于知网。

国内很多学者运用发展人类学的理论，研究我国一些地区和国家层面的发展项目，目前大部分研究都关注农村地区，而关注牧区的研究很少。事实上，牧区所接受的国家级和地方的项目和政策从中华人民共和国成立以来不亚于农村地区，并且 2018 年已经开始实施乡村振兴政策，其中产业振兴是牧区振兴的"排头兵"。因此，本案例研究旨在结合牧区产业振兴和发展人类学理论为乡村振兴政策制定者、振兴政策实施者和被振兴者提供现实参考。

四、产业振兴发展政策以及理论运用

（一）新时代民族地区产业发展的政策

21 世纪以来，党和政府提出一系列推动民族地区产业发展的政策措施。例如，在 2018 年 12 月 30 日发布的《农村产业融合发展指导意见》中，国务院办公厅强调要支持民族贫困地区的农村产业融合发展，以当地资源优势为基础，发展特色种植业、农产品加工业以及乡村旅游、电子商务等相关服务业，并将相关扶持资金倾斜至贫困地区。此外，在 2019 年 9 月 27 日全国民族团结进步表彰大会上，习近平总书记提出优化转移支付和对口支援机制、推出促进民族地区和人口较少民族发展、兴边富民行动等规划计划，致力于实施少数民族和民族地区的发展规划，为中国的民族地区带来更加光明的发展前景。

2020 年 7 月 16 日，农业农村部发布《全国乡村产业发展规划（2020-2025）》通知，并明确提出，要建设丰富多彩的民俗民族风情乡村休闲旅游区，发掘深厚的民族文化底蕴和欢庆的民俗节日活动，发展民族风情游、民俗体验游

和村落风光游等多种业态，不断推进民族民俗特色产品的开发。

在推进产业发展的过程中，政策扶持是不可或缺的，而政策制定也需要具体问题具体分析。针对民族地区产业发展的扶持政策是保障中华民族共同体意识，促进各民族团结奋斗和繁荣发展的现实需要，也是确保多民族地区长期和平稳定的重要保障。

（二）产业振兴的概念

实施乡村振兴战略的关键在于乡村产业的发展。只有通过乡村产业的发展，才能真正实现乡村振兴的目标。任何时候，产业兴旺都是乡村振兴的物质基础和解决农村牧区问题的前提。只有拥有适宜农村牧区经济发展的产业，乡村生产力才能不断提高并达到一定水平。在市场的引导下，乡村产业不断壮大，产业体系不断完善，城乡要素流动的壁垒日渐消失，资源配置更加合理高效。

产业振兴是推进乡村全面振兴和实施乡村振兴战略的"牛鼻子"，为乡村振兴提供了坚实的物质基础。[①] 产业振兴是指通过政府、企业等各方面的努力，促进失去活力的产业恢复发展，并提高其经济效益和市场竞争力的过程。产业振兴需要从产业链的各个环节入手，包括技术升级、产品研发、市场拓展、人才培养等方面，以实现产业的全面提升和可持续发展。产业振兴不仅能够促进当地经济的发展，还可以创造就业机会、提高人民生活水平等。

（三）牧区产业振兴中发展人类学的运用

从前人研究可以看出，发展人类学的出现与发展并非偶然，它以很多大型项目实施的过程作为历史背景，然而在用发展人类学的理论研究牧区的产业发展应为全新的探索。几千年来生活在这片土地的牧民用不断更新和传承的放牧经验来维系着生活。但是进入 21 世纪以后，牧民的消费观念、人地关系、生态环境以及放牧的条件有了极大的变化，这中间国家的各种项目也起着举足轻重的作用。在国家的项目和地区之间做好良性链接是发展人类学以及人类学的使命所在。

笔者认为，本书中重点探讨的鄂尔多斯市布寨嘎查细毛羊产业发展可以理解成一种项目，对牧区产业振兴研究提供参考。

五、研究方法

笔者采用参与式观察法，在内蒙古鄂尔多斯市乌审旗嘎鲁图镇布寨嘎查进行了 3 个月的田野调查。期间，笔者亲自参与羊毛产业发展的整个过程，并运用"过程—事件分析"法，了解细毛羊专业合作社成立前后的牧民以及当地经营者的举动与心理。笔者还走访 13 户牧户进行深度访谈（见绪表 2-2），了解他们接

---

① 韩长赋. 关于实施乡村振兴战略的几个问题 [J]. 农业工作通讯，2018（18）：12-19.

受细毛羊、细毛羊的习性、羊毛交易的历史与现状等。

绪表 2-2　调查牧民基本信息

牧民	性别	年龄（岁）
牧民 A	男	79
牧民 B	男	71
牧民 C	女	65
牧民 D	男	72
牧民 E	男	67
牧民 F	男	70
牧民 G	男	72
牧民 H	男	40
牧民 I	男	45
牧民 J	男	50
牧民 K	男	52
牧民 L	男	55
牧民 M	男	42

资料来源：笔者根据调研统计整理。

六、田野点概况①

布寨嘎查位于乌审旗嘎鲁图镇北 22 千米处，是传统的纯牧业嘎查之一。该嘎查总占地面积 48.86 万亩，其中，草原面积 25.2 万亩、林地面积 22.6 万亩、保灌饲草料基地 8400 亩；牲畜总头数达到 3.3 万头（只），其中细毛羊存栏 2.2 万只，年出栏 8000 多只。该嘎查共有 286 户，746 人，常住户 264 户，常住人口 709 人。

近年来，嘎查坚持多元发展、共同富裕的思路，不仅持续做大细毛羊养殖支柱产业，同时在文化旅游、民族食品、手工艺品加工等产业方面实现了突破。该嘎查发展了 60 户养殖大户，并有 70 户拥有标准化养殖棚圈的养殖示范户。2016 年，该嘎查被认定为全国第六批"一村一品"示范嘎查，2019 年底人均可支配收入达到 14500 元。

---

① 嘎查领导提供的内部资料。

第五章　细毛羊（美利奴）的出现
（1953～1960年）

第一节　赤裸的羔羊

"瞧，这只小羊羔赤裸着呢!"①

这是布寨嘎查牧民看到细毛羊（美丽奴）时的第一反应。

1953年，布寨嘎查首次实现了细毛羊的繁育成功。笔者通过实地调查发现，与鄂尔多斯本地蒙古羊相比（见图5-1），细毛羊（美利奴）的羔羊是无毛的，可以直接看到皮肤（见图5-2）。

图5-1　乌珠穆沁羊羔

资料来源：笔者拍摄于2022年3月1日。

---

① 牧民A，男，79岁，访谈时间为2021年6月10日。

图 5-2 刚出生的羔羊

资料来源：笔者拍摄于 2021 年 1 月 3 日。

在牧区产业振兴方面，从 1951 年开始，内蒙古自治区政府将重点放在饲养管理上，并从苏联引进 115 只茨盖种羊（其中 12 只为种羊）和 145 只苏联美利奴（其中 25 只为种羊）等优质的细毛羊，同时也引进人工授精技术。

1954 年夏天，乌审旗和布寨嘎查所属的嘎鲁图镇两级党委（党组织）和政府召开会议，传达并部署国家的畜牧改良政策。该政策旨在将"三河牛"和"三河马"作为改良品种用于牛和马的改良，将澳大利亚和新疆的细毛羊（美利奴）作为改良品种用于细毛羊的改良。

在多年的实验和生产实践中，人们发现杂交改良的细毛羊在饲养方面表现出色，产量和质量都大幅提高。这种经济特征与当时的社会经济条件相符。1956年 6 月，内蒙古自治区农牧局组织一个养羊队，从新疆的巩乃斯和塔城两个农场运回 1400 只新疆细毛羊。1957 年 6 月，"万里赶羊"行动进行了两次，内蒙古自治区的细毛羊改良工作开始全面展开（郭爱莹等，2014）。①

1957 年秋季，锡尼拉玛合作社取得了良好的成果。初次尝试新培育方式时，面临不同的质疑。有人认为："自古种羊给母羊配种，哪里有人给母羊配种，这违背了自然伦理行为会受到天谴。你们这样做必定得不偿失！"② 还有人开始批评巴达玛日和包木塞③，说："就他们两个还想培育什么羊，就算来了千千万万

---

① 郭爱莹，曹步春，王占川．做大做强鄂尔多斯细毛羊产业的思考［J］．畜牧与饲料科学，2014，35（6）：70-72+79.

② 牧民 A，男，79 岁，访谈时间为 2021 年 6 月 11 日。

③ 巴达玛日和包木塞，是当时培育细毛羊（美利奴）的改良培育技术人员，在她俩的指导推动下进行了细毛羊的培育工作。

个巴达玛日和包木塞也没用！"①一些人出于好心劝告，而另一些人则故意嘲讽。

当看到细毛羊的种羊时，很多人都说："算了吧，就这个样子能生出什么！"②这是因为本地羊的种羊是牧民从自己的羊群中挑选身形高大、气势最为威猛的羔羊，因此本地羊的种羊看起来要比细毛羊（美利奴）的种羊高大威猛。

同时，人们也担心细毛羊的养殖过程中所需的羊棚、草料、酥油（当地人给刚出生的羔羊喂酥油）、羊奶或牛奶、面料等供应不足的问题。

在这些事实和言论的压力下，许多参与培育工作的人开始动摇，担心一旦失败会遭受巨大损失。此时，巴达玛日鼓励所有的工作人员说：

让别人说去吧，我们只需专注于自己的工作。我们不能辜负党和上级领导对我们的信任。对于这些人的质疑，我们最好的回击是成功地完成培育工作。有党和上级领导支持我们，我们有什么可担心的呢？我们不能在开始阶段就乱了阵脚。我们一定会成功的！请放心！③

她的这番话激励了工作人员。在笔者的采访中，一名工作人员回忆道："当时我也非常担心会失败，但是已经没有退路了，现在只能坚持做下去了。"④

1958年9月1日，内蒙古自治区启动"社办公助"政策，该政策旨在将养殖的细毛羊、人工授精器材和技术交由人民公社管理，并全面推行农牧民人工授精技术培训，有组织地进行细毛羊种羊的调配。

第二节　出乎意料的惊喜

在1958年大年初五的清晨，巴达玛日和包木塞前往羊圈，沿途仔细计算已经过去的156天。按照正常情况，羊需要孵化6个月，然而他们发现还有24天就要诞生。当他们进入羊圈准备喂养时，却听到刚出生羊羔微弱的声音。他们立即深入羊群中寻找，最终发现一只新生命，这是第一只鄂尔多斯细毛羊的诞生。

这只羊羔一出生就展现出了与众不同的特点，它的耳朵高耸，体格较大，毛发顺滑且细少，尾巴长且腿部结实，具备了品种细毛羊的特征，同时也保留了母羊的特性。巴达玛日和包木塞感到非常激动，并迅速离开羊圈，与同事们分享这一喜讯。很快，这个消息在嘎鲁图镇传开，吸引了越来越多的牧民前来巴达玛日

---

①③ 牧民B，男，71岁，访谈时间为2021年6月12日。
②④ 牧民C，女，65岁，访谈时间为2021年6月20日。

和包木塞的培育基地观看这些新羊。⑤

随后，20 多只细毛羊羔成功诞生，该地培育新羊种的领导专家前来巴达玛日和包木塞的培育基地进行了检查。在观察完这些小羊后，达日寨书记说：

在极为艰难的环境中，你们成功地完成细毛羊种羊的调配，这是非常值得赞扬的成就。然而，我们也不能掉以轻心，必须在羊羔刚出生时妥善地进行接生工作，以确保每只羊羔都能安全无恙。非专业人员不得随意进出羊圈。此外，你们还需要时刻保持羊圈的清洁和卫生。

在苏木党委和锡尼拉玛合作社的引导和鼓励下，巴达玛日和包木塞等经历几个月的艰苦努力和协作。最终在 1958 年春末，他们成功地为 165 只经过人工授精的母羊接生了 163 只新培育的细毛羊羔，成功率高达 97%。

在同年夏天的一个持续十天的极寒天气中，嘎鲁图苏木（镇）全境的畜牧业损失 2000 头大小畜。但由于巴达玛日和包木塞等从头年开始就做了充分准备，让新品种的羊羔更好地适应当地的气候，并通过所有人的共同努力，没有一只羊羔死亡。

在艰苦奋斗之后，巴达玛日和包木塞的成功得到了肯定。1958 年夏天，乌审旗党委和政府举办会议，三级领导干部共有 160 人参加，庆祝第一次成功培育出细毛羊。旗党委负责人满都胡和旗长阿拉坦桑在会上高度赞扬锡尼拉玛合作社负责人达日寨等的工作，并称赞牧民巴达玛日为"党的好女儿"。锡尼拉玛合作社的负责人也在会上发言，称培育新的羊种就像"铁树开花"，这表明当时人们对于培育新羊种的工作的认可和惊叹。

然而，在田野调查中发现，由于对新羊种的了解不足和当时信息传播的局限，牧民对于这种全新羊种的习性和适应条件没有足够的认识。因此，巴达玛日和包木塞在接羊羔的几个月里每晚都要每隔半个小时出去逛羊圈一圈，以确保每只羊羔在出生的第一时间有人给它们喂酥油、保暖。

笔者在田野调查中还发现，培育新的羊是一项既细致又困难的任务。牧民不仅需要熟悉自己的工作，还必须具备足够的责任心。负责放置试验群的牧民需要跟随羊群，选择合适的草场，包括晚上都要紧紧跟随，以确保羊群有足够的膘肥。管理种羊的牧民则在清晨 3 点起床，将种羊赶出圈子活动，以保持其体力，并在规定的时间内进行饲养和休息。在严格的程序下，他们取精、验精，通过显微镜检查后再进行配种。这些耗费大量时间精力的工作不仅让牧民感到繁忙，也为羊群的生长成熟打下了坚实的基础，这也从侧面证明了锡尼拉玛合作社书记所说的"铁树开花"的原因。

---

⑤　牧民 D，男，72 岁，访谈时间为 2021 年 12 月 6 日。

第三节 80只羊羔的教训

1960年1月的一天，巴达玛日负责的羊群产下了一只与前一只羊出生日期相近，但完全不同的羔子。这只羊羔是红色的，使巴达玛日下意识地觉得它可能没有发育好，因为它似乎缺少了保暖的毛。她抱起这只颤抖的羊羔回到有暖炉的房子里，向在场的人展示。但大家都觉得，这只羊羔恐怕撑不过中午，便没有再在意此事。然而，当他们中午回来时，他们惊奇地发现，这只羊羔安然无恙地在房间里，用嘴左碰右撞地明显在找食物。①

实际上，这是人们第一次见到真正的细毛羊（美利奴）的羔羊。前面所提到的是第一代细毛羊的羊羔。由于这是第二代培育出来的细毛羊为母体生下的羔羊，因此身体特征与真正的细毛羊的羊羔相似。因此，出现了认知错误。最后，他们认为这种羔子的毛特别少，因此不足以掩盖他们的肉身，所以表现为红色。

巴达玛日将第二代新疆细毛羊羔子命名为"乌甘博罗"，并将它们留在温暖的房间里照顾和保暖。从那一天开始，巴达玛日和包木塞的细毛羊陆续生下了许多羊羔。当一些母羊的乳汁不足时，他们将酥油、白砂糖和牛奶混合煮熟，喂给羊羔。然而，很奇怪的是，第一个出生的羊羔很快就开始拉肚子，过了两天就死了。在接下来的几天里，新的小羊接连出生，但是两天后也开始拉肚子，并在短时间内夭折。

面对这突如其来的意外，牧民们立刻在羊棚内加装了电灯，整夜照看每只新生的小羊，以确保它们受到温暖和关注，避免受凉。但不幸的是，无论他们如何努力，都无法改变这些羊羔出生五六天后就夭折的命运。最终只有8只羊羔幸存下来，而其他羊羔全都离奇死亡。

需要解释的一个问题是，为什么第一批（第一代）羊羔在同一羊舍、同一方式下，几乎没有出现这样的问题，反而在极端恶劣的饥寒环境中成功生存了十天。而这第二批（第二代）羊羔并没有遭受严酷的饥寒天气，为何却承受着如此惨重的损失。原因在于，第一批羊羔的母亲是当地的蒙古羊，它们身上带有很多蒙古羊的独特特征，例如，毛发较多，更适合在当地环境中生存。而这80只小羊的母亲则是第一次成功培育的第二代新疆细毛羊，它们不仅身材接近真正的新疆细毛羊，甚至内部构造与真正的细毛羊相似，因此不够适应当地环境和喂养方法等因素，才导致了这样的惨痛结果。

---

① 牧民C，女，65岁，访谈时间为2021年6月20日。

当锡尼拉玛合作社的领导得知巴达玛日和包木塞培育基地发生的情况，并赶到现场时，大部分的羊羔已经不幸死亡。牧民巴达玛日看到领导们哭着说："我辜负了党和领导的信任，失去了80只新疆细毛羊（美利奴），所有责任都在我，我要承担全部责任。"

然而，党委书记达日寨并没有责备他，反而鼓励他说："没有失败，如何谈论成功？成功的关键在于找出基本矛盾，总结经验！"

在此次事件之后，达日寨书记等对事件进行了深入调查，并得出结论。尽管牧民们做了许多准备，并在许多关键事项上付出了努力，但他们缺乏科学认识。例如，牧民们担心新品种的羊羔会受到寒冷，因此他们会将羊羔放入室温比外面高得多的房间里（笔者在田野中发现，如果温度变化不平稳，会导致羊羔生病）。他们还担心羊羔吃不饱，因此进行过度喂养。虽然这次损失了80只羊羔，只剩下了8只，但这足以证明新疆细毛羊能在这片土地上存活的可能性。现在只是第二代，但以后还会有第三代、第四代、第五代和第六代，巴达玛日表示："我完全有信心可以成功培育"。

巴达玛日进一步总结道，夏季羊群不会去觅食，而是聚集在阴凉处避暑。只有在清晨或日落时气温降低才出来觅食。如果在清晨让羊群出来，羊群会提早饱食，越早吃越早渴，按照以往的经验，中午或晚上再给羊群饮水会影响它们在日落后的觅食。因此，需要尽早给羊群饮水，这样可以促进其消化，在天气凉爽的上午时去觅食，并在上午尽早给它们饮水，下午能够充分吸收营养。同时，还需要注意羊群吸入的盐碱量以及草场的质量和卫生情况。牧民需要全程跟随羊群，以确保人工培育率达到100%。在喂养羊羔方面，需要平衡人工喂养和母乳喂养。

这种放牧方式，与过去的放牧经验在很大程度上有所不同。因此，对当时的牧民来说，无论是像经验丰富的包木塞还是像巴达玛日这样不受传统放牧经验所限制的牧民，都面临着很大的挑战。当然，在由"新"和"旧"的组合中，对于新品种的本地化过程可能会产生不同的化学反应。

经过达日寨书记的实践和总结，细毛羊的培育工作得到了不错的效益。尽管在过程中，掉了几乎所有的二代细毛羊的羔羊，只能等到明年才能重新接到下一批羔羊。同时，巴达玛日和包木塞的培育基地也损失了一大半的羔羊，导致只剩下23只羔羊。但这并没有阻碍巴达玛日和包木塞的培育工作，最终成功培育出大量新的羊只，周边的嘎查也开始向其学习。在上级领导和牧民们的不断努力下，新疆细毛羊的培育工作也逐渐进入了正轨，虽然把所有的羊全部换成新疆细毛羊是不可能立即做到的，但是这是一个长期摸索的过程。

1953~1960年，锡尼拉玛合作社从无到有、从少到多地完成了新疆细毛羊的培育转变。经过不懈的努力，1957~1965年，总共成功培育了1997只各代的新疆细毛羊，其中第一代细毛羊有 1586 只，第二代有 239 只，第三代有 153 只，第四代有 19 只，另外还成功培育了 7 只细毛羊的种羊。这些成绩无疑是获得了第一步的成功。

第四节　向巴达玛日学习

1953 年，巴达玛日和包木塞成功培育出第一代细毛羊的羊羔，这一消息引起了乌审旗党委和政府的关注。因此，在 1958 年夏天召开的会议上，呼吁全旗的牧业苏木（镇）都要向巴达玛日学习。这一呼吁引发了一股向巴达玛日学习的潮流，影响力遍及乌审旗全境。

乌审旗作为内蒙古自治区的一个重点牧业区，自然乘着全面改良内蒙古细毛羊的春风，从 1958 年开始正式对当地牧区土种绵羊进行改良。在改良过程中，以当地土种蒙古羊为母本，以新疆细毛羊为主进行杂交，同时还引入少量的苏联美利奴、茨盖羊和波尔华斯羊的基因。鄂尔多斯细毛羊是通过复杂的杂交方式培育而成，坚持了 20 多年的杂交选育和横向固定，逐渐改善了蒙古羊的品质。1985 年，由乌审旗为主体培育出的细毛改良羊顺利通过鉴定，经内蒙古自治区人民政府正式命名为"鄂尔多斯细毛羊"。同年，国家农业部批准将乌审旗列为"细毛羊生产基地"，并在 1990 年 4 月通过验收，鄂尔多斯细毛羊改良的一期工程圆满完成。

一般的羊毛纤维结构包括表皮层（又称鳞片层）、皮质层和髓质层。然而，细毛羊"美利奴"羊毛的独特之处在于其纤维非常细致，因此纤维结构仅包含表皮层和皮质层两层。表皮细胞的结构独特，赋予了羊毛坚韧的外层，能够使羊毛免受或减少外界带来的损伤。此外，表皮细胞的表面还具有一层类似于蜡的物质，使羊毛纤维能够自然具备优良的防水性，从而不易受到水蒸气带来的污渍，同时仍可吸收水蒸气。羊毛纤维的皮质层主要由纺锤形细胞构成，它们相互重叠，周围环绕着细胞膜和质，细胞间质中还富含大量蜡质和蛋白质，填充纤维的整个内部。皮质细胞的内部具有非常复杂的结构，呈现出类似于弹簧的螺旋形式。这种特殊而独特的纤维结构使羊毛纤维具有优异的韧性和弹性。羊毛纤维的结构呈现出类似弹簧的螺旋形式，周围缠绕着细胞间质，含有大量硫元素的蛋白，这不仅能够引导水分子的流向，还能够轻松地吸附染料，这有助于消除穿着者的汗液并吸收从汗液中产生的异味（虞美丽，2021）。①

---

① 虞美丽. 美利奴羊毛户外运动贴身层服装的功能性评价［D］. 东华大学硕士学位论文，2021.

第六章　人民公社时期的布寨嘎查细毛羊（美利奴）产业状况（1960~1980 年）

1958 年 9 月 9 日，毛泽东在山东省视察时肯定了人民公社的优越性，此话一经刊登在《人民日报》上后，全国各地纷纷效仿成立人民公社。同年 8 月 17 日召开的中共中央政治局扩大会议通过了《中共中央在农村建立人民公社问题的决议》。到了当年 10 月底，参加公社的农户占据了全国总农户的 99% 以上。可见，仅用两个月的时间，便在全国实现了人民公社化。1959 年 2 月，在中共中央政治局召开的第二次会议上，确定人民公社实行三级所有制，将公社、生产大队和生产队的所有制相结合。1962 年，又进一步将所有制调整为公社、生产大队、生产队三级所有，以生产队所有制为基础，此外还允许社员经营少量的自留地和家庭副业（乌日陶克套胡，2018）。①

第一节　人民公社制度的实施

20 世纪 60 年代，布寨嘎查的牧民志愿加入当地的牧民合作社，该合作社采用"牧民—嘎查—公社"的管理体系，与农村地区的公社有所不同，被当地人称为牧民公社。嘎鲁图公社由呼和套鲁盖嘎查、萨茹拉嘎查、巴音温独尔嘎查和布寨嘎查四个嘎查组成。布寨嘎查采用整合牲畜作为生产资料并再分配给牧民的策略，通常每两三个牧户组成一组合作养殖畜群。

通过对当地牧民 E 的访谈中得知，当时这种以利益为导向的合作方式并非那么稳固。

---

① 乌日陶克套胡. 内蒙古自治区牧区经济发展史研究［M］. 北京：人民出版社，2018.

当时，我与 W 负责看管一群山羊。然而，由于旱情，我们损失了 102 只山羊。结果，第二年 W 就不愿意再与我合作了。但幸运的是，就在那年，我一个人成功地接手了 120 只山羊羔。

当时，每天对牧民进行评分，评分范围从最高的 10 分到最低的 5~6 分。在评分时，不同畜群种类之间并没有太大的差别。如果一个畜群单位的数量过多，可能会给予多一些分数，但总体上并无区别。年底，公社会统计每个人的分数，并根据积分发放奖金。每 10 分可以得到 8 角，一般情况下，每人可以得到 5~6 角。如果我们取中位数，即 7 角，每年每人可得 252 元。如果分数过低或被扣分过多，年底可能会欠钱。嘎查会根据当年的收入和支出情况发放奖金，如果畜牧业销售良好，发放的奖金就会多一些，反之则少。在那个时代（1960~1980 年），牧民们在年末会收到嘎查分发的食物，包括玉米、高粱和一斤酒，因此即使不能得到奖金，也不会没有食物可吃。只是有可能因为没有钱而无法购买布料或更多的食物。①

在开始培育美利奴细毛羊时，布赛嘎查充分利用了畜群分散的优势。如前文所述，牧民 N 曾经去过巴达玛日和包木塞的培育基地。因此，第一批进行配种的当地蒙古羊被交给了牧民 N 看管。根据对牧民 N 的访谈了解到：

当第一代美利奴细毛羊的羔子出生后，其中的一部分被交给其他畜牧群参与培育。由于本地种羊已不再允许使用，美利奴细毛羊的种羊数量非常有限。兽医会带着这些美利奴细毛羊的种羊进行循环配种。每年年末，从羊群中挑选细毛羊，按照纯度和毛质的分类，首先将最纯种、毛最细的美利奴细毛羊归为第一代，其次是第二代、第三代和第四代，第四代与本地羊没有太大区别。分类好的羊群会分配给牧民，牧民根据自己的放牧经验进行分组。经验最丰富的牧民将得到第一代美利奴细毛羊，其他牧民以此类推。牧民需要通过牧民大会的选拔才能获得羊群的分配。值得注意的是，在布赛嘎查的羊群分类过程中存在一个奇怪的现象。按照一般逻辑，后代应该比上一代更纯种，毛也应该更细腻。然而，在布赛嘎查的羊群分类中，情况恰恰相反。例如，第一代的羊羔不如第二代纯种。这也是导致巴达玛日和包木塞当地损失 80 只羔羊的主要原因。但在我们的分类中，最纯种、毛质最细腻的羊被归为第一代，稍微粗一些或稍微不纯正的羊则被归为第二代，以此类推。

---

① 牧民 E，男，67 岁，访谈时间为 2021 年 6 月 22 日，是个有经验的牧民，他被选为接收第一批配种细毛羊种的牧民。

第二节　"羔羊的衣服"

　　笔者观察发现，布寨嘎查所采用的分散式养殖方式在很大程度上降低了风险，并为牧民们提供了相互学习和分享经验的机会。从巴达玛日和包木塞的事件来看，虽然湖和淖尔嘎查的牧民做了充分的准备并获得初步的成功，但一旦遇到问题，他们就会遭受大量羔羊的损失。此外，他们没有对羊群进行分类，导致培育速度相对较慢。然而，布寨嘎查在 1960 年后开始对所有母羊进行培育，并将它们分散到几个羊群中。这样的做法不仅可以避免一次性损失所有羔羊，而且所选出的牧民也是整个嘎查中最有经验的牧民。在接羔子时，他们也会相互分享经验。

　　对于这种新品种的羊，虽然我们是第一次接触，但它毕竟是一种羊。在听说巴达玛日和包木塞的情况后，我们认为它可能比较怕冷。因此，我们在羊圈周围用杨柳包装，以免刚出生的羊被风吹走。我们还听说其他人也采取了同样的措施。最令人印象深刻的是这种羊吃得很多，比蒙古羊吃得多得多。由于我们没有足够的饲料供应，所以羊奶很少。当时我们也没有奶牛，本地牛的产奶量也不多，而且大部分产奶时间都集中在夏季。因此，我们根本无法提供足够多的奶给羊羔喂养。后来，我听说可以将玉米面加水煮熟，然后加入一些酸奶或酥油，可以代替羊奶。虽然营养价值不如羊奶，但至少可以避免饥饿死亡。只要过了一个月，羊羔就能开始吃草，之后就没有什么大问题了。

　　在采访另一个牧民时他说道：

　　当时那个羊确实挺怕冷的，也不知道谁从哪儿弄的给羔羊"穿衣服"，就是把旧的衣服撕成长方形然后从羊的背上用两个绳子固定住。①

　　在细毛羊出现之前，没有出现过如图 6-1 中所示的"羔羊的衣服"。

---

① 牧民 C，女，65 岁，访谈时间为 2021 年 6 月 20 日。

图 6-1　刚出生的羔羊

资料来源：笔者拍摄于 2021 年 1 月 3 日。

第三节　计划经济，计划生产

1963 年，内蒙古自治区党委在第十一次牧区工作会议上充分肯定了"定产、定工、超产奖励"政策。在推行这项制度时，必须坚持基本核算单位对畜群生产组"八统一"的原则，即统一计划、统一管理（包括劳动、生产定额、财务开支等制度）、统一调配劳动力、统一处理产品（包括牲畜）、统一分配、统一调剂畜群、统一调动生产工具、统一进行基本建设。同时，必须坚持"六固定"原则，即定劳动力、定畜群、定主要牧场、定工具、定设备、定役畜。

为了执行这项政策，1958 年 12 月内蒙古自治区颁布《关于牲畜收购、屠宰条件的规定》。规定有以下六项（乌日陶克套胡，2018）[①]：①全区 3 岁以下的小牛，无论公母，均应保护，由人民公社、国营农牧场、牧业生产合作社饲养成长，不得屠宰。②全区所有有繁殖能力的母羊、母牛、种公牛、种种羊，一律不准出售和屠宰，由人民公社、牧业生产合作社、国营农牧场饲养繁殖。如因特殊情况必须出售，可由国营商业部门统一收购，按养畜出售给人民公社或采用放牧"苏鲁克"等方式处理。③全区 4~10 岁的犍牛，作为耕、役畜。10 岁以上的犍牛仍应按照耕、役畜处理。所有耕、役畜均由商业部门按计划收购，并在区内外调剂，不准屠宰。不属于以上范围的牲畜，统一由商业部门以菜牛收购，供应出

---

①　乌日陶克套胡. 内蒙古自治区牧区经济发展史研究［M］. 北京：人民出版社，2018.

口和肉食需要。④全区所有 2 岁以上的羯羊（包括当年冬羔子），统一由商业部门收购供应出口和内销肉食需要。⑤凡是被规定保护的母畜、耕畜、种畜等，食品加工厂不得接收。如果已经接收，应按照规定进行适当处理，严禁屠杀。⑥所有在保护范围内的母畜、耕畜、种畜，如确属严重残废或没有繁殖及劳役能力需宰杀的，必须经过旗、县（市）人民委员会批准后才能屠宰。

布寨嘎查集体化的计划经济始于 1959 年。这一时期，带来了许多变化和挑战。一些牧民对新政策理解不深，犯了错误，例如，一个牧民在接受采访时，回忆起 1953 年开始成立牧业协会时说：

从 1953 年开始搞起牧业协会，那时只是登记畜牧没有收走畜牧，1959 年开始集体化，当时我把大队让我交上去的畜牧全部交上去了，到冬天时我们家就像往常一样宰了三岁的牛，结果说我自私，宰杀集体的畜牧，并在牧民大会上被批评了。①

自 1960 年以来，布寨嘎查牧民的所有物资，包括畜牧和土地，都归集体所有。在接下来的一段时间里，所有人都回到大队集体用餐，大家都有分配的工作任务。与此同时，布寨嘎查的所有畜牧品种年终都要上交给大队（即嘎查），每个大队都有国家规定的任务，而大队的收入主要来源于完成任务外的畜牧养殖。由于羊毛的产量可以高度预测，所以羊毛的收入也会被精确计算，基本上不会有多余的。因此，能够完成任务已经是非常不错的成绩了。

---

① 牧民 C，女，65 岁，访谈时间为 2021 年 6 月 20 日。

第七章　改革开放初期布塞嘎查牧民的羊毛交易情况（1980~2008年）

改革开放以后，内蒙古自治区出现翻天覆地的变化。在新的政策下，布塞嘎查的羊毛产业也经历了巨大的变革。在此期间，政府吸取历史经验和教训，采取一系列激励和鼓励羊毛产业发展的政策，促使内蒙古羊毛加工行业的发展出现迅猛的发展。通过技术进步和设备升级，提高了羊毛的加工、储存和销售质量。同时，政府也加强对羊毛出口的监管，促进了进出口贸易的平等和公正。除此之外，政府还加大对畜牧业的资金投入和技术支持，营造一个更加公平、透明的市场环境。所有这些政策的落实，都为布塞嘎查提供了更好的前景和更充裕的发展机遇。

第一节　包产到户

笔者从行政层面和生产责任制两个角度来说明内蒙古牧区在改革开放初期的变革。

一、行政方面

1983年3月，内蒙古自治区政府开始进行政社分开试点工作。经过一年多的努力，到1984年底，内蒙古自治区废除了原有的人民公社制度，取而代之的是建立1341个乡、苏木人民政府。这一改革措施的实施，进一步落实了《中华人民共和国地方各级人民代表大会和地方各级人民政府组织法》规定的职责分工制度，为内蒙古自治区的政治体制改革奠定了基础。这一举措也在一定程度上推动了内蒙古的经济发展和社会进步，为加强地方自主权、提高政府效能发挥了积极作用。

此外，内蒙古自治区采取个体生产责任制，鼓励和引导畜牧企业和个人发展，促进了内蒙古地区的经济增长。

二、生产责任制

1983 年 3 月，内蒙古自治区政府开始实施"草畜双承包制"，这一措施是对牲畜和草场的产权关系进行改革的重要举措。在此之前，1981 年内蒙古自治区党委和人民政府发布通知，允许多种生产责任制并存。牧民在此期间创造了多种不同的生产责任制形式。1982 年，大部分牧区开始实行包产到户责任制，即将集体牲畜承包给个人户，保证固定数量或固定价值不变，增产的牲畜和产品归个人所有。然而，由于这种责任制是以实物形式（牲畜）为主，流程烦琐，因此容易导致忽视承包牲畜的情况。

为解决这一问题，1982 年冬季和 1983 年春季，内蒙古自治区的哲里木盟（现通辽市）和伊克昭盟（现鄂尔多斯市）率先实施了牲畜作价归户承包制度。该制度将集体牲畜作价承包给牧民，采用作价保本、提留包干、现金兑现等方式。随后，出现了不同形式的"作价归户承包"，如"作价承包，比例分成""作价承包，适当提留"和"作价承包，保本保值"。这种制度将货币形式代替实物形式，便于交换，扩大了承包者的经营自主权，并受到牧民群众的欢迎。到1984 年，内蒙古牧区全面推广了"牲畜作价，户有户养"的生产责任制（乌日陶克套胡，2018）。①

除了推行"牲畜作价，户有户养"政策之外，内蒙古自治区还实施了"草场公有，承包经营"的责任制，统称为"草畜双承包"。这是因为畜牧业和草业在牧区既是矛盾又是统一的不可分割整体，畜牧业离开了草业就无法生存，草业离开了畜牧业也失去了经济价值。因此，牲畜产权关系的变革必然引发草场产权关系的变革。与牲畜产权关系变革一样，草场产权关系的变革也是从草场承包责任制开始的（乌日陶克套胡，2018）。②

1984 年，布寨嘎查废除了人民公社制度，将草场和畜牧资源分配给了牧民。在此之前，布寨嘎查由六个小生产队组成，包括巴音淖尔、德布僧、乌兰乌杜、吉日格音塔拉、查干布拉格和夕日塔拉（现嘎鲁图）。公社制度废除后，小生产队改为牧民合作社，户数保持不变。随后，嘎查的草场也被划分为六块，并按人口将畜牧资源分配给了牧户。每个牧户必须使用铁丝网围起自己的草场，并称之为"草场"。每个牧户在草场内再划分了若干小草场，当地称为"库洛"。由于合作社拥有的草场面积不同，牧户分配到的草场面积也不同。例如，乌兰乌杜牧

---

①②　乌日陶克套胡. 内蒙古自治区牧区经济发展史研究［M］. 北京：人民出版社，2018.

社每人分配到的草场面积为 500 亩，而查干布拉格社每人分配到的草场面积为 700 亩。然而，由于按人头划分，有些牧户所得草场和畜牧资源相对较少。

在笔者的访谈中，经常听到一些牧民抱怨的声音。

由于有些牧户家庭人口较少，分配到 2000 亩草场，且草场质量较差，导致生活非常困难。然而，幸运的是，在 1995 年进行了一次重新划分。在这次划分中，这位牧民的孙子也已经出生，因此他们获得 3000 亩草场。从那时起，他们拥有了几个专门的园子，生活稍微好转了一些。[①]

笔者在田野调查中了解到，在取消大公社制度、将畜牧资源分配给牧民时，布赛嘎查的畜牧种类中没有骆驼，只有牛、羊、山羊、马和骡子。羊的品种几乎都是细毛羊，但第三代和第四代还存在一些其他品种的羊，按照每户人口比例分配，确保每个牧户都能公平获得各代羊。

自改革开放以来，牧民获得了自己的草场和畜牧资源，拥有了更多的羊毛。拥有自己的羊毛意味着牧民可以直接参与羊毛交易。然而，在进行羊毛交易之前，有必要解释一下牧民是如何使这种"适应力弱"的羊种适应本地环境，并且牧民的生活方式对羊的发展带来了哪些变化。

第二节　自给自足

在实地调查期间，对细毛羊和本地蒙古羊之间的差异进行讨论时，常常得到以下答案：除了在严寒冬季羔羊的适应能力较弱外，细毛羊摄食量更高。在大公社时期，由于有集体供应，在分配给牧民草场和畜牧时，饲料总体上是足够的，尽管有时供不应求。然而，当分配给每个牧户时，饲料供应问题变成了牧户自己需要解决的问题。这也是政府提倡"自给自足"的原因。因此，许多牧民开始尽一切办法实现自给自足。

当时的人们想出两个解决办法：一个是"转草场"，另一个是开垦饲草料地进行灌溉。由于当时技术的限制，保持饲草料地的灌溉比较缓慢。如前文所述，牧民在分到草场后就用铁丝网围住自己的草场，并将其分成一片片小区域，被称为"园子"。

张雯（2016）在《自然的脱嵌——建国以来一个草原牧区的环境与社会变迁》一书中指出，划区轮牧方式是政府所提倡的，但并不强制执行。大多数牧民

---

① 牧民 D，男，72 岁，访谈时间为 2021 年 12 月 6 日。

自愿在自家草场范围内实施这种方式，即在使用更多的铁丝网并花费更大的代价建立小库时，他们也喜欢采用这种方式。也许在他们看来，流动性是牧业必不可少的要素。除了私人领土内部的流动性之外，还可以看到通过承包别人的草场来放牧的新型流动方式。

在草畜承包制度和私有地格局的背景下，古老的、以前普遍存在的"走敖特尔"的形式通过承包草场的方式又重新出现了。在当地的语言中，离开自己拥有的那片草场（以及自己居住的房子）临时到别的草场放牧的方式被称为"走敖特尔"。从 1982 年开始，牧民们开始在自家草场周围围起铁丝网，由于当时划分草场的原因，有些牧户的草场被分开了，所以有时会出现"走敖特尔"的现象。然而，随着时间的推移，这种情况越来越少见了。

然而，在 1982 年之后，牧民开始将自己的草场划分成多个小区域进行转场。这种方式类似于游牧，但不同于游牧的广泛移动，仅限于夏季和冬季的草场。实际上，拉起铁丝网这一行为在表面上看起来很简单，但实际操作起来却非常困难。一位老牧民回忆道：

我们分到草场后就开始拉铁丝网，当时由于没有足够的资金购买粗铁丝，只能使用细铁丝。然而，这些细铁丝根本无法防止牲畜的入侵。我曾把我的山羊交给别人看管，唯恐山羊调皮损坏了我的铁丝网，最后不得不将它们卖掉。绵羊是很怪。[①]

这段话表达当时拉铁丝网的重要性。为了确保铁丝网的完整，一些牧民甚至放弃了他们分配到的山羊。每年春季，牧民们都会对铁丝网进行维护，如果维护得当，那么可以保持 10~15 年；但如果维护不到位，那么 5~6 年后就需要重新拉网。而这一切还要考虑地形地貌的因素。

在前文中提到，布寨嘎查草场被划分为夏季和冬季两个季节的草场。相较于冬季草场，夏季草场的面积更大。冬季草场在大部分时间都是封闭的，不允许牲畜进入。只有在秋季割草结束后，才会将牲畜驱入草场，在冬末或明年春天进行喂养。而小规模牧民则在夏季租借他人的草场，然后将牲畜放入冬季草场过冬。这种轮换可以保证草场的利用率，并确保冬季牲畜喂养所需的草料供应。谈到草场内的"库洛"分配问题时，牧民们反映：

当年突然把草场全分给我们了！从那一刻起，牲畜饿死都是你自己的事，没人追究你，但你自己一无所有啊，如果不合理分配草场，草场就无法承受啊！再说，我们哪有钱每年去租别人的草场。[②]

在前文中提到，细毛羊在羔羊时期容易受凉。为了解决这个问题，不仅需要

① 牧民 F，男，70 岁，目前居住在乌审旗，访谈时间为 2021 年 12 月 7 日。
② 牧民 G，男，72 岁，访谈时间为 2021 年 2 月 10 日。

保暖，还要确保母羊产奶量。因此，布寨嘎查的牧民会在母羊预产期一个月前将其从羊群中分离出来，进行有针对性的饲养。每天早晨（时间因人而异，有些牧户则是晚上），母羊会被喂养玉米。为了均衡喂养每只母羊，养羊料袋应运而生，类似于缩小版的养马料袋，每只羊都会佩戴。首次将母羊从羊群中分离出来时，牧民们需要用人力逐一将其放入羊圈。几天后，只需在晚上打开羊圈的门，母羊就会自觉地进入羊圈，非常顺利。距离产羔还有约 10 天时，产羔的母羊必须在晚上住进羊棚，从此开始，母羊不能再回到羊群中，几乎相当于被圈养。每天，母羊需要多次喂养，除了一次玉米之外，还要分 2~3 次喂养草料。草料的种类包括玉米秆、从冬季草场收割的草（到 2021 年后，很少再使用，而是使用苜蓿草），以及柳树的树枝（自 1990 年以来，布寨嘎查的牧民会在秋天割下柳树的树枝并储存起来）。

自从废除大公社以来，布寨嘎查出现了灌溉饲草地的现象。国家为牧民提供深井挖掘以供灌溉。在大公社时期，国家分发的食物和畜牧饲料中含有玉米。布寨嘎查也曾组织年轻人在一些地方种植过玉米，尽管技术限制导致收成不多，但很多人已经意识到种植玉米对以放牧为主的牧民有着重要意义。玉米收割后的副产品包括玉米秆子和玉米，这不仅可以使用玉米来饲养畜牧（在布寨嘎查，玉米是冬末春初最重要、喂养最多的饲料之一），而且玉米秆子也是很好的草料，可谓一举两得。

到了 1989 年，每个牧户最多只有十来亩的草料场，其中除了玉米之外，还有一些土豆和蒙古炒米。当时牧民们通常使用马或骡子拉犁，手工播种，在需要时手工除草。随着社会的发展，从 1990 年开始，人们开始使用农药代替手工除草。2000 年以后，拖拉机开始逐步代替人力。随着电网的覆盖面越来越广，动力潜水泵开始用于灌溉。这些新技术的引入，让牧民们的草料场逐步扩大。到了 2021 年，有一小部分牧户的草料场面积超过 100 亩，而拥有 30 亩以上的则常见。自 2017 年起，虽然部分牧户开始在草料场种植苜蓿草，但仍以玉米为主要种植物。

在笔者采访老牧民时，常常会听到：

那时每年开始接羔时都会出现很多母羊不给羊羔喂奶的情况（当地称为母羊不要自己的羔羊，实则是母羊不爱自己的羊羔），每天都要抓住母羊强行让羔羊吃奶，非常费力！①

但现在几乎看不到这样的情况。草料场的出现、电网和灌溉系统的建设，使牧民们有足够的草料和饲料（甚至开始卖草料和玉米），可以喂养自己的羊，因

---

① 牧民 D，男，72 岁，访谈时间为 2021 年 12 月 6 日。

此母羊才有足够的体力产奶，进而喂养羊羔。

第三节　与商贩周旋

1949 年前，布寨嘎查牧民为了谋生常常与来自陕西榆林市（当地人称"南境"）的商贩进行物物交换。每到年底商贩会带着骡子运来布匹、糖果、丝绸、饼干等物品与牧民进行交换。一头牛或几只羊、马可换来一丈丝绸，有时商贩也会以现金支付。有时，商贩无法带走交换来的牲畜，就在畜身上做标记，明年再来赶走。图 7-1 为 1983 年和 1992 年嘎鲁图公社羊毛站开给牧民的收购单据。

图 7-1　1983 年（左）和 1992 年（右）嘎鲁图公社羊毛站开的收据单

资料来源：笔者拍摄于 2022 年 2 月 3 日。

随着改革开放的深入，商贩开始逐渐涌入布寨嘎查收购畜牧产品，至 1995 年已有众多商贩到场，至 2000 年，这种现象愈加普遍。如今，售卖自己畜牧产品给商贩已成为当地牧民的唯一途径。

与过往不同，当地的商贩中已经涌现出不少本地人，其中也不乏一些曾在政府单位和羊毛站工作的人，甚至有些牧民也加入了这些商贩的行列。他们中的一部分人已以羊毛为经营之本，事业蒸蒸日上，而很多牧民也在 6~7 月加入到商贩队伍里，做些小买卖，挣取额外收入。

自 1990 年以后，羊毛的价格开始逐步攀升。1990 年，每千克原毛的售价为 5~6 元，而到 1995 年，每千克原毛的价格已上涨至 7~8 元。直至 2008 年，每千克原毛的市场价格涨至约 12 元。不仅如此，随着价格的上升和羊毛交易的日臻成熟，牧民和商贩之间的博弈策略也在不断调整和变化。一些商贩为了自身利益，可能会采用低劣手段获取收益。

2010 年以后，这些情况发生了变化。在近 30 年的羊毛交易中，市场筛选出一些早期进入羊毛交易行业的人，其中几个已经成为大商贩。现在在乌审旗，只有一个大商贩（其他人被市场淘汰或因年龄而退休），有自己的羊毛库，以及专业的筛选人员和销售渠道。许多小商贩会把羊毛卖给大商贩，也有一些牧民会把羊毛拉到大商贩的羊毛库出售。可以说，在一定范围内，这个大商贩制定了游戏规则。为了自己的声誉和利益，这个大商贩在收购时非常仔细。他们会从羊的脖子和肚子上取毛检查，因为肚子上的羊毛最短，脖子上的羊毛最长，叠毛时从羊的臀部开始往前，所以很容易找到这两个地方的毛。如果检查不合格，会直接放弃而不是低价收购。这使许多小商贩不敢在羊毛中混入沙子等杂质。

尽管羊毛交易市场变得更加公平和规范，但在许多细节方面仍存在问题。例如，许多牧民仍直接与商贩交易。其中一些牧民会无辜地遭受损失。此外，从牧民到羊毛加工厂，还需要经过两个或一个商贩，这些中间环节的差价也算作牧民的损失。但是，布寨嘎查的多数牧民从 2008 年开始不再将羊毛卖给商贩，他们开始将羊毛卖给自己村寨建立的乌审旗布寨细毛羊专业合作社。

第八章　布寨细毛羊专业合作社的建立（2008 年至今）

自我国加入世界贸易组织（WTO）以来，国民经济蓬勃发展，市场上繁芜多姿，物价越来越高。然而，很多原材料的价格却没有相应增加，这直接导致了农牧民的收入无法提高。为解决这一问题，国家提出成立专业合作社。

第一节　历年国家对于专业合作的扶持政策

目前，学术界尚未形成关于牧民专业合作社的统一定义，主要是基于概念性阐释。然而，可以明确的是，牧民专业合作社在性质上属于农民专业合作社的范畴。与农民专业合作社不同的是，牧民专业合作社是以家庭承包经营制度为基础，围绕畜产品生产和经营，或者提供畜牧业生产和经营服务的牧民群体，互相协助，在资金、技术、生产、加工、储运等多个环节中实现互助。该组织遵循自愿、自立、互助原则进行组合，形成互助性经济组织。

政策和法规的制定和执行是促进农民自愿参加、引导和促进合作社良性发展的重要途径。

1978~2007 年，可以说是我国新农村合作法律制度的一个初级发展时期。在这个初级发展阶段，国家将重心放在农村经济和社会发展上，逐渐认识到合作经济和合作经济组织在现代农业中的地位和作用。

历年中央一号文件都提到合作经济和合作经济组织，形成了合作社发展的顶层设计和政策导向。

在 1983 年的中央一号文件中，提出了合作经济是商品经济和社会主义现代化农业发展的必由之路。

1984 年，中央一号文件规定农村合作社的概念，明确了以前的公社和农村合作组织是"平等、协调、统一的领导关系"。

根据 1986 年的中央一号文件，农村合作社的主要目的是为服务农民，需要考虑不同地区、不同行业之间农民对服务的需求差异，开展各种形式、不同规模和程度的合作和联合，不能"一刀切"。合作社应该提供系列的服务，如粮食种植、技术支持、加工、运输和销售等，以服务为切入点不断发展专业性的合作组织。

1994 年中央一号文件强调，应尽快出台《农民专业合作社条例》，以确保各种农民专业合作社真正成为民众受益的新型经济组织。农业部和财政部出台了相关支持政策。

1998 年中央一号文件提出，积极鼓励和扶持各类专业合作社和协会以及其他形式的合作社，并把合作社作为以劳动力和资本结合为主的集体经济，来促进农业社会化服务体系的完善。

2003 年，中央一号文件首次提出新型农民专业合作社的概念，呼吁尽快出台有关法规，并通过"自愿"方式，指导农民建立多种形式的新型农民专业合作社。国家财政从 2003 年起开始对新型农村合作经济组织进行专项投资。

2004 年，中央一号文件提出大力发展农业专业合作组织的要求，并强调要加快农业专业合作组织的建设。财政部颁布了《中央财政农民专业合作组织发展基金管理暂行办法》，并启动了"中央财政支持农民专业合作组织发展基金"计划。

2005 年中央一号文件明确指出，农民专业合作社是连接龙头企业和农民的桥梁。

2006 年，中央一号文件明确提出对农村合作经济组织的"积极引导和扶持"，推动立法进程，建立健全财政、税收、科技等相关配套制度。

尽管在这段时间内，由于金融、产业化等农村改革项目的转移，合作社政策供给出现一定程度的不足，但国家随即制定了一系列的政策和指导意见，以确立合作社发展的总体方向和总基调，彰显其在农村社会发展中的极为特殊而重要的地位。从政策内容可以明显看出，政府对其日益重视，逐步将合作社作为重点工作来抓，正式建立相应的支持措施。政府在最初政策中对自身在合作社发展中的位阶定位极为准确，符合合作社的特点和发展规律。

自 2007 年起，随着法律框架的建立和支持，新农村合作社政策进入高速发展阶段。这一阶段的政策不仅坚持支持合作社发展，而且立足实际，与时俱进地进行系统的制度创新，因此在引导、扶持和管理措施方面更加精细化、专业化，具备很强的可操作性，初步实现了从政策制定层面到政策需求的有效衔接，为合作社发展提供了良好的外部制度和政策环境，也大大促进了新型农村合作社的发展。自2007年开始，中央一号文件对新型农村合作社进行相关顶层设计与部署，对相关政策法规的制定和执行起到了指导和促进作用。中央一号文件明确规定有关农村信用社发展的相关细则，并出台相应的管理和支持政策。

中央一号文件在2008年首次对农村合作社进行扶持，鼓励实施"一村一品"战略，并在党的十七届三中全会通过的《关于促进农村改革发展的若干重要问题》中提出"允许有条件的合作社进行信贷合作"等新政策。

2009年，中央一号文件要求尽快制定农村信用社试点工作的具体办法，并推出"示范社"措施，以及2010年的《建立农民专业合作社示范社》文件。同年，中央一号文件明确表示要加大对农村专业合作社的扶持，支持其承担涉农项目，以及将其职能定位从市场中介转变为现代农业生产经营组织。

2013年中央一号文件再次突出农村合作社作为"农村社会管理的一种有效载体"，并赋予其逐渐扩大社会治理职能的使命。

2014~2016年，中央一号文件提到"改革和健全农村管理体制"，凸显了其在经济和社会方面的双重职能。此外，中央一号文件还明确提出进一步加大对农村合作社的财政支持，简化财政项目的拨款流程，明确政府的财政补助和税收政策，特别是在合作社的发展和配套设施建设方面给予重点扶持。同时，加快推进合作社与超市、企业的合作，探索创新农村合作社进行服务提供的形式，以创新"休闲旅游业合作社"为重点，培育多种具有活力的农村新业态。

2017年的中央一号文件首次提出在强化农业合作社生产服务和营销服务的基础上，扩大信贷服务的新职能，大力发展生产、供销、信贷"三位一体"的农业综合服务机构。

2017年12月27日，全国人大常委会第三十一次会议通过《中华人民共和国农民专业合作社法》（以下简称《农民专业合作社法》），并从2018年7月1日起开始实施（赵玉石，2019）。[①]

第二节 新型农村合作社的特点

新型农村合作社是指在我国的农业合作化运动中，由人民公社、供销社等传统的农村合作社嬗变而成，同时也包括专业合作社、行业合作社以及各种经济联合体等多种形式的合作组织。它是适应我国现代化农业发展的需要而兴起的一种

---

① 赵玉石. 新型农村合作社发展中的政府行为研究［D］. 东北师范大学博士学位论文, 2019.

现代合作组织，是一种具有鲜明中国特色的现代合作社（赵玉石，2019）。[①]

《农民专业合作社法》将农民专业合作社定义为，在农村家庭承包经营基础上，农产品的生产经营者或农业生产经营服务的提供者、利用者自愿联合，民主管理的互助性经济组织。作为最典型、最普遍的农村合作社组织形式，农民专业合作社已被国家明确定义。在理论界，对于农村合作社的称谓有很多，包括农民合作社、农业合作社和农业合作经济组织等，尚没有得到广泛认同的称谓和概念。然而这些不同的称谓都强调了参与者的同业性，以及自愿、民主、共治、互惠等原则。因此，笔者认为，新型农村合作社是根据我国农村与牧区的具体情况而进行的全新尝试。在自愿性、营利性、公平性方面，新型农村合作社可以有效地弥补资源不集中、无法与市场有效对接等问题。

新农村合作社具有多重特点。它不仅是一种企业，还具有社区属性，是一种综合性社会经济组织。在这种新型组织形式中，企业和社区两者的优势得以兼顾，并力求保持适当的平衡。最重要的价值追求是成员之间的公平合理分配、尊重民主权利、为成员服务，并作为市场主体参与市场进程，追求利润，实现价值增长（赵玉石，2019）。[②]

新型农村合作社的核心在于"人"，农民因共同的需求和利益而组成的自治组织。在这一理念下，合作社的创立依据是"劳动对资本"，而非传统的"资本雇佣"。与传统企业利益最大化的思路相反，新型合作社则是一个以会员自治为基础，服务会员为宗旨的社区组织。为了追求社会成员利益的最大化，合作社强调以会员为主体，为所有会员谋福利的价值追求，以"一人一票"的民主原则实现会员大会的选举和表决，而收益则按照会员与农民专业合作社的交易量比例来返还。显然，合作社是由社员共同出资建立、共同拥有的；作为经营者，社员依照民主自治原则行使权利。在新型合作社中，"人"的需求是决定生存和发展的重要因素，而资金则处于从属地位。"人"在其中占主导地位，合作社的目标是为人谋福利，而并非股东利益的最大化。所有者即为成员，也是经营者、惠顾者和受益人。

新型农村合作社属于特殊的合作制企业。虽然新型合作社与以资本增殖扩张为主要目的的普通合作社在价值追求上存在明显差异，但从组织形式和营利性质上来看，这两者十分相似，可以看作是一种由社员出资、民主自治的合作制企业。首先，在组织形式上，新型农村合作社提供农产品购买、销售、加工、运输、储存、技术、信息等服务，使社员可以通过合作社的方式参与到生产经营活动中，避免与多家企业和客户进行单独交易的烦琐步骤，降低交易成本，减少了

---

①② 赵玉石. 新型农村合作社发展中的政府行为研究［D］. 东北师范大学博士学位论文，2019.

市场中间环节。这表明新型农村合作社具备一定的企业性质。其次，像普通企业一样，新型农村合作社同样需要盈利作为生存和经营的必要条件。作为互助经济组织，提高社员的经济收入和保障社员的经济利益是新型合作社的重要任务。在新型农村合作社中，经济利益和服务社员的利益是基本一致的，新型合作社既不排斥盈利，也不放弃保障社员经济利益。在社会主义市场经济中，新型农村合作社是市场的重要组成部分，面临市场竞争、供求、价格等市场机制的制约，因此需要关注成本、支出、收益和盈余等因素，既为社员提供服务，也需寻求外部利润和效益，保证生存和发展，提供更好的服务，维持和改善社员的经济利益，提升其经济和社会地位。此外，新型农村合作社还具有一定职能性质，通过参与市场，增强农民的讨价还价能力，提升农民在市场中的地位和收入，从而获得最大的经济效益（赵玉石，2019）。①

新型农村合作社作为适应农村经济社会环境变化和农民需求多元化的新型农民合作组织，受环境和需求不同的影响，呈现出传统合作社不具备的新特点，包括组织目标、参与方式、运行原则、利益分配和组织架构等方面均展现了灵活性，但仍保持了合作社原则的基本内核。

首先，要坚持自由出入的原则，这是国际上通行的合作社基本准则之一。在这一原则基础上，农民可以志愿加入或退出合作社。严禁以强迫、胁迫等手段迫使农民参加或退出，必须尊重农民的意愿。同时，不得歧视任何人，包括性别、身份、民族等方面的歧视，符合社员资格的人应该被接受。自愿原则是农民主体权利的体现，它确保了有合作需求的农户能够协作、互利互惠，最大化地维护自身经济利益，是合作社自治团体的重要标志。

其次，实行民主管理。社员应享有平等的表决权，每位社员都应有决策的机会，任何重要的管理问题或大事项都应经过社员或社员代表进行充分讨论、协商和民主决策。通过民主决策方式组织和运营合作社，可以有效避免合作社的决策权被个人大股东或富有成员所独占，同时也可以防止合作社管理者侵占合作社财产的违法现象。这样管理方式的运用可以实现和谐分享利益和风险的体现，真正做到利益共享和风险共担。

再次，服务对象的多样性。建立新型农村合作组织的初衷是让农民团结起来，靠自己的力量完成农业、农村等方面的事情。因此，没有过多的限制，一些有能力或有魄力的人、大户、村两委干部、企业、供销社等都成立了合作社。由于承办主体的不同，合作社内部的结构和制度安排也存在一定的差异。

最后，基于交易额度的让利制度和基于股金的分红制度。新型农村合作社的

---

①　赵玉石．新型农村合作社发展中的政府行为研究［D］．东北师范大学博士学位论文，2019.

剩余分配是指在年度收入中扣除费用后的剩余资产，而按照交易额度返利的分配方式，则基于社员与合作社之间的交易金额来返还剩余资产。这种分配方式不仅可以让合作社成员之间的收益更加公平地分享，还可以促进合作社的效率。这种分配制度是一个国际上通用的合作模式。此外，基于中国国情，股金分红作为一种辅助性的分配方式，评估了每个成员在合作社发展中所扮演的角色，实现了投资者和生产者的利益最大化（赵玉石，2019）。[1]

新型农村合作社是农村社会各种要素交织而成的产物，它关联了农民、企业、政府和村民自治组织等各方面的力量。在农村这个具有自身特殊文化背景、社会关系网络、资源环境和交往逻辑的场域内，新型农村合作社必须具备协调各种资源和关系的能力，巩固自身的发展基础，适应自身生长的社会环境，以更好地维持合作社的生产和发展。

随着市场经济体制的确立和在农村的逐步推进，农村各种生产要素开始活跃起来。农民开始学习并按照市场经济规则进行生产活动。同时，他们也不得不面对越发激烈的市场竞争。在减少生产成本、拓宽销路、降低市场风险的压力下，农民的合作需求愈加强烈。他们希望能以有组织的方式更加有序地参与市场竞争，共担市场风险，节约交易费用，使农产品在生产、加工、流通等环节通过分工合作获得更多的增值收益。

除此之外，市场经济还催生了一批农村能人，他们善于把握机遇和捕捉市场信息，懂经营、有能力，在村庄往往具有较大的影响力和号召力，能够对农民的合作需求进行有力的回应，组织起他们。这种合作也进一步增强了农民抵御市场风险和调动村庄资源的能力，产生了新型农村合作社的带头人，以内生力量促进新型农村合作社的发展（赵玉石，2019）。[2]

第三节 内蒙古自治区开始建立专业合作社

20世纪70年代末80年代初，中国在农村经济体制方面开始实施家庭联产承包责任制，开启了改革的大门。这项改革为农村合作事业注入了新的生机与活力，也为其找到了复兴与发展的途径。随着市场经济体制的深入发展，中国农村合作事业得以不断壮大。截至1995年，全国农业合作社已达207.24万个，其中村级基层社会达138万个，村社级达66.57万个，而乡镇级合作社也有2.67万

①② 赵玉石. 新型农村合作社发展中的政府行为研究［D］. 东北师范大学博士学位论文，2019.

个。这些农村合作社的服务范围不断扩大，为不同群体提供更多服务。同时，供销合作社和信用合作社也在努力回归民营性质，以更好地服务于人民大众（李惠安等，1995）。①

内蒙古牧区"合作制"经济能够快速发展，离不开政府的大力支持。自2006年开始，内蒙古自治区政府加大对牧区合作社的投资和扶持，每年将牧民专业合作社的发展专项资金纳入财政预算，为合作社提供了稳定而有力的资金支持。这些资金主要用于新品种、新技术、人才的引进，科技研发、新技术推广以及农畜产品加工、贮藏和销售等方面。政府在政策层面大力扶持信贷资金，要求中国农业银行和内蒙古农村信用社降低贷款门槛、简化流程，切实减轻牧民使用资金的负担。此外，在部分地区，牧民专业合作社还享有税费减免和行政审批、交通运输方面的绿色通道，进一步为内蒙古牧区牧民"合作制"经济的发展提供了全方位的政策支持。

近年来，内蒙古自治区牧民合作组织呈现快速发展的态势。与此同时，内蒙古自治区积极探索创新合作组织的经营主体和经营形式，推进草牧场规模化流转和畜牧产业的生产组织化。特别是在家庭牧场的培育方面，区内推行了一系列政策，引导并扶持养殖能手向专业大户、联户和合作社等形式的家庭牧场发展，有效提升了中小规模户和散养户的盈利能力和组织水平。据统计，截至2021年，内蒙古自治区各类畜禽规模养殖场超过10万个，其中牧区家庭牧场已发展到3.5万个，参与家庭牧场经营户达到5万户，占到牧户总数的11%。就整体而言，牧区合作社是内蒙古"合作制"经济的有效载体，为草场承包经营制度的发展奠定了坚实的基础。然而，尽管牧民合作社在数量和规模上实现了迅猛发展，但实质上仍处于初级阶段，仍需进一步完善其组织模式和治理机制（乌日陶克套胡，2018）。②

近年来嘎鲁图镇不断涌现出各类新型专业合作社，其中包括奶食品销售专业合作社、细毛羊专业合作社等多个群体。在此背景下，布寨嘎查进一步扩大了自己的细毛羊养殖协会，并成功建立了乌审旗布寨细毛羊专业合作社。由于布寨嘎查的细毛羊毛质优良，细度和长度受到商贩的广泛称赞和追捧。然而，在合作社建立初期，很多贩子对此持有反对意见。毋庸置疑，羊毛制品的生产和销售是一个高利润的产业，因此，贩子们实际上是对所有合作社产生了反感。但是，在众多合作社中，乌审旗布寨细毛羊专业合作社成为发展最为显著的一家，其经营范围也不仅限于羊毛，探索了多个领域。例如，在秋季，该合作社购买大型收割机

① 李惠安，黄连贵，赵铁桥. 中国农村合作社的新发展与合作立法问题 [J]. 农业经济问题，1995（11）：4.
② 乌日陶克套胡. 内蒙古自治区牧区经济发展史研究 [M]. 北京：人民出版社，2018.

器，以较低的价格为牧民收割储备草场的草料。虽然，本案例研究重点仅限于探讨细毛羊毛的销售领域，但乌审旗布寨细毛羊专业合作社致力于拓展多个领域的实践经验，为不少合作社提供了有益参考。

第四节　乌审旗布寨细毛羊专业合作社的建立

在建立专业合作社时，布寨嘎查首先考虑了竞争力和特点。经过一系列比较后，最终选择以细毛羊羊毛为合作社的重点，因为在周围布寨嘎查的羊毛口碑良好，以下是合作社的详细情况。

一、合作社

乌审旗布寨细毛羊专业合作社（以下简称专业合作社）成立于 2008 年 4 月，由原嘎鲁图苏木布寨嘎查细毛羊协会的基础上发起成立。合作社注册资金为 31 万元，由布寨嘎查 31 户细毛羊养殖大户共同发起。目前合作社已扩展到 152 户，注册资金达到 152 万元。

专业合作社的主要经营范围包括牲畜养殖、农作物、牧草种植、农业机械购置、农业机械服务、产品加工、运输、储藏、销售、滴灌生产及销售、农资产品销售、组织收购、销售成员生产的产品、引进新技术、新品种，开展技术培训、技术交流和咨询服务等。

2021 年，专业合作社有社员 152 户，年存栏细毛羊 2.6 万只，饲草料地达 8400 亩，其中 80 户有 160 平方米以上标准设施养殖暖棚，年产细毛量达 46～50 吨，出栏细毛羊达 8000～10000 只。此外，合作社还建设了羊毛储备库 600 平方米、小型冷库 30 平方米、羊毛打包机 1 台、剪毛机 6 台、叉车 1 台、进口割草机 1 台、压饼打捆机 1 台、割草机 1 台、搂草机 1 台、铲车 1 台、四驱玉米收割机 1 台、滴灌带加工厂及设备等，总投资 200 多万元。①

专业合作社将细毛羊产业放在首位，鼓励牧民种植优质饲草，结合当前劳动力严重缺乏的现状，与其他农牧业合作社合作引进了先进的种草机、割草机、捆草机等，为牧民提供优质的服务。在 2010 年和 2014 年分别成功注册了《乌生》商标（见图 8-1），向外界介绍乌审旗细毛羊产业发展现状，壮大专业合作社发展事业。合作社辐射全旗 6 个苏木镇和周边陕西榆林、伊金霍洛

---

① 资料来源于布寨嘎查提供的内部资料，其为 2021 年数据。

旗、鄂托克旗等。

图8-1 "乌生"商标

资料来源：乌审旗布寨细毛羊专业合作社提供。

近年来，依托鄂尔多斯主要的细毛羊主产基地，专业合作社产业一直是布寨嘎查畜牧业的优势资源和优势产业，全嘎查牧民人均收入的70%以上来自细毛羊产业。该专业合作社曾荣获2010年内蒙古自治区农牧业专业合作社示范合作社称号，2011年成功加入了国家级合作社之一等殊荣。2016年9月认定为第六批全国"一村一品"示范嘎查。2018年6月国家农业部重新认定为国家级示范合作社称号。

二、主导产业

布寨嘎查以新牧区建设为方针全面推行，旨在发展经济的同时保护生态环境。推进农牧业经济结构调整的主攻方向是"以种促养，以养增收"，全面实行禁牧、休牧工作，生态建设和饲草料开发取得了显著的成效。现存栏细毛羊达到24000多只，拥有5800多亩饲草料地，成功实现小市场与大市场的有效对接，形成了灵活有力的经营格局，辐射带动周邻嘎查村优化细毛羊的发展。全嘎查从事细毛羊养殖主导产业的牧户户数占嘎查总户数的87%。每年嘎查农牧户每户接受科协、科技局、农牧业局等相关部门的培训不少于2次，90%的农牧户掌握了人工授精、治疗、防疫等各环节的技术。① 作为细毛羊的主产区，细毛羊规模养殖户的发展在镇政府的大力支持下，大力开展了鄂尔多斯市细毛羊繁育体系建设工作，并取得了显著的成效。

三、品牌建设情况

布赛嘎查始终坚持"品牌化"经营理念，根据当地的细毛羊养殖优势，向国家工商总局申请，成功注册了"乌生"羊毛产品品牌（见图8-1），并通过了农业部农产品质量安全中心认证（见图8-2）。同时建立销售信息网，已在上海、南京等国内外主销地区进行了宣传推介活动，如今，"乌生"羊毛已被广泛认可，产生了良好的经济社会效益。

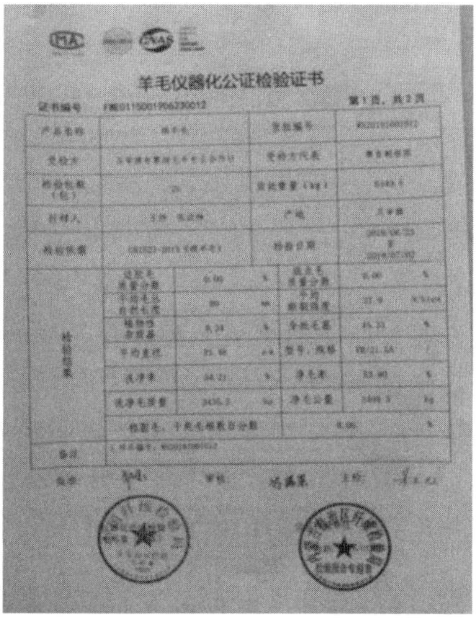

图8-2　检验报告单

资料来源：乌审旗布赛细毛羊专业合作社提供。

四、专业合作组织

布赛嘎查是一个以牧业为主的地区，近年来以鄂尔多斯细毛羊的繁育为基础，创建细毛羊养殖协会（以下简称协会）并申请了"乌生"细毛羊品牌。2005 年，该协会组织了20 多吨羊毛参加南京全国羊毛拍卖会，以每千克22 元的

---

① 资料来源于布赛嘎查提供的内部资料，其为 2021 年数据。

高价售出，同时受到国内外商家的青睐。年产细毛量达 40 多吨，出栏细毛羊达 8000 多只，辐射全旗 6 个苏木镇和周边陕西榆林、伊金霍洛旗、鄂托克旗等地区。

近年来，细毛羊合作社产业一直是布寨嘎查畜牧业的优势资源和主导产业，全嘎查牧民人均收入的 70% 以上来自细毛羊产业。专业合作社成立后，每年生产 40 多吨优质细羊毛。专业合作社通过注册"乌生"商标的方式，向外界介绍乌审旗细毛羊产业发展现状，壮大专业合作社发展事业。该专业合作社曾荣获内蒙古自治区农牧业专业合作社示范合作社和国家级合作社等殊荣。政府和专家多次来布寨嘎查调研考察，并对专业合作社的运行、发展给予了充分的肯定。

总之，布寨嘎查的细毛羊产业是当地牧民的主要收入来源，也是乌审旗畜牧业的重要品牌产业。通过建立细毛羊养殖协会和专业合作社，以及申请"乌生"商标，该产业在市场上获得了广泛认可和好评。同时，政府和专家对该产业的发展也给予了大力支持和肯定。

五、经营状况

2021 年至今，每户已建 80～150 平方米的养殖棚圈，细毛羊只数，每户存栏优质细毛羊母畜头数的发展目标为 240 只，同时促进冬羔成活率，逐步实现规模化养殖。通过成立专业合作社，统一销售肉、皮、毛等产品，或采用入股形式与牧民共同分享经济收益，最大限度地创造商品产值和经济效益。专业合作社的组织运营，有助于进一步加强布寨嘎查细毛羊生产基地朝着产业化、规模化和标准化方向发展，为当地现代农牧业建设和发展提供示范和带动作用。

此外，还有利于提高当地细毛羊专业合作社品牌（如"乌生"品牌）的经济效益，有效解决当地贫困农牧民增收问题。除了细毛羊生产基地，布寨嘎查还注册了乌审旗蓝梦养猪专业合作社、乌审旗巴亚吉农牧业服务合作社和乌审旗乌日格吉乐农牧业机械服务专业合作社三家专业合作社，进一步推动了当地农牧业的发展和繁荣。

六、实施内容

专业合作社由五名管理人员组成，他们通过选举产生，每个牧业合作社选举一名代表。这五名管理人员选举出一名董事长和两名副董事长。合作社成立之初，采取临时招募一批员工来帮忙收购和打包等工作。这些员工的遴选，优先考虑本嘎查的牧民，如果人员不够时则会招募外地人。

2008 年，布寨嘎查将布寨细毛羊协会改为乌审旗布寨细毛羊专业合作社，这是因为协会在民政局登记，而合作社在工商局登记，因此合作社更有利于发展，也符合国家政策。

在合作社成立初期，由于没有大型毛库和机器设备，因此只能在外面收羊毛，没有打包机只能用麻袋装载（见图 8-3、图 8-4、图 8-5）。自 2017 年新建了羊毛库（见图 8-6），开始使用打包机（见图 8-7、图 8-8）以来，所有工作都可以在羊毛库里完成。如果存放在羊毛库里并保持通风，那么羊毛至少可以存放一年，避免了羊毛受潮的问题。

图 8-3　装羊毛

资料来源：乌审旗布寨细毛羊专业合作社提供。

图 8-4　修建毛库前羊毛都放在外面

资料来源：乌审旗布寨细毛羊专业合作社提供。

图8-5　牧民刚送到的羊毛

资料来源：乌审旗布寨细毛羊专业合作社提供。

图8-6　新建的羊毛库

资料来源：乌审旗布寨细毛羊专业合作社提供。

图8-7　正在包装羊毛

资料来源：乌审旗布寨细毛羊专业合作社提供。

图 8-8　机械化装羊毛

资料来源：乌审旗布寨细毛羊专业合作社提供。

　　专业合作社评估市场行情并选择卖家。在成立初的几年里，专业合作社与当地的大商贩合作。专业合作社先用大商贩的资金将社员的羊毛全部收集起来，再卖给商贩。但这种做法在市场上失去了竞争力，因此后来合作社将所有羊毛交给南京羊毛拍卖市场。

　　自从乌审旗布寨细毛羊专业合作社开始收羊毛以来，牧民就不再卖给"二道贩子"，而是将羊毛全部交给合作社。每年布寨嘎查牧民的羊毛价格比卖给"二道贩子"的羊毛价格每斤高出 1 元，至少不会亏损。当牧民将羊毛送到专业合作社时，进行实名登记，重量也不是直接按斤计算，而是按选毛和洗毛完成后的重量进行计算。因此，在羊毛里掺沙子等方面的作弊是不可能的，这也填补了多年来的漏洞。

结　　论

一、乌审旗布寨嘎查细毛羊羊毛产业的发展人类学思考

　　经过研究，笔者将布寨嘎查细毛羊产业发展分为三个阶段：20 世纪五六十年代的细毛羊引进阶段、改革开放初期的"自给自足"阶段、建立羊毛协会和专业合作社的阶段。

　　首先，近代细毛羊起源于澳大利亚，由英国两位官员在 1797 年带来并交给澳大利亚的两个牧民。经过 100 多年的培育，细毛羊得以成功培育出来。这种羊的培育和发展与英国工业革命密切相关，可能与当时纺织机器的工作原理有关。

由于纺织机器对细毛羊的羊毛有很高的需求，因此这种羊毛在纺织业中占据了重要地位，这也解释了为什么中国引进了这种羊。然而，引进细毛羊需要考虑自然因素的影响，因为动物在很大程度上依赖于生存环境。细毛羊适应英国这样的温带海洋性气候，而内蒙古地区属于温带季节性气候，冬季漫长且寒冷，降雨量较低，这对细毛羊的生存是一种挑战。布塞嘎查通过集体经济的支持和当地有经验的牧民经过努力并克服了许多困难，成功引进了细毛羊。实际上，这种细毛羊并不是最适合内蒙古自治区的羊种，因为它们的羊毛在 6 月就开始脱落，而这对于任何羊种来说都是一样的。然而，由于鄂尔多斯乌审旗地理位置的特殊性，该地区的气温相对较高，并且乌审旗位于鄂尔多斯地区的最南端，邻近陕西。在这种有利的天气条件下，乌审旗的牧民能够成功将细毛羊作为主力羊群，即使没有大型暖棚的帮助也能坚持下去。

其次，国家开始采用承包制的方式将羊群和土地承包给牧民，并鼓励实行"自给自足"政策。这一政策为牧民提供了较大的发展空间。牧民可以对自己的草场进行评估，然后决定采用何种放牧方式或放牧数量。在访谈中，当笔者询问牧民"您的草场能够容纳多少只羊和牛"时，牧民说：草场面积较大的牧民可能放牧的牲畜数量较少，相比之下，草场面积较小的牧民则可能放牧较多的牲畜数量。这种差异可以从表 8-1 中部分牧民访谈的草场面积与放牧牲畜数量表中看出。需要说明的是，J 户的情况比较特殊，J 户一年四季几乎都在圈养牲畜。同时，布塞嘎查还出现了草料场，这是替代传统的打草牧场而出现的。打草牧场的草是牧民用来在冬季饲养畜牧的。由于布塞嘎查没有打草牧场，牧民只能自行解决这个问题。草料场相比传统的打草牧场更加灵活，因为可以自行选择种植适合自家羊的草。目前，草料场种植的是玉米。对牧民来说，草料场是一种新兴的事物。尽管当地早在很久以前就开始种植糜子，但与种植玉米的方式完全不同。种植玉米在大公社时期就被引进到布塞嘎查，然而，大规模种植直到 1980 年后才开始出现。笔者认为，种植玉米可以作为细毛羊的一个附加产业来发展，因为细毛羊的食量较蒙古羊更多，但在体能方面不如蒙古羊，所以在下羔子前需要更多的饲养。因此，牧民除了草料外还需要谷物（谷物比草营养更高）。种植玉米不仅可以收获玉米秆子，还可以作为饲养谷物，这样只需种植一次就能满足过冬时所需的饲料。

表 8-1　2021 年部分牧户草场面积与放牧牲畜数量

牧户	草场面积（亩）	羊头数（只）	牛头数（头）
H	3600	140	15
I	2700	120	7

牧户	草场面积（亩）	羊头数（只）	牛头数（头）
J	1900	300	40
K	5700	200	24
L	3000	100	20
M	2000	100	17

资料来源：笔者根据田野调查所获取。

最后，乌审旗布寨细毛羊合作社在实施项目时巧妙地避免了 20 世纪发达国家在对第三世界国家进行项目实施时所犯的各种错误。主要体现在以下两个方面：①该合作社的承办单位是基层的嘎查政府，而非国家机构对地方组织形式的规定，这使合作社的运作更符合当地实际情况。②乌审旗布寨细毛羊合作社通过与商家进行谈判，收集了所有合作社成员的羊毛，并因此拥有充足的筹码来提高羊毛价格。这种做法不仅符合人类学的发展理念，要求当地人能够参与并提高收入，而且也使牧民们无须直接与商贩接触，能够以更好的价格出售羊毛。由于这些优势，合作社在短短几年内就吸引了所有牧民的积极参与。此外，乌审旗布寨细毛羊合作社也给予了牧民自主选择的权利，他们可以自由决定是否参与合作社，并根据自身情况自主选择放牧的方式。由于他们能够获得较为稳定的收入，牧民们不会为了追求经济利益而过度扩大养殖规模，从而在一定程度上保护了环境，避免了对畜群、草场和草料场之间平衡的破坏。这种做法将传统与现代经验相结合，在当前牧区产业发展的背景下，为其他牧区提供了借鉴的价值。

二、牧区产业振兴中的乌审旗布寨细毛羊专业合作社经验

产业振兴是我国"乡村振兴"战略的物质基础。因此，每个地方都不能有丝毫懈怠，但也不能盲目发展产业。每个地方需要找到适合自己的产业并进行投资。牧区产业振兴需要考虑牧区的各种因素。鼓励牧民尝试各种不同形式的合作，并允许其在长期发展和改进中不断壮大（达林太等，2021）。[①] 特别鼓励那些密切结合干旱牧区生产特点的牧民合作形式，鼓励那些有利于生态环境的放牧方式和生产模式。由于自然灾害仍是内蒙古干旱草原地区广大牧民的主要威胁，应引导牧民将合作和联合避灾与降低风险结合起来。与农村地区合作社以增加利润为目标不同，许多牧区的合作社完全有必要也有条件创造出新的合作社模式（达林太等，2021）。[②]

[①②] 达林太，郑易生. 牧区与市场：市场化中的牧民［M］. 北京：社会科学文献出版社，2021.

乌审旗布寨细毛羊专业合作社以羊毛为基础，符合产业振兴的需求，也符合牧区的具体情况。该合作社只集中羊毛，不过多干扰牧民放牧方式，因此牧民可以按照自己的经验放牧。这种合作机制不仅有助于保护环境，还能提高收入，并且牧民的参与度也高，相对于农区来说也是一种创新。

因为乌审旗布寨细毛羊专业合作社没有改变牧民的居住方式，符合牧区社区振兴的要求。草原畜牧业的生产方式决定了草原牧民高度分散的居住和生活方式。如果采用村落式居住，就不能从事草原畜牧业生产。分散居住并不意味着牧民排斥城市的现代生活。牧民有自己的生产和生活方式，引进城市生活的某些现代元素，可以提高牧民的生活质量。广大牧民，特别是新一代青年牧民都乐意接受这种方式。草原牧区社区建设的特点应当是生态化、低密度、快速通道和高质量。生态化指的是在建设牧区新型城镇时，必须避开拥挤和污染，保持草原生态环境完好（达林太等，2021）。① 同时，乌审旗布寨细毛羊专业合作社建立在嘎查政府所在地，道路运输方便，牧民不需要改变自己的牧场或长途跋涉去送羊毛，能够用自己的方式去放牧，因此能在畜牧数量和生态之间找到平衡点，保护生态。

综上所述，笔者认为，乌审旗布寨细毛羊专业合作社能够实现低密度、生态化、快速通道和高质量，因此可以为牧区产业振兴提供一个成功案例。

---

① 达林太，郑易生．牧区与市场：市场化中的牧民［M］．北京：社会科学文献出版社，2021．

案例三

牧区畜牧业市场化研究：
以嘎达苏种畜场为例

包塔娜　杨常宝

绪　论

一、研究背景

畜牧业作为国民经济的重要产业，既是内蒙古地区的传统优势产业，也是乡村振兴战略的重点发展产业。畜牧业的市场化进程则与牧民生计模式、意识观念、文化以及生态环境的保护息息相关。自改革开放以来，中共中央、国务院出台的以"三农"工作为主题的中央一号文件明确要求"在科学养畜，适当利用饲草资源的基础上，大力发展我国畜牧业，并实行农牧林结合发展"①。党的十九大提出"乡村振兴战略"，这是新时期"三农"政策的具体体现，其实施目的是为推动乡村牧区产业兴旺、生态宜居、乡风文明、治理有效、生活富裕，建设好广大农牧民的生活家园（林峰，2018）。② 2021 年 2 月 3 日，习近平总书记在贵州省看望慰问各族干部群众时说："传承好民族传统文化产业的同时发展好。"③ 同年 3 月 23 日，习总书记在考察福建时说："乡村要振兴，因地制宜选择富民产业是关键，并也要适应市场需求、继续探索创新（严顺龙，2021）。"④ 同年 4 月 27 日，总书记在考察广西壮族自治区时说："继续支持脱贫地区特色产业发展。"⑤

在这样的情况下，内蒙古自治区通辽市地方政府为了更好地提高牧民的生活质量、促进畜牧业的发展及其市场化进程，始终坚持着生态优先、绿色发展观

---

① 中共中央、国务院关于"三农"工作的一号文件汇编（1982～2014）［M］. 北京：人民出版社，2014.

② 林峰. 乡村振兴战略规划与实施［M］. 北京：中国农业出版社，2018.

③ 习近平春节前夕赴贵州看望慰问各族干部群众［EB/OL］. 新华社.［2021-02-05］. http：//www. gov. cn/xinwen/2021-02/05/content_5585288. htm.

④ 严顺龙. 推动习近平总书记在福建考察时的重要讲话精神落地生根开花结果［N］. 福建日报，2021-04-12.

⑤ 习近平在广西考察时强调　解放思想深化改革凝心聚力担当实干　建设新时代中国特色社会主义壮美广西［EB/OL］. 新华网.［2021-04-27］. http：//dangshi. people. com. cn/n1/2021/0427/c436975-32089779. html.

念。同时，畜牧业的市场化对嘎达苏种畜场牧民的经济生活、文化、意识观念也带来了积极的影响。

笔者选择调研嘎达苏种畜场的原因源自 2016 年 9 月在扎鲁特旗阿古拉嘎查进行田野调查时，一位当地居民带领笔者去嘎达苏庙购买奶豆腐。这引起了笔者对当地畜牧业发展和牧民生计的关注。然而，目前对于通辽市嘎达苏种畜场的研究几乎没有。尽管当地牧民通过奶牛养殖和乳制品加工实现了一定程度的经济收入，但他们是如何实现奶牛和乳制品市场化进程的？在市场化进程中又会遇到哪些问题？畜产品市场化对牧民的经济生活、文化、传统人际关系、意识观念等方面带来了哪些影响？他们是如何发展民族特色乳制品产业的？基于这些疑问，笔者于 2021 年 7 月 15 日赴嘎达苏种畜场展开了田野调查。

本案例研究的调研地为通辽市嘎达苏种畜场（中心分场）。该场建立于 1964 年 8 月，是一家国营牧场。场区占地广、草场面积大，下辖 2 个分场、6 个村屯。1993 年被农业部批准为第一批国家级重点种畜场。经过 50 多年的发展，该场一直致力于选育中国西门塔尔乳肉兼用型牛核心群、科尔沁牛新品种及中国西门塔尔牛等新品种，是全国四大美利奴羊培育基地之一，也是内蒙古自治区绿色乳制品之乡（见绪图 3-1）。现代畜牧业、乳制品加工业和生态旅游业三大产业支撑着嘎达苏的经济快速发展。该场不仅对当地文化、经济产生影响，而且对邻近地区的农牧民带来了极好的示范作用。

绪图 3-1　内蒙古绿色乳制品之乡标志

资料来源：笔者拍摄于 2021 年 2 月 3 日。

田野调查结果显示，政府并未过度开发生态旅游业，而是采取了一系列措施来保护生态环境并促进畜牧业发展。这些措施包括调整种养结构，提高牲畜数量，增加牲畜产品的加工价值，推动人工种草和利用周边农区秸秆资源等。由于该地区水文条件不佳，年降水量少且分布不均匀，导致当地牧草生长缓慢，牲畜需要长期依靠舍饲圈养，从而增加了养殖奶牛的成本，限制了奶牛养殖规模的发展。在通辽市嘎达苏种畜场附近，一些奶站在"三聚氰胺"事件之后倒闭，各家奶食品作坊也自行寻找客源，进行小规模销售。目前，乳康乳业作为龙头企业（见绪图 3-2），已经带动了近 100 户乳制品加工小作坊的发展。

绪图 3-2　招商引进的龙头企业

资料来源：http：//www.baidu.cn。

　　本案例研究旨在从乡村振兴战略视角出发，探究通辽市嘎达苏种畜场的畜牧业市场化的发展情况。为达到此目的，本书将运用文化生态学和可持续发展理论，结合文献研究和田野调查等研究方法进行深入探究。具体而言，本书将探索畜牧业市场化对牧民经济、生活、文化、传统意识观念和传统人际关系的影响，并研究生态环境和文化之间的相互关系。研究的目的在于深入分析如何持续发展畜牧业并实现产业振兴，以提供可行性的建议。

二、研究意义

（一）理论意义

　　文化生态学理论在嘎达苏种畜场的畜牧业市场化中具有重要的视角。该理论认为，人类与自然环境之间的相互作用是相互依存的过程，人类的文化活动与环境互动会对生态环境产生影响。在嘎达苏种畜场，文化因素是推动畜牧业市场化的重要因素之一。当地的传统文化和习惯促进了畜牧业的发展，并进一步促进了当地文化的传承和发展。例如，当地人民对草地的保护和管理以及对畜牧业的热爱和专业技能的传承，对畜牧业市场化的发展产生了积极作用。

　　可持续发展理论对嘎达苏种畜场的畜牧业市场化提供了指导。该理论强调，经济、社会和环境三者之间相互影响、相互依存。在畜牧业市场化的过程中，需要平衡经济效益、社会效益和环境效益，确保畜牧业的发展不会对环境造成损害，同时也要确保当地社会的稳定和发展。在嘎达苏种畜场，畜牧业市场化的发展还需考虑当地的环境保护和社会发展，以确保畜牧业的可持续性发展。

因此，嘎达苏种畜场的畜牧业市场化需要在文化和环境的基础上进行，不仅要考虑经济效益，还要考虑当地文化和环境对畜牧业的影响。只有实现文化、环境和畜牧业市场化之间的相互影响、相互依存和相互和谐，畜牧业市场化才能实现可持续发展。

（二）现实意义

首先，嘎达苏种畜场作为内蒙古重要的畜牧业基地，其市场化进程的研究不仅有助于了解乡村振兴战略在畜牧业方面的具体实施情况，也有助于提高当地的产业、文化、生态和生活水平。同时，嘎达苏种畜场的市场化发展经验也对内蒙古牧区以及其他地区的畜牧业市场化发展具有可借鉴性，对国家实施乡村振兴战略下的畜牧业发展起着重要现实参考意义。随着国家乡村振兴战略的深入推进，畜牧业也将面临新的机遇和挑战。在这个背景下，我们需要深入研究畜牧业市场化的发展规律和趋势，探索畜牧业与乡村振兴战略的有机结合，为推进畜牧业的可持续发展和乡村振兴做出更大的贡献。

其次，通过调查嘎达苏种畜场畜牧业的发展及其市场化，我们可以深入了解该场畜牧业市场化进程中遇到的问题及未来几年内的发展趋势。针对这些问题和趋势，我们可以总结出适合当地畜牧业市场化和民族产业发展的措施和经验教训，为地方政府在畜牧业的指导政策和管理策略的制定上提供有力的指导意见和建议，促进当地经济的发展和乡村振兴。

最后，第一手资料具有不可替代的重要价值，通过查阅当地史志档案馆和采访场部人员提供的第一手资料，可以深入了解嘎达苏畜牧业的发展历史，对研究当地畜牧业市场化进程的历史背景和演变过程具有重要的史料价值和参考作用。同时，这些资料还可以为了解当地的经济、社会和文化发展提供有力的历史依据和参考资料，对推进当地乡村振兴和文化传承具有重要的意义。

三、研究现状

牧民畜牧业的市场化进程是一个复杂的社会经济现象，涉及不同层面的问题和因素，因此在国内外学界，不同视角下的研究成果众多。本书主要围绕国内的相关文献资料来介绍前人的研究成果，并从内蒙古国营牧场、畜牧业的市场化、草畜矛盾及平衡以及乡村振兴战略下畜牧业市场化的研究四个方面进行前人研究的梳理。这些研究成果对于深入了解牧民畜牧业的市场化进程、分析其中涉及的问题和因素、探索相应的解决途径和措施，具有重要的理论和实践意义。

（一）内蒙古国营牧场研究现状

国营牧场是指我国社会主义全民所有制的畜牧业企业。内蒙古国营牧场的研究对本书分析牧民畜牧业的发展、畜产品加工具有参考作用。通过查阅知网有关内蒙古国营牧场的研究可知，当前研究主要集中在国有牧场改革与发展问题方面。

包玉霞（2007）[①]从经济发展与畜牧业现代化的角度，首先对内蒙古国有牧场历史及现状进行了分析；其次对牧民生活水平和社会主义新牧区发展的道路进行了探索；最后对内蒙古自治区通辽市珠日河国有牧场进行实地考察并提出了相应的发展建议。

杨金波等（1996）[②]从畜种、畜群结构与生产的角度，对乌拉盖牧场草原畜牧业生产的最佳模式进行了分析。

安达（2006）[③]从环境经济和草原文化的角度，对内蒙古锡林浩特地区白音锡勒牧场、毛登牧场等地的经济、生态与文化效益进行了研究。他强调草原文化的优秀内涵在草原保护和建设以及畜牧业发展中的重要作用，并提出可行的可持续发展建议，以促进内蒙古草原地区的发展。

有关嘎达苏种畜场的研究有：1984年白大拉阐述了种树及种草的规划设计的情况（白大拉，1984）。[④]冯宗慈等（1997）对嘎达苏种畜场牧场的优势草种进行营养成分及消化率的测定分析。[⑤]2004年，首届中国羊业发展大会上以内蒙古通辽市嘎达苏种畜场为主题探讨了嘎达苏建场30多年来中国美利奴细毛羊的生产量和西门塔尔牛的产奶量及生产数量，并阐述了该场向我国养牛业、养羊业和纺织业的发展做出的贡献。

（二）畜牧业市场化的研究现状

畜产品主要包括牛羊肉、乳制品和羊毛，它们不仅是牧民经济生活的支柱，也是蒙古族传统文化的物质基础。嘎达苏种畜场牧民通过畜产品（乳制品）加工和奶牛养殖的市场化进程提高经济收入，同时在地方政府坚持以"生态立场"为政策的支持下促进畜牧业的可持续发展。以下介绍以经济学和人类学视角下研究畜牧业市场化的研究成果和文献资料。

① 包玉霞. 内蒙古国有牧场改革与发展问题研究［D］. 内蒙古大学硕士学位论文，2007.

② 杨金波，刘德福，色勒扎布. 乌拉盖牧场畜种与畜群结构优化模型［J］. 内蒙古农牧学院学报，1996（2）：8.

③ 安达. 草原畜牧业的发展与草原文化［D］. 内蒙古大学硕士学位论文，2006.

④ 白大拉. 嘎达苏种畜场开展种树种草［J］. 内蒙古林业，1984（12）：19.

⑤ 冯宗慈，奥德，杜敏，范国臻，王忠贵，邹道训，张殿荣，赵国福，包向东. 嘎达苏良种细毛羊营养需要量及冬季春季补饲标准的验证［J］. 内蒙古畜牧科技，1997（S1）：243-250.

1. 人类学视角下的畜牧业市场化研究

阿拉坦宝力格（2013）① 在《游牧生态与市场经济》一书中，运用人类学和经济学视角，探讨了内蒙古草原牧区市场经济化进程对牧民社会文化的影响。作者分析了游牧、市场和生态环境之间的相互关系，探索了环境保护和经济持续发展的新思路和观点。

石博文（2020）② 运用经济人类学中的"关系嵌入"理论，对杜尔伯特养牛农户的产业链和经济行为进行了研究。作者探讨了国家政策、市场和农户之间的有效结合路径。

娜布其（2011）③ 从奶食店市场化与奶食文化之间的角度，对呼和浩特市传统奶食品店的市场化进程以及社会功能进行了分析。她认为，随着市场化的推进，传统奶食品店在经济和社会方面都发挥了重要的作用。同时，传统奶食品店也面临着市场化带来的挑战和问题，如品质不一、经营模式陈旧等。为了解决这些问题，作者提出了一些具体的策略和措施，包括提高品质、改善店面形象、拓展销售渠道、创新经营模式等。这些策略和措施旨在帮助传统奶食品店更好地适应市场化的趋势，同时保护和传承奶食文化。

宝拉尔（2020）④ 从乳业和乳产品市场化的角度，对内蒙古自治区锡林郭勒盟镶黄旗新宝拉格镇的个体工商户和乳产品消费者的市场化进程以及问题进行了问卷调查。通过调查分析，研究发现传统乳制品生产存在的问题主要有生产工艺相对陈旧、产品品质难以保障、销售渠道有限、品牌宣传不足等。为了解决这些问题，作者提出一些具体的对策，包括推广新的生产技术和工艺、提高产品品质、拓展销售渠道、加强品牌宣传等。

2. 经济学视角下的畜牧业市场化研究

乌日陶克套胡（2018）在《内蒙古自治区牧区经济发展史研究》⑤ 一书中以经济发展史的角度，对内蒙古自治区成立初期至社会主义市场经济体制时期的牧区经济和畜牧业经济体制改革进行了分析。

盖志毅（2011）在《新牧区建设与牧区政策调整——以内蒙古为例》一书中⑥从政策生成视角去研究我国的社会主义新牧区建设问题，探讨内蒙古新牧区

① 阿拉坦宝力格. 游牧生态与市场经济［M］. 呼和浩特：内蒙古大学出版社，2013.

② 石博文. 杜尔伯特养牛农户的经济人类学分析［D］. 中央民族大学硕士学位论文，2020.

③ 娜布其. 市场化进程中的蒙古族传统奶食品店探析——以呼和浩特市传统奶食品店为例［D］. 内蒙古师范大学硕士学位论文，2011.

④ 宝拉尔. 新宝拉格镇传统乳制品生产状况及问题研究［D］. 内蒙古师范大学硕士学位论文，2020.

⑤ 乌日陶克套胡. 内蒙古自治区牧区经济发展史研究［M］. 北京：人民出版社，2018.

⑥ 盖志毅. 新牧区建设与牧区政策调整——以内蒙古为例［M］. 沈阳：辽宁民族出版社，2011.

建设中的实际问题，特别是对牧民收入差距和影响牧民收入增长的原因进行了分析。

包玉山等（2011）《内蒙古牧区发展研究》① 一书中通过对内蒙古牧区游牧经济的起因、社会变迁和草畜制衡关系进行深入研究，提出了产业化是畜牧业经济持续发展的出路。书中指出，内蒙古牧区的游牧经济是由于自然环境和文化传统的影响而形成的，但随着社会经济的发展和环境的变化，传统的游牧经济已经面临着诸多挑战。同时，草畜制衡关系也已经失衡，导致草原生态系统的退化和畜牧业生产效益的下降。为了解决这些问题，作者认为产业化是畜牧业经济持续发展的出路。

达林太等（2010）在《牧区与市场：牧民经济学》② 一书中从畜牧业市场化的角度出发，对畜牧业市场化进程给牧区和牧民带来的问题及挑战进行了深入分析，并提出了振兴草原牧区的建议。作者指出，畜牧业市场化进程给牧区和牧民带来了机遇和挑战。一方面，市场化进程带来了更多的销售渠道和更高的收益，可以促进畜牧业的发展和牧民的脱贫致富；另一方面，市场化进程也带来了一些问题，如市场信息不对称、价格波动大、质量监管不到位等，这些问题给牧区和牧民带来了不小的挑战。为了解决这些问题，作者提出了一些具体的建议。

邓蓉等（2005）在《中国畜牧业发展研究》③ 一书中从我国畜牧业结构转型和国际贸易的角度出发，对我国畜牧业生产的组织、生产、供给、消费与收益进行了深入分析，阐述了我国畜牧业的发展战略和政策选择。作者指出，我国畜牧业发展面临着诸多问题，如资源约束、环境污染、生产效益低下等。同时，国际市场的竞争也使我国畜牧业生产面临着巨大的挑战。为了应对这些挑战，作者提出了一些具体的建议。

（三）草畜平衡发展方面的研究现状

刘钟龄等（2011）在《内蒙古牧区草原退化与生态安全的建设》④ 一书中从草原生态与比较研究的角度，对内蒙古牧区草原退化和生态环境恶化进行了深入研究，同时还对蒙古国和内蒙古草原荒漠化进行了比较探讨。作者指出，内蒙古草原生态环境的恶化主要是由于草原过度利用、过度放牧、气候变化等综合因素所致。这些问题不仅严重影响了牧民的生产和生活，也对全球环境产生了不利影响。因此，作者强调草原生态安全带的建设对于保护草原生态环境、促进可持续

① 包玉山，额尔敦扎布. 内蒙古牧区发展研究［M］. 呼和浩特：内蒙古大学出版社，2011.

② 达林太，郑易生. 牧区与市场：牧民经济学［M］. 北京：社会科学文献出版社，2010.

③ 邓蓉，张存根，王伟. 中国畜牧业发展研究［M］. 北京：中国农业出版社，2005.

④ 刘钟龄，恩和，达林太. 内蒙古牧区草原退化与生态安全的建设［M］. 呼和浩特：内蒙古大学出版社，2011.

发展的重要性。针对草原生态安全带的建设，作者提出了一些具体的建议。

王晓毅（2009）在《环境压力下的草原社区——内蒙古六个嘎查村的调查》[①] 一书中主要从可持续发展的角度，对内蒙古的六个嘎查村牧区草原的退化原因以及对牧区牧民生计的影响进行了深入分析。作者指出，内蒙古自治区的草原生态环境面临着严重的压力，主要是由于气候变化、过度放牧、人类活动等因素引起的。这些问题不仅影响了草原的生态环境，还对牧民的生计产生了不良影响。因此，为了实现草原的可持续发展，需要采取一系列措施来解决这些问题。

暴庆五等（1997）在《草原生态经济协调持续发展》[②] 一书中主要从草原生态系统的角度，对生态环境与经济发展、资源与人口、科学技术与社会问题进行了深入探讨。作者指出，草原生态环境与经济发展之间存在着密切的联系。草原生态系统是人类生存、发展和繁荣的重要基础，同时也是支撑草原经济发展的重要资源。因此，要实现草原的可持续发展，必须重视草原生态环境保护，采取有效的措施保护草原生态系统。

色音等（2009）在《生态移民的环境社会学研究》[③] 一书中主要从生态移民与生态环境的角度，对中国生态移民的起源和发展，以及生态环境恶化现象进行了深入的分析。作者指出，生态移民是指因生态环境问题而被迫迁徙的人群。中国作为一个人口众多、资源相对匮乏的发展中国家，生态环境问题一直是困扰中国长期发展的难题。在此背景下，生态移民也逐渐成为一个重要的社会问题。本书从多个角度对生态移民问题进行了深入剖析。

郝维民等（2011）在《内蒙古通史——内蒙古地区生态环境与生态文明（第八卷）》[④] 一书中主要从生态地理与生态文明的角度，对新中国成立前和成立以来内蒙古牧区生态地理环境政策、演变、特征和牧区畜牧业发展进行了深入的分析。首先介绍了内蒙古牧区的生态地理环境特征，指出内蒙古自治区是我国重要的牧区，具有丰富的草原资源和独特的生态环境。同时，内蒙古自治区的生态环境也面临着人类活动对生态环境的破坏和影响等问题。接着，书中详细介绍了新中国成立前和成立以来内蒙古牧区生态地理环境政策的演变和特征。

---

① 王晓毅. 环境压力下的草原社区——内蒙古六个嘎查村的调查 [M]. 北京：社会科学文献出版社，2009.

② 暴庆五，王关区，吴精华. 草原生态经济协调持续发展 [M]. 呼和浩特：内蒙古人民出版社，1997.

③ 色音，张继焦. 生态移民的环境社会学研究 [M]. 北京：民族出版社，2009.

④ 郝维民，齐木德道尔吉. 内蒙古通史——内蒙古地区生态环境与生态文明（第八卷）[M]. 北京：人民出版社，2011.

（四）乡村振兴战略下的畜牧业市场化研究

阿鲁斯（2020）[①] 的研究主要聚焦在内蒙古扎鲁特旗东萨拉嘎查"玛拉沁艾力"养牛专业合作社的产业链运行状况。他从乡村振兴战略的视角，对该合作社的运行模式、产业链构成、运行状况等进行深入分析，并提出了相关的问题和解决策略。

吴雪婷（2021）[②] 以乡村振兴战略视角为出发点，对贵州省六枝生态畜牧业的产业结构及现有的发展模式进行了深入分析，并针对其中存在的问题提出了优化设计与对策建议。

张庆军（2021）[③] 结合乡村振兴战略对畜牧业产业发展进行了深入分析，并提出一系列对策建议，以促进畜牧业的可持续发展。这些建议从体制机制、技术管理、生态建设、产业融合和品牌建设等方面提出了可行性的建议，有助于畜牧业向高质量可持续发展的方向前进。

曲靖瞳（2020）[④] 以乡村振兴战略视角对内蒙古突泉县畜牧业发展现状进行了深入研究，并提出一系列对策建议。这些建议从畜牧业的现代化发展、畜产品的质量与环保、政府规制和旅游市场等方面提出了可行性的建议，有助于促进畜牧业的可持续发展和乡村振兴。

（五）研究现状述评

通过综述现有研究，笔者发现，对于内蒙古国营牧场的研究较为稀缺，尤其是在人类学或乡村振兴战略下对内蒙古国营牧场畜牧业市场化方面的研究更是凤毛麟角。此外，现有的畜牧业市场化研究主要集中在经济组织与制度、生态环境和种畜平衡发展以及畜牧业的变迁等方面。尽管这些研究对于本案例研究具有一定的启示作用，但在畜牧业市场化进程方面仍存在较大的研究空白。

本案例研究的目的是填补内蒙古自治区国营牧场畜牧业市场化研究的空白，同时探讨种畜养殖和乳制品加工的市场化进程对当地牧民生计和文化生活的影响。在研究过程中，笔者将运用文化生态学理论和可持续发展理论，通过进行田野调查和深度访谈的方式，获取种畜养殖场的详细信息。同时，分析当地畜牧业的市场化进程，了解其对当地牧民经济生活和文化生活的影响，并探讨其未来发展的路径。

本案例研究，将为内蒙古国营牧场的畜牧业市场化进程提供有益的建议和思

① 阿鲁斯. "玛拉沁艾力"养牛专业合作社调查研究 [D]. 内蒙古师范大学硕士学位论文, 2020.

② 吴雪婷. 乡村振兴战略下六枝生态畜牧业发展模式研究 [D]. 贵州民族大学硕士学位论文, 2021.

③ 张庆军. 乡村振兴战略下畜牧产业发展研究 [J]. 山西农经, 2021 (2)：75-76.

④ 曲靖瞳. 乡村振兴背景下突泉县畜牧业发展政府规制研究 [D]. 内蒙古大学硕士学位论文, 2020.

路，同时促进当地畜牧业的可持续发展。

四、研究方法

（1）文献研究法。梳理草原牧区畜牧业发展的相关文献资料，查阅嘎达苏以往的研究成果及研读旗畜牧志、旗统计年鉴、旗财政志等地方志文献，收集与嘎达苏相关的资料。通过搜集各类著作，吸收与调研信息有关的内容，深入理解本主题的认识。

（2）田野调查法。笔者为了研究资料的准确度，于2021年7月15日前往通辽市嘎达苏种畜场（中心分场），在当地牧民中进行了实地调查，了解牧民经济生活、种畜养殖和乳制品加工以及种畜改良状况，并搜集到了实质性的资料。调查对象基本情况见绪表3-1。

绪表3-1　调查对象基本情况

被访者	年龄	受教育程度	访谈地点
D某	61岁	初中	
E某	36岁	初中	
H某	53岁	小学	
K某	42岁	初中	通辽市嘎达苏种畜场中心分场
M某	49岁	小学	
L某	51岁	小学	
P某	49岁	小学	

资料来源：笔者根据调研统计整理。

（3）比较研究法。本案例研究对散户养殖业和乳制品企业市场化前后的收益进行对比研究，体现不同时期的牧民经济生活状况、意识观念的变化。

因此，本案例研究将采用文献研究法、田野调查法、比较研究法，以全面深入地了解内蒙古国营牧场畜牧业市场化进程的发展情况和影响，并为当地畜牧业的可持续发展提供有益的建议和思路。

五、概念界定

（一）畜牧业市场化

本案例研究所指的畜牧业市场化是指内蒙古计委认可的嘎达苏种畜场，该种畜场通过圈养、放牧两者结合和繁殖牲畜的方式，生产加工可获得的畜产品（乳、毛、肉）。通过商品和货币的交换活动，将牲畜和畜产品进行市场化，以维持牧民的生活。同时，畜产品的生产和市场运营也体现了当地牧民对传统文化的传承与传播的意识观念。

（二）乡村振兴战略

乡村振兴战略是 2017 年 10 月 18 日在党的十九大报告中首次提出的，这是决胜全面建成小康社会、全面建设社会主义现代化国家的重大历史任务，是新时代"三农"工作的总抓手，是以习近平新时代中国特色社会主义思想为指导，是坚持农业农村优先发展，按照产业兴旺、生态宜居、乡风文明、治理有效、生活富裕的总要求，建立健全城乡融合发展体制机制和政策体系，统筹推进农村经济、政治、文化、社会、生态文明等的建设，加快推进农业农村现代化，走中国特色社会主义乡村振兴道路，让农业成为有奔头的产业，让农民成为有吸引力的职业，让农村成为安居乐业的美丽家园。①

六、理论基础

（一）文化生态学理论

1955 年，美国人类学家朱利安·斯图尔德在《文化变迁论》② 一书中首次提出文化生态学理论。该理论基于生态学理论，阐述了对文化现象的解释，是两个学科之间的交叉学科。斯图尔德认为，文化生态学关注于不同地区的文化特质和模式的解释，强调文化与其环境的适应性，认为环境和文化是不可分割的。

张玭（2014）③ 认为，文化生态学理论是一门关注人类文化创造和环境关联的学科，主要分析环境对文化特征的影响。它的研究范围包括文化环境、文化系统、文化资源、文化生态态势、文化生态规律等方面，主要关注不同地区文化特点和形式的起源。

本案例研究旨在运用文化生态学理论，从文化和环境角度分析通辽市嘎达苏种畜场畜牧业的市场化进程。具体而言，将探讨不同时期牧民的生产生活方式如何影响文化产业（包括牧畜养殖业和乳制品加工业）以及传统文化的发展，同时分析牧民的文化产业如何适应环境并不断发展壮大。

本地定居文化和畜牧饲养文化为当地畜牧产品市场化进程的开展提供了基础。然而，随着畜牧业商品消费市场的扩大和商品消费需求的增加，传统的家庭手工作坊乳制品加工模式和小规模奶牛饲养业逐渐无法满足市场化和商品化水平日益提高的生产效率、规模、劳动力水平、生产质量和品牌建设的要求。因此，

① 中共中央 国务院关于实施乡村振兴战略的意见 [M]. 北京：人民出版社，2018.
② ［美］朱利安·斯图尔德. 文化变迁论 [M]. 谭卫华，罗康隆译. 贵阳：贵州人民出版社，2012.
③ 张玭. 基于文化生态学的格凸河苗寨文化保护与开发策略研究 [D]. 重庆大学硕士学位论文，2014.

畜牧业市场化的有限开发和利用，导致该地的畜牧业市场化难以在现有的小规模集中经营和集聚效应的基础上进一步提高其单位生产效率和规模化经营的水平，也难以建立完整的乳业品牌生产加工体系。

文化生态是人们在不同地理环境中形成的文化观念在生态系统方面的反映。地理环境和生态是文化生态系统形成的基础，文化生态系统是地理环境和生态的映射，同时也对地理环境产生一定的反作用。例如，注重保护自然的文化所形成的文化生态系统，既要保持生物多样性和合理利用生态资源，也要推进合理生产和严格限制污染并行，从而实现自然环境和社会环境的生态平衡。

（二）可持续发展理论

自第一二次工业革命以来，发达国家和发展中国家面临的现实是依赖科技进步、消耗资源和高度城市化所带来的环境破坏、污染和不可再生资源供给能力下降。在第三次工业革命开始后的 20 世纪六七十年代，人与自然协调发展的发展观念和理论体系得到了国际社会的广泛响应。

1987 年，联合国出版的《我们共同的未来》一书正式提出可持续发展的定义和基本理论，从人口、环境、资源等多方面对可持续发展的概念进行了定义和分析。1991 年 4 月，"农业与环境"国际会议呼吁重视农业与环境关系问题。1992 年 6 月，联合国环境与发展大会提出了发展中国家的发展权利和将环境与发展相结合的方针，并成立了联合国可持续发展委员会。在《里约宣言》中，可持续发展被定义为"人类应享有以与自然和谐的方式过健康而富有生产成果的生活的权利，并公平地满足今世后代在发展与环境方面的需要"[1]。

1994 年 3 月，我国通过了"中国 21 世纪议程""我国可持续发展战略"和"九五"期间及 2010 年环境保护目标（全国主要污染物排放总量控制与中国跨世纪绿色工程计划）。这些政策和计划旨在推动我国朝着可持续发展的方向迈进（蒋树威，1998）。[2]

2002 年 8 月，可持续发展世界首脑会议在南非约翰内斯堡召开，以"拯救地球重在行动"为主旨，通过了《约翰内斯堡宣言》。宣言提出环境保护、经济以及社会发展是可持续发展的三大支柱，呼吁各国政府、企业和民间组织加强合作，共同推动可持续发展进程。

可持续发展是将"发展"和"可持续性"两个概念结合起来的概念。其中，"可持续性"是实现可持续发展的关键，而"发展"则是可持续发展的目标（包

---

① 北京大学中国持续发展研究中心，东京大学生产技术研究所. 可持续发展：理论与实践［M］. 北京：中央编译出版社，1997.

② 蒋树威. 畜牧业可持续发展的理论与实用技术［M］. 北京：中国农业出版社，1998.

广才，2004）。① 可持续发展是指人与人之间、人与自然环境之间互利共生、协同进化的发展。可持续发展理论的基本构成包括人口、资源、环境和科学技术等方面。当代可持续发展理论包括经济学、社会学、生态学等不同视角，其中生态学视角的研究主要从人类社会与自然生态系统的关系、系统整体的角度来考虑如何实现区域与全球的可持续发展，并强调政府干预与制度安排。经济学视角的研究认为可持续发展的关键在于，以经济发展和自由市场经济来解决物品需求与供应不平衡带来的贫困问题。而社会学视角的研究则更注重可持续发展过程中的公平性与公正性，强调人类社会组织与制度的协调作用。只有在各方的共同努力下，才能实现可持续发展的目标。

在农业与工业文明时代，我们只关注了人类和物品的生产，却忽视了环境的生产。在后工业文明时代，可持续发展需要更加注意人口增长、资源利用、技术进步和环境保护之间的平衡。畜牧业和市场化的发展也不例外。

本书将运用可持续发展理论中探讨人、物品、技术和环境保护之间相互作用的理论，对畜牧业市场化的生态、文化和产业基础以及可持续发展进程进行系统分析。

---

① 包广才. 内蒙古可持续发展论［M］. 呼和浩特：内蒙古大学出版社，2004.

第九章　嘎达苏种畜场的概况

第一节　嘎达苏种畜场基本情况

一、自然环境

嘎达苏种畜场位于内蒙古自治区通辽市北部扎鲁特旗鲁北镇南 12 千米处的钱山丘陵地带，地处北纬 44°19′14″~44°32′17″，东经 120°49′3″~120°0′9″，海拔 226~534 米。它西接香山镇，东邻道老杜苏木，南与乌力吉木仁苏木接壤，位于大兴安岭南麓，金厥山脚下。

通辽市嘎达苏种畜场总面积为 40.1 万亩，其中，草牧场面积 23.1 万亩、饲草料地 3 万亩、人工林 2 万亩、自然林 12 万亩。草场环境清洁，主要为丘陵草甸草原，草原上生长着 39 种野生植物和 170 多种家畜喜食的禾本科与豆科牧草。平均每亩草场可产 120 千克鲜草，草场天然贮藏量达 5000 万千克。[①]

嘎达苏种畜场地处中温带大陆性季风气候区，四季分明，阳光充足，太阳辐射强，日照时间长。年平均气温为 6℃，年均日照时数为 2838.7 小时，年日照百分率为 65%。无霜期年均为 130~147 天，春季旱风较多。年均降雨量为 337 毫米，主要分布在 7~8 月，年均蒸发量为 1957 毫米，年均相对湿度为 49%。年均风速由南向北增大，绝大部分地区风速达到 10 米/秒以上。年均有效积温为 3192℃，有利于农作物生长。[②] 境内有万鸭河、嘎达苏河、渔泡子河三条自然河流。嘎达苏种畜场交通便利，省道 208 贯通南北，与 306 省际大通道相接。据实

[①] 扎鲁特旗志编纂委员会. 扎鲁特旗志（1987~2009 年）[M]. 呼伦贝尔：内蒙古文化出版社，2010.

[②] 扎鲁特旗档案馆. 扎鲁特年鉴 [M]. 北京：中国文史出版社，2011.

地调查，嘎达苏种畜场常年旱灾较严重，农作物主要依靠雨水生长。同时，2021年11月该中心遭受了雪灾，对畜牧业生产造成了极大的危害。

二、人口与行政区划

嘎达苏种畜场隶属于通辽市农牧局管辖。该场下设两个分场，分别为嘎达苏庙分场和中心分场，共辖六个自然村。

嘎达苏种畜场和其两个分厂总人口为2300人，总户数为884户，由汉、蒙、回、满、朝鲜、俄罗斯六个民族组成。中心分场位于嘎达苏种畜场向南12千米处，现常住人口有410户1235人，包括中心东区152户462人，中心西区110户325人，一队26户87人，四队59户156人，牧铺63户205人。除了常住人口之外，外来人员有58户135人。其中，低保户有45户65人，城保户有2户2人，五保户1人，三无人员1人。①

嘎达苏庙分场位于嘎达苏种畜场东南15千米处，东与昆都愣苏木相邻，南与阿古拉嘎查接壤，东与中心分场毗邻。分场下辖三个村民小组，现有148户居民，总人口410人，常住人口349人，其中工人36人，五七工人14人，乡医1人，农保9人，低保18户。16户外来人口共36人。目前，分场内有9名党员，支委班子成员3人。②

三、组织机构

嘎达苏种畜场为通辽市农牧局所属的公益一类副处级事业单位，承担着政治、经济、社会、文化、生态文明和党建6项职能。内设机构共有8个，分别为综合科、人事科、财务审计科、种畜繁育科、农牧林草科、社会治理科、社会事务科以及党群工作科。驻场单位共有8个，其中，旗级驻场单位包括自然资源所、兽医站、林草工作站、食药监、派出所、卫生院和学校。

四、经济生活

嘎达苏种畜场经营多个产业，其中以国有种畜业、养殖业为主，专注于养殖奶牛以供应乳制品加工业。其乳制品加工业设有奶食品小作坊，并持有营业执照，每日平均消耗牛奶1.65吨。此外，种畜场还拥有一家大型奶食品加工企业。除了养殖业和乳制品加工业，种畜场还开展生态旅游业，拥有多个特色旅游景点，如少年军校、扎鲁特古榆林、鸿雁湖度假村和休闲大牧场。为了支持养殖业，种畜场还从事农作物种植业，拥有17562.4亩耕地，其中口粮田地15622.9

---

①② 资料来源于通辽市嘎达苏种畜场内部人员提供的文献资料，文件名为《嘎达苏种畜场大事记》，提供时间为2021年7月28日。

亩、机动地 1939.5 亩、水浇地约 8000 亩，主要种植玉米、青贮和高粱。实地调查表明，中心分场的牧民主要依靠养殖业和乳制品加工业获得经济收入。

第二节　嘎达苏种畜场历史沿革

内蒙古自治区成立初期，自治区人民政府首先进行牧区民主改革（1947~1952 年），针对牧区因封建和外部势力压迫而发展落后的现实，中国共产党内蒙古工作委员会要求牧区的一切工作必须从牧区经济和社会实际出发，一切以牧民利益为中心，循序渐进，有条不紊地开展（乌日陶克套胡，2018）。[①] 牧区民主改革则先后经历了以阶级斗争为主的革命路径和以"三不两利"为主要内涵的改革路径两个阶段（闫茂旭，2009）。[②] 第一阶段为革命路径，采取自上而下，照搬农耕区土地改造经验、简单对立化牧民和牧主的激进的政治动员方式；第二阶段为改革路径，采取自下而上，尊重传统习俗、易为牧民接受的渐进方式，即以乌兰夫提出的"三不两利"为核心，推广新"苏鲁克"制度和宗教信仰自由政策，恢复和发展社会生产力。

国营牧场是社会主义全民所有制经济及牧区畜牧业经济的主要组成部分，也是牧区社会主义改造的先锋队伍。1949 年，内蒙古自治区农牧部在哲里木盟、呼纳盟、昭乌达盟开始建立第一批国营牧场，旨在恢复和发展该地区畜牧业。为此，改进饲养方法、加强防疫和改良畜种等工作也在同时进行。自内蒙古自治区成立至建立第一批国营牧场期间，全区畜牧头数已经恢复并超过了抗日战争前最高水平，即牲畜总头数达到 1118.22 万头，其中大牲畜和羊达到 983.07 万头（只）。畜牧业产值达到 69751 万元。[③] 到 1952 年末，蒙绥地区的国营牧场已经增至 17 个，拥有 80 名行政干部、119 名技术干部和 501 名工人，牲畜总数为 26027 头（只）。

在内蒙古畜牧业社会主义改造期间（1953~1958 年），国家主要以改善牧区畜牧业生产力，提高牧民生活水平为主要目标。在畜牧业社会主义改造的进展上，可以划分为三个阶段，即：1953~1955 年的临时互助组和常年互助组、实验

---

① 乌日陶克套胡. 内蒙古自治区牧区经济发展史研究 [M]. 北京：人民出版社，2018.

② 闫茂旭. 路径选择视角下的内蒙古牧区民主改革——以锡林郭勒盟为中心的考察 [J]. 广播电视大学学报（哲学社会科学版），2009（4）：88-94.

③ 内蒙古自治区畜牧厅修志编史委员会. 内蒙古畜牧业大事记 [M]. 呼和浩特：内蒙古人民出版社，1997.

性质的合作社阶段；1955~1957 年的合作社初级阶段；1957~1958 年的全面合作社阶段。1955 年 1 月 21 日，中共中央内蒙古分局书记乌兰夫在全区第二次牧区工作会议上指出：“总路线与中央民委第三次会议总结的五项方针、十一项政策（有建立国营牧场和种畜场的内容）、六项措施是一致的。”“对于牧区经济，仍然执行‘三不两利’的政策。”① 1953 年，内蒙古自治区第一次牧区会议上首次确立国营牧场的地位，并指出国营牧场、示范性牧场或配种站都是牧区畜牧业经济的领导成分。1955 年 12 月，内蒙古党委决定，自治区的国营牧场一律实行“企业管理、农牧结合、多种经营”的方针，为国家积累建设资金。② 1958~1959 年，国营牧场得到大发展，全区国营牧场总数达到 54 个。1962 年，内蒙古自治区国有农牧场实行退耕还牧政策。此后又经三年调整，1965 年国有牧场总数调整为 60 个。

改革开放时期，内蒙古牧区经济体制改革又经历了三个阶段：1978~1980 年，实行“以牧为主”的产业体制改革和“恢复畜牧业生产责任制，放宽所有制政策”的产权体制改革；1981~1985 年，实行“林牧为主，多种经营”的产业体制改革和“试行多种生产责任制，推行草畜双承包制”的产权体制改革；1986~1990 年，实行“念草木经，兴畜牧业”的产业体制改革和“稳定家庭经营，实施草牧场有偿承包”的产业体制改革（张蕾，2014）。③ 国家在 1993 年实行土地承包期再延长 30 年不变的政策。此后，受“草畜双承包”责任制等政策影响，嘎达苏种畜场也在生产与经营体制改革中不断摸索前进。

一、国营牧场时期（1964~1984 年）

嘎达苏种畜场作为一家重要的国有牧场，经历了多次管理体制调整和种畜个人承包、市场化改革等阶段。然而，作为国有企事业单位，它一直在牲畜种类培育、草场建设以及经验模式推广等方面对当地、内蒙古地区乃至全国发挥着重要作用。

从管理体制来看，1963 年，通辽市嘎达苏种畜场开始筹建。1964 年 8 月，经内蒙古自治区计委正式批准建场，该场隶属于内蒙古自治区畜牧厅，是科级事业单位。1965 年 1 月，扎鲁特旗旗委决定批准该场建立党支部，并归旗直属机关党委领导。1968 年 11 月，该场划归扎鲁特旗直接领导。1971 年 6 月，根据区域划分，该场隶属于吉林省，归扎鲁特旗管辖。1974 年 10 月，该场被划归哲里木

①② 内蒙古自治区畜牧厅修志编史委员会. 内蒙古畜牧业大事记 [M]. 呼和浩特：内蒙古人民出版社，1997.

③ 张蕾. 改革开放初期内蒙古牧区经济体制改革与畜牧业发展研究 [J]. 农业考古，2014（1）：66-72.

盟行署直接领导，业务上由盟畜牧局直接管理。同年 11 月 15 日，根据嘎达苏发〔74〕15 号文件，将机关原先的五个组改为一室四科：党委办公室、行政科、生产科、计财科。1978 年，该场被批准为事业性质企业管理的县团级单位，归哲里木盟行政公署直接领导，业务上由哲里木盟农牧处主管。1980 年，该场从吉林省划归内蒙古自治区管理。1981 年 12 月 10 日，根据嘎达苏党发〔81〕19 号文件和扎公发〔81〕17 号文件决议，在该场建立公安派出所。1982 年 12 月 21 日，根据嘎达苏党发〔82〕27 号文件，该场成立武装委员会。①

从场部建设和畜种培育的角度来看，嘎达苏种畜场在场部建设方面自建立初期就拥有 7 个基层生产队。然而，从 1974 年 10 月开始，该场将原有的 7 个队增加到 10 个，其中包括 1 个西门塔尔牛队、4 个波尔华斯羊队、1 个伊犁马队、1 个土种畜队、1 个工副业队、1 个机务队和 1 个田园队。

在畜种培养方面，1964 年，嘎达苏种畜场共拥有 473 只（头）阿斯卡尼羊和西门塔尔牛。然而，在 1968 年，该场将所有阿斯卡尼羊全部调出，决定将场建设为繁殖波尔华斯羊和西门塔尔牛为主的种畜场。1975 年，农业部确定该场为培育良种细毛羊的基地之一。1982 年，根据农业部〔82〕农业牧字 45 号文件，该场获准扩建，并确定其为以繁育良种细毛羊和选育西门塔尔牛为主的育种场。②

在这一时期，嘎达苏种畜场的场区所有土地、草场以及种畜均归国家所有。国家派遣专业技术人员来指导当地职工养畜知识，并由场部负责进行生产经营活动。职工所得收入归国家所有，而国家每月向职工支付相应的工资。

二、个体承包经营时期（1984 年至今）

1984 年，通辽市嘎达苏种畜场开始推行个体承包经营，将西门塔尔奶牛和田地承包给个体，承包期限为 9 年，每家只能承包 25 头西门塔尔牛。③ 草场则未承包给个体，牧民只有使用权。中国美利奴细毛羊归种畜场经营。牧民所得的经营收入归个人。2003 年 2 月，牧民对奶牛的承包到期后，场部接收了牧民手里的奶牛。同年 7 月，场部又将奶牛全部卖给牧民，实行个体经营管理。当时实行土地承包，一口人可分得 10 亩地，同时牧民也需要上缴土地税。

1985 年 3 月 16 日，根据场发〔85〕11 号文件，将党委、行政、生产办公室改为政工科、行政科、生产科，将财务办公室改为计划财务科。1993 年 5 月 5

---

　　①②　资料来源于通辽市嘎达苏种畜场内部人员提供的文献资料，文件名为《嘎达苏种畜场大事记》，提供时间为 2021 年 7 月 28 日。

　　③　这里所说的承包不是指牲畜作价卖给牧民，而是按照场部的要求让牧民养殖奶牛，然后牧民一年里给场部交多少牛犊以及牛奶，场部给牧民发工资，如果没达到场部的要求，从工资里抵扣。

日，党发［93］6 号文件，将原机关的"四办一所"改建为"两办一站"，即党委办公室、行政办公室、农科站。1995 年 11 月 16 日，党发［95］16 号文件下发，撤销农科站设置。1996 年 5 月 20 日，根据党发［96］16 号文件，成立土地草原监理所。1997 年 11 月 27 日，根据党发 23 号文件，关于机构设置的决定，成立第二分场管理农机站供销公司、场内的土地及社会性工作。1998 年 4 月 20 日，根据党发［18］号文件，注销供销公司、农机站账户及营业执照，收回账目和所有印鉴及请查后的财产，撤销后的供销公司、农机站实行"租赁承包个体经营"。1999 年 9 月，根据哲里木盟撤盟设市的精神，种畜场更换牌匾为"通辽市嘎达苏种畜场"，并重新启用公章。1999 年 7 月 8 日，根据党发［99］25 号文件以及场教育现状，经场党委研究决定，撤销现有的四、五、六分场学校，全场设立一处中心校，实行集中办学。2007 年，该场教育、卫生、公安划归地方管理。同时，乳康乳业在该场内正式投产运营。2009 年 2 月 23 日，成立场卫生管理所，主要负责场区及各村屯环境卫生治理工作。2012 年 10 月 29 日，该场招商引资建设的政英驾驶员考试中心正式投入使用。2016 年，该场被通辽市批准为公益一类事业单位。

从场部建设和畜种培育角度来看，自 1985 年 3 月 16 日起，场部建设方面的变化包括根据场发［85］11 号文件，将医疗诊所改为卫生站，资料室改为育种技术指导站，兽医室改为兽医工作站；同年 3 月 16 日，根据场发［85］11 号文件，一大队改为一分场（包括林草队），原公羊队改为二分场，三、四、五、六大队分别改为三、四、五、六分场；1988 年 6 月 24 日，党发［88］22 号文件将原种羊队改为二分场，林草队改为七分场；1988 年 4 月 18 日，党发［88］14 号文件将机电运输服务管理站合并于农机服务管理站；1992 年 5 月 22 日，党发［92］15 号文件将七分场合并于农机服务管理站；1992 年 11 月 19 日，党发［35］号文件撤销供销办公室和多种经营管理站，建立供销公司；1992 年 11 月 19 日，党发［92］36 号文件将二分场撤销，合并于三分场，设为种公羊队；2005 年，六个分场合并成两个分场。①

在畜种培育方面，该场取得的成就包括 1985 年 12 月，该场成功培育的良种细毛羊被正式命名为"中国美利奴（科尔沁型）羊"，同年 12 月 20 日，内蒙古自治区畜牧局对该场颁发了"中国美利奴（科尔沁型）羊、纯种西门塔尔牛"种畜生产经营许可证；1993 年 4 月 24 日，根据中华人民共和国农业部 22 号公告，该场被评为第一批国家级重点种畜场；1997 年 11 月 27 日，根据党发［97］142 号文件，内蒙古自治区畜牧厅对该场颁发《种畜生产许可证》，生产经营对

---

① 资料来源于通辽市嘎达苏种畜场内部人员提供的文献资料，文件名为《嘎达苏种畜场大事记》，提供时间为 2021 年 7 月 28 日。

象是中国美利奴细毛羊和西门塔尔牛。①

　　以上是通辽市嘎达苏种畜场的历史沿革和成就总结，涵盖国营牧场经营时期和个体承包经营时期，以及经营管理、场部建设和种畜培育方面的内容。

---

　　①　资料来源于通辽市嘎达苏种畜场内部人员提供的文献资料，文件名为《嘎达苏种畜场大事记》，提供时间为 2021 年 7 月 28 日。

第十章　乡村振兴战略下的畜牧业市场化现状

第一节　乡村振兴战略的实施背景以及发展历程

一、乡村振兴战略制定的社会历史原因

乡村振兴战略既是对"三农"政策的继承与发展，也是解决新时代"三农"问题的总方略。农业不仅是人民的经济基础和中国特色社会主义建设的根基，而且对整个国民经济的各行各业的发展具有推动作用（荣兆梓等，2005）。[①] 中华人民共和国成立初期，我国的工业化基础差、机械化水平低、人口众多、生产力水平也比较薄弱，仍维持着传统的农业国家[②]，整个中国面临着"怎么富起来"的大难题。邓小平指出对内经济搞活，首先从农村着手。[③] 中国的安定和经济发展的前提正是农村发展与农民生活水平的提高。因此，为了改变农村贫困的面貌，建设中国特色社会主义社会和工业化的实现、经济建设以及政治安定，中国共产党通过"三农"政策来指引农业的发展，进而促进农业繁荣、农村稳定、农民增收。

二、乡村振兴战略的演变与发展

改革开放以来，中央政府于 1982~1986 年连续发布了五次以"三农"为主题的中央一号文件，旨在部署农村改革和农业发展。随后，国家又在 2004~2021

---

① 荣兆梓，吴春梅. 中国三农问题——历史·现状·未来［M］. 北京：社会科学文献出版社，2005.
② 中共中央文献研究室. 毛泽东文集（第六卷）［M］. 北京：人民出版社，1999.
③ 邓小平. 邓小平文选（第三卷）［M］. 北京：人民出版社，1993.

年连续发布了十八次"三农"工作的中央一号文件,展示了当前重点建设已经开始向解决"三农"问题转变以及在我国现代化建设时期,"三农"问题具有独特的重要地位。不同时期,"三农"政策需要解决的主要问题和目标也有所不同。因此,本章以中央一号文件聚焦"三农"政策为主,分别从 1982~1986 年、2004~2016 年、2017 年至今三个阶段,阐述"三农"政策的演变和发展。

(一)改革开放初期的"三农"政策(1982~1986 年)

1982~1986 年,中央一号文件推行家庭联产承包责任制来解决农村温饱问题。这一政策不同于合作化以前的小规模私有个体经济,是对领导下分散经营和集体经营相结合的探索。该政策符合当时农业生产力水平和实际生产情况。此后,1985 年又将农副产品的统购派购制改为合同收购制。

由于这一时期的政策建设和完善,农民获得了自主经营的生产权,提高了农民的粮食生产量,促进了农村经济的稳定发展,同时减轻了农民和基层工作人员的压力。这对中国特色社会主义市场经济发展起着基础性的支撑作用。

(二)新时期的"三农"政策(2004~2016 年)

2004~2017 年是召开党的十六大至党的十九大会议时期,实施新时期的"三农"政策,其主要内容是建设中国特色社会主义新农村及农业现代化发展,推进城乡经济社会一体化发展。进一步强调,继续完善家庭承包责任制,要提高农民的收入问题,科技创新,保证农业的质量和绿色发展,并指出农业现代化就是建设社会主义新农村的首要基础。这时期的"三农"政策促进了城乡社会经济一体化发展,对新时代中国特色社会主义经济、政治、社会、党和文化带来了极好的效益。

(三)乡村振兴战略的提出及推进(2017 年至今)

这一时期,以习近平新时代中国特色社会主义思想为指导,实施乡村振兴战略,重点是实现"产业兴旺、生态宜居、乡风文明、治理有效、生活富裕"20个字的要求,总目标是实施"三步走",即从 2020 年至 2035 年至 2050 年,乡村振兴战略全面实施,让农业变强、农村变美、农民变富的全方面落实。

我国以往"三农"政策的推行对新时代乡村振兴战略的履行起着先导作用。乡村振兴战略在中国特色社会主义新农村建设、现代化农业建设和提高农民生活水平方面有着重要引导作用。接下来,本章将通过乡村振兴战略阐述通辽市嘎达苏种畜场的产业情况、市场化进程和生态等方面的现状。

第二节　畜牧业的市场化进程现状

嘎达苏种畜场采用了三产融合发展模式,以种畜养殖业、乳制品加工业和生态旅游业为主导。该模式基于原产地的特色种植和养殖,通过农牧产品加工和传统手工制作等第二产业活动,以及休闲服务在研发、生产和营销环节的介入,延伸了产业链,促进了一二三产业的融合发展。乡村振兴战略的基础是产业兴旺,这种模式在推动经济发展的同时,提高了牧民的生活水平,优化了生态环境,并促进了畜牧业市场化的平衡发展。

本章首先对嘎达苏种畜场的畜牧业养殖和乳制品加工业的现状进行介绍;其次对种畜养殖业和乳制品加工业发展模式进行阐述;最后对生态旅游在乡村振兴战略下的发展模式现状进行阐述,同时指出畜牧业市场化进程中当地牧民的价值观念、人际关系的变化以及收支状况的变化。

一、种畜养殖业的市场化

(一) 种畜养殖业现状

通辽市嘎达苏种畜场具备丰富的牛羊资源,这些优质品种是通过国内外引进获得的。自建场以来,该场共引进了 265 头苏系西门塔尔牛和 16 头德系西门塔尔牛 (见图 10-1)。1966~2013 年,该场共引进了 104 只美利奴细毛羊和 2242 只波尔华斯羊,其中包括 2023 只基础母羊和 219 只萨福克肉羊公羊,以及 98 只基础母羊和 15 只公羊。目前,该场共有 1260 只中美羊,其中包括 520 只基础母羊和 20 只公羊以及后备公羊。萨福克肉羊目前存栏数量为 166 只,其中包括 71 只基础母羊和 14 只成年种公羊。西门塔尔牛的全场存栏数量为 8100 头,其中中心分场共有 6372 头牛,包括 4870 头良种牛和 1502 头黑白花牛。

图 10-1　通辽市嘎达苏种畜场养殖的西门塔尔奶牛

资料来源:通辽市嘎达苏种畜场内部工作人员提供。

1. 种畜业

种畜业是一项以育种生产为主的基础产业,也是保护和传承本地传统畜种的重要工作。在中美羊的育种方面,通辽市嘎达苏种畜场采用杂交育种方法,结合波尔华斯羊和进口澳美公羊的优点，经过多年的育种工作，培育出一种体制结实、放牧饲养性强、净毛产量高、羊毛品质优良的新品种。同时，该场还通过比较各代杂种羊的主要性状及生产性能的基础上进行交换试验，最终用13年育成具有较高生产性能和较稳定遗传性的中美羊。此外，经过5年的努力，该场还培育出毛密度大、净毛产量高的毛密品系。

在西门塔尔牛的育种方面，通辽市嘎达苏种畜场采用自群繁育及引进优质西门塔尔种公牛冻精进行导血，承担了中国西门塔尔乳肉兼用型牛核心群繁育及中国西门塔尔牛新品种选育任务。截至2019年，该场已使用冻精8000支，配种受胎率高达86.2%，繁殖成活率也达到83.1%。每年向社会提供优质西门塔尔牛1500头。

在萨福克肉羊方面，该场每年进行纯育种繁育。成年公羊平均体重为70.4千克，成年母羊平均体重为64.1千克，育成母羊平均体重为45.4千克。断奶成活羔羊数量为41只，平均体重公羔为39.3千克，母羔为37.5千克，繁殖成活率为63.1%。

2. 种畜养殖业

通辽市嘎达苏种畜场是以奶牛业为主导产业的富民强场，也是全场经济发展中至关重要的支柱产业。该场的奶牛产业链已逐步完善，实现了饲养、育肥和畜产品深加工的一体化。牧民群众个体自助生产经营全部奶牛，部分养牛户还经营乳制品小作坊。牧民主要采用放牧和舍饲等方式饲养奶牛，这对当地的草牧场和种植业发展起到了重要的推动作用。当地的种植业主要以玉米、青贮和高粱为主要品种，但由于当地气候多变，加之自然灾害和土地原因，粮食产量不高且不稳定。当地牧民根据禁牧政策、气温、降水和草牧场的情况来决定饲养管理方式。

在舍饲圈养管理方面，牧民根据降水量和牧草质量情况，在夏季采取放牧方式。如果降水少而牧草增长率下降，奶牛因吃不饱，其奶产量也会下降，那么这时牧民不得不进行舍饲畜养。到了秋季，牧民将田地里种植的玉米、青贮收存作为冬季和春季的饲料对奶牛投喂圈养，同时干草也是必不可少的辅助饲料。干草在蒙古语中意为育肥饲料，被视为蒙古牧业系统中的基础性技术之一，也与畜群管理紧密相关。为了保持奶牛的奶产量和肥育度，在夏季以外的春、秋、冬季都采取舍饲圈养模式。舍饲圈养不仅能保护生态环境免受污染和促进牧草有效增长，还能提高牧民养殖业技术水平和增加经济收入。

本地区牧民在养牛方面采取以下四项措施：①在母牛刚出生100天内进行母乳喂养，之后改用草饲料喂养，直到再次生产；②在奶牛怀孕前3个月停止挤奶，转而改为喂饲料，以提高奶浓度和牛犊的发育；③在夏季，奶牛在放牧前先喂一次饲料，在下午5点前从草牧场回圈后再次喂饲料；④在春季、秋季和冬季圈养时，在早晚挤奶时喂饲料，中午喂青贮和黄贮混合饲料。

根据嘎达苏中心分场的 H 户牧民的反映①：

H 户牧民共有 57 头奶牛，养殖经验已达 45 年，青贮和玉米各占 60 亩。由于去年降雨量较少，导致牧草生长缓慢，他们直到 8 月中旬才能放牧，11 月又进行室内圈养。因此，他们自己种植的青贮和玉米及其秸秆已无法满足需求，每年需要从外地购买草料，购买量超过 100 吨，每吨价格为 750 元。加上市场购买的饲料，每月饲料费用为 13000~15000 元，每天使用的饲料量为 400 斤。

从上述情况可以看出，养牛业具有营利性，但是一年三季舍饲圈养的经营方式不仅会增加牧民的成本，还会对牲畜产生许多不良影响。

（二）活牛的销售渠道

在养牛业中，活牛销售发展模式采用了奶牛产业化的方式。畜牧业的产业化是指以市场为导向，以经济效益为主，以合作制等中介组织为销售纽带，对一个地区的牲畜实行饲料养殖、加工和生产供销等结合的经营生产体系。

目前，通辽市嘎达苏种畜场中心分场牧民主要依靠种牛进行市场化运作。而活牛的市场化则是指将牲畜变为货币的过程。如《马克思恩格斯文集》（第八卷）所述，商品作为价值，是货币，同时也是其他一切商品的等价物，按一定比例进行交换。本中心分场的活牛市场化包括公牛犊、淘汰奶牛和年龄较大而奶量不足的牛等在内，这里的淘汰奶牛指的是已经不出奶的牛。

根据田野调查，本中心分场的活牛销售渠道主要有三种：第一种是外地牛贩子自驾车走进场子收购牧民的活牛；第二种是通过本中心分场的牧民为中介进行牛犊和淘汰牛的买卖，有些牧户还专门建立收购牲畜的微信群；第三种是外地养牲畜场的购买者收购。因此，收购价格因地区而异。

本地区 D 户牧民说②：

我们场的牛都是优质品种，是引进的西门塔尔牛，并进行改良，成为适合中国市场的乳肉兼用的品种。因此，在卖牛时，大多是通辽市及周边地区和吉林省等地的牛贩子自行前来收购。

根据调查，该地用作乳牛销售的牛犊，出生不到 3 天就能销售，体重在 70~130 斤，市场价格为 9000~20000 元。淘汰牛的体重约为 1700 斤，市场价格为 20000 元。用作肉牛销售的成年牛则会根据花色和体型大小来决定价格，一般好的奶牛一头能卖 80000~90000 元。

（三）维持草畜平衡发展道路

草原是畜牧业发展的重要物质基础，因为牲畜需要食用牧草来维持生命，而

---

① 访谈对象：H 某，53 岁，小中学历；访谈时间：2021 年 2 月 23 日；访谈地点：通辽市嘎达苏种畜场中心分场。

② 访谈对象：D 某，61 岁，初中学历；访谈时间：2021 年 2 月 25 日；访谈地点：通辽市嘎达苏种畜场中心分场。

草牧场的生态环境条件和牧草的质量直接影响着牲畜的生产力和发展规模。草原资源与农田、森林资源同样重要，是农业发展的关键资源之一。如果没有足够的牧草，就无法进行畜牧业（暴庆五等，1997）。[1] 对于牧民而言，牧草是间接运用的产物，只能通过食用以草类为食的动物如牛马羊等来获取。在牧草生产和牧畜生产的关系上，牧草的生产决定并影响着牧畜的生产量。因此，在草畜平衡发展道路上，牧畜的增长量取决于牧草的营养和丰富程度。如果只关注畜牧业生产而忽视草牧业生产，就会导致草原乱放牧和乱开采，这不仅会破坏草原生态环境，影响牲畜的发展优势，还会对牧民的生活和经济水平造成不便。因此，为了保持牧草和牲畜的均衡发展，我们需要结合当地的气候、生态条件和牧畜特点，采取有效的措施发展生态畜牧业。生态畜牧业针对草原退化和饲草供给不足的情况，强调第一次生产。除了合理利用和保护天然草原之外，还需要扩大人工和半人工草场面积，并提高其质量和营养价值。同时，还需要加强草原生态环境的保护和治理，控制草原退化和草原沙漠化的趋势（暴庆五等，1997）。[2]

通辽市嘎达苏种畜场依据乡村振兴战略并结合实际情况，采取转变方式、调整机构等措施，坚持草牧场和牲畜的制衡发展。为了防止牲畜过载，该场在草畜之间的制衡上采取多重措施，主要采取以下三项措施：

（1）本地区的牧民采取了转变种养方式的措施。根据通辽市嘎达苏种畜场制定的经济畜饲养管理和草原保护管理办法，他们在春季实施休牧并划定打草场，季节性禁牧，加强退牧还草管理，从而实现草原的可持续利用。因此，牧民从全年放牧饲养转变为季节性的舍饲圈养，既保护了草牧场，又提高了畜牧业的稳定发展。

（2）嘎达苏种畜场采取了措施防止过度放牧，并建立了严格的草畜平衡制度。他们通过提高牲畜质量，实施草畜平衡来实现这一目标。载畜量是指在一定时期内，单位面积草场上适度放牧时所能放牧的牲畜头数（包玉山等，2011）。[3] 为此，自1981年以来，嘎达苏种畜场先后向全国二十几个省份推广西门塔尔种牛13800头，其中种公牛9500头，母牛4300头。1985~2008年，他们先后向全国24个省份累计推广中美种羊44150只，其中公羊22750只，母羊21400只（见图10-2、图10-3）。而自1999年引进肉用品种羊，共推广种羊959只，其中种公牛396只，种母羊293只，羔羊270只（见图10-4）。此外，他们还采取减羊增牛、精养少养等措施，根据草地的生产能力实行草畜平衡。例如，全场山羊量由2004年的50000多只压减到20000只以内，奶牛由2005年的500多头发展

①② 暴庆五、王关区、吴精华．草原生态经济协调发展［M］．呼和浩特：内蒙古人民出版社，1997.

③ 包玉山、额尔敦扎布．内蒙古牧区发展研究［M］．呼和浩特：内蒙古大学出版社，2011.

到 2018 年的 8100 头。这一系列措施避免了过度放牧对草原的破坏性作用，推动了草场生态与畜牧业的健康发展。

图 10-2　通辽市嘎达苏种畜场养殖的中美母羊

资料来源：通辽市嘎达苏种畜场内部工作人员提供。

图 10-3　通辽市嘎达苏种畜场养殖的中美公羊群

资料来源：通辽市嘎达苏种畜场内部工作人员提供。

图 10-4　通辽市嘎达苏种畜场养殖的肉用种羊群

资料来源：通辽市嘎达苏种畜场内部工作人提供。

（3）该场采取了种树种草的措施。由于该地大部分地区干旱缺水，因此制约了草地畜牧业的发展。为了解决牲畜的草料来源问题，该场依靠种植牧草和饲料作物；同时又为了保护草原生态环境和实现畜牧业的持续发展，该场通过招商引资 500 万元完成 4000 亩种草项目，成功启动了草产业。该场还充分利用 2.4 万亩耕地，其中 1.2 万亩种植青贮，另外 1.2 万亩种植玉米，作为枯草季节牲畜饲草料的主要来源。通过人工种草，该场促进了畜牧业的发展，恢复并增加了草地植被覆盖率。因此，该场非常重视对天然草地和人工草地的保护与利用。

二、乳制品加工业的市场化

（一）乳制品加工业的现状

通辽市嘎达苏种畜场的牧民选择以乳制品加工业作为起步产业是有历史原因的。2003 年，当地牧民除了养殖少数奶牛及种植业之外，还在该场附近的奶站里打工，或者把自家的奶卖给奶站等方式挣钱维持生计。尽管此时该场还有 1~2 户人家制作乳制品，但主要是以自食为主。随着社会的进步和发展，牧民开始意识到，在奶站里打工也不是好的长期选择，并且工资低，于是他们决定辞职，不再把自家的奶卖给奶站，转而向该场乳制品生产户学习传统乳制品制作技术。少数牧户已经开始做乳制品并进行市场化。2008 年的"三聚氰胺"事件后，当地附近奶站倒闭，导致大多数牧民的牛奶卖不出去。此后，大多数牧民开始学习制作乳制品。近几年在场党委、管委对传统乳制品产业的积极扶持下，该中心场的乳制品小作坊发展达到近 100 户。因此，乳制品加工业成为该场牧民群众经济增收的新增长点，也是本地区的民族特色产业。这个优势特色产业以市场为导向，以特色产品为龙头，具有较强的特色、较高的知名度、较长的产业链和较好的发展前景（郭京福等，2006）。①

乳制品业与奶食业密切相关。乳制品产业的持续发展需要优质奶牛品种的饲养和自然草牧场资源，以及长期消费者的支持。乳制品的生产和销售环节包括自然草料和种牧草的种植、加工饲料的制作、奶牛的饲养和挤奶、牛奶的加工以及产业化等，它们之间存在着密切的关联。蒙古族把乳制品称作"查干伊德"，意思是"白色的食物"，它是以传统五畜的鲜奶为原材料制成各种奶食品，是蒙古族饮食文化中不可或缺的组成部分。

通辽市嘎达苏种畜场中心分场的乳制品质量和价格取决于传统的生产技巧和奶源。该场的乳制品小作坊主要依靠牧草资源、种草料和催奶饲料等来饲养奶牛，然后进行挤奶以获取新鲜的牛奶用于乳制品的制作。有些乳制品小作坊的日

---

① 郭京福，毛海军. 民族地区特色产业论［M］. 北京：民族出版社，2006.

产销量较高，如果自家的鲜牛奶不够，他们会联系当地的养殖奶牛户，在每天早上 5:00 把奶牛带到散户小作坊进行挤奶，并按照挤奶量结算。牧民制作乳制品一般会在凌晨 3:30~4:00 起床，夫妻两人分工合作，开始一天的工作。丈夫负责搅拌饲料、饲养奶牛、打扫牛圈等工作，妻子则负责挤奶、制作乳制品、打扫乳制品小作坊以及销售等工作。挤奶一般在凌晨 1:00 进行，他们使用进口的挤奶机器。挤完奶后吃早饭，饭后夫妻两人继续各自的工作。

据 P 乳制品加工户的牧民说①：

我们夫妻俩每天都重复着干一种活，养奶牛的工作由我丈夫管，制作奶食品的工作归我管，我早上 9:00 挤完奶、吃完饭、再做乳制品，完了再给商家发货、打扫完小作坊后我的工作就完事了。在下午 18:00 前，自己该干吗就干吗。18:00 后我们饲养奶牛和挤奶工作就开始了。挤完奶、吃完饭后玩会手机就睡觉了。我们一天的生活就是这样的。

根据实地调查，通辽市嘎达苏种畜场中心分场乳制品加工者主要由蒙古族和少数汉族组成。从业人员的特点是中年女性居多，受教育程度各异，其中一半拥有小学学历，另一半拥有高中学历。这些牧民的制作技能主要来自家族传承或向其他会做乳制品的牧民的学习。由于大多数乳制品生产经营的牧民之间是亲戚关系，因此人际关系很和谐。通辽市嘎达苏种畜场乳制品加工规模较小，以个体小作坊为主，每个作坊都设有收奶间、加工间、包装间、发酵间、冷库、消毒间、快检区和更衣室等专门的生产加工间。这里的牧民一直维持着传统手工技术制作乳制品，因此对乳制品加工设备的要求不高。然而，由于国家对食品安全的重视，2017 年在通辽市和旗食品药品监督管理局、扎鲁特旗政府以及场党委等的共同协助下，按照上级的要求整顿改造了当地的乳制品小作坊。

该场乳制品小作坊主要自产自销，全年生产加工乳制品。在奶食产品生产方面，该作坊日产鲜奶量为 1200~1800 斤的占 3.5%、日奶产量 800~1000 斤的占70%、日奶产量 500~800 斤以下的占 26.5%。根据奶产量的不同，能生产的乳制品量也有所差异。500~800 斤的鲜奶能够生产出 70~90 块小块（200 克/块）的奶豆腐，1000 斤鲜牛奶能够生产出 200 克的奶豆腐 200 块。1200~1800 斤鲜奶能够生产出 200 克的奶豆腐 200~360 块。

据 M 户牧民说②：

一块 200 克的奶豆腐批发价 11 元，一块 400 克的奶豆腐 22 元。乌如木（奶

---

① 访谈对象：P 某，49 岁，小学学历；访谈时间：2021 年 7 月 24 日；访谈地点：通辽市嘎达苏种畜场中心分场。

② 访谈对象：M 某，49 岁，小学学历；访谈时间：2021 年 7 月 24 日；访谈地点：通辽市嘎达苏种畜场中心分场。

油）一斤批发价 8 元，十斤装卖。奶皮子一张 90 克批发价 8 元，黄油一斤批发价 35 元。

据 K 户牧民说①：

我们场乳制品小作坊是很有名的，我们每天做的奶食品都供应不过来客户的货。特别是这次疫情之后大多数人都知道奶食品对身体的好处，并且人们都喜欢吃了。因此，我们一年四季按照鲜奶量进行加工乳制品。我们家在旺季时一天能卖出 150 块奶豆腐和 30~50 瓶一斤装的黄油。

蒙古族的乳制品制作方法有所不同，基础制作方法需要按照一定顺序进行，包括发酵、温火烧煮和自然凝固等。这种传统的手工艺是乳制品加工的一门技术，同时也是牧区文化存续发展的重要载体。在嘎达苏种畜场，牧民们传承着这种文化，同时也在乳业发展中发挥着重要作用。该场牧民主要制作奶豆腐、奶皮子、黄油和奶油等奶制品。

奶油，制作方法是将挤好的鲜牛奶放入干净的奶桶中，再放到冷库中静置半天，上面就会形成一层淡黄色的奶油。在科尔沁、巴林等地区，奶油也被称为"乌如木"。蒙古人经常将奶油用来熬奶茶、制作面食或者搅拌炒米食用。

黄油，制作方法是将收集好的奶油放入锅中加热，在温火的作用下，使脂肪和水分以及奶渣分离，然后将上面浮起的黄色油脂收集起来，就成为纯正的黄油。黄油富含营养成分，是人们养生的极品食物，具有提高免疫系统、增强心力和提高热量等作用。

奶豆腐，制作方法是将鲜牛奶冷藏一天，然后将上面的奶油提取出来，再将牛奶的凝结部分放入大锅中用微火熬，熬到奶中的黄色水分出来为止，然后挤压成稠糊状，放入长方形木质模具中，就成了奶豆腐。

奶皮子，制作方法是将鲜牛奶放在锅中，用慢火熬到奶汁沸腾时，用勺子不断搅动，形成泡沫，然后将火关掉，让奶变冷，上面就会形成一层奶皮子。

综合来看，该场的牧民自从饲养奶牛、制作奶豆腐以来，经济生活质量一直在提高。尤其是近年来内蒙古自治区政府推动鼓励全区民族传统奶食品产业发展，该场乳制品小作坊的生产质量、加工房屋条件、设备等也逐步改善，达到了市药品局和旗食品监管局的要求。

（二）乳制品的销售类型、渠道及客源

乳制品的销售是一个涉及生产、交换和消费的全过程，以货币为媒介，以乳制品作为商品，在市场上进行供需交换。

在奶食品销售方面，嘎达苏种畜场中心分场采用自产自销渠道为主。自产自

---

① 访谈对象：K 某，42 岁，初中学历；访谈时间：2021 年 8 月 2 日；访谈地点：通辽市嘎达苏种畜场中心分场。

销模式是指生产商直接向消费者提供货物，没有中间代理商，实现了产销一体。在销售地区方面，据调查，该场的每个乳制品小作坊都有自己的销售地点，但这些商家销售区域的共同点是未超出内蒙古区域。该场乳制品的主要销售区域包括通辽市在内的扎鲁特旗、开鲁县、科左中旗、库伦旗、呼伦贝尔市、赤峰市、乌兰浩特市和呼和浩特市等地。在销售方式方面，牧民过去会骑着摩托车去附近的旗县商城摆摊售卖，而现在则是通过电话订购，商家通过快递邮寄等方式销售。

经实地调查得知，从 2003 年开始加工奶食品时，乳制品小作坊的客源主要是通过牧民自己去亲戚、朋友家乡找客户，有些商家还会骑着摩托车到当地商店、饭店、旅游景点、学校及卖乳制品的店等地寻找客户，甚至去陌生的市、旗、镇里寻找客户。经过十几年的不断积累，牧民们已经建立了自己的客户资源。现在，每个乳制品小作坊的牧民都建了客户微信群，方便订购产品和销售。

总的来说，随着社会的飞速发展，该场的乳制品生产经营状况取得了进步，牧民们的收益和意识观念也有了提高。然而，在乳制品销售渠道方面，进步不够明显，特别是缺乏互联网宣传和销售渠道，牧民们仅满足于当前的线下生产经营状态。

（三）龙头企业为引领，散户经营为发展道路

2012 年，国务院发布的《国务院关于支持农业产业化龙头企业发展的意见》（以下简称《意见》）强调了龙头企业在农业现代化中的重要地位。该《意见》提出，"农业产业化是我国农业经济体制的创新，也是现代农业发展的方向。龙头企业是构建现代农业产业体系的重要主体，也是推进农业产业化经营的关键。支持龙头企业的发展，有助于促进现代农业建设和农民就业增收"[①]。

通辽市嘎达苏种畜场的乳制品小作坊已经发展了 20 年。在刚开始制作乳制品时，由于没有正规的加工房屋和缺乏设备，经常存在卫生质量差等问题，这不仅影响了奶食品的质量，还减少了牧民的收入。自 2007 年 9 月 15 日乳康乳业龙头企业投产运营到嘎达苏种畜场以来，极大地带动了该场区乳制品的经营生产。同时，乳康乳业作为通辽市嘎达苏种畜场招商引进的龙头企业，在乳制品生产经营上形成了规范有序、质量安全的标准，有助于增强乳制品小作坊产业的现代化发展，提高牧民的生活条件和意识观念，增加就业机会，促进了民族特色产业的持续发展。

三、生态旅游业的发展现状

旅游业是由社会文化发展而来的一种现象，它形成一个具有一定规模的市场，创造了商业机会（郭京福等，2006）。[②] 习近平总书记指出，"人与自然的关

① 国务院关于支持农业产业化龙头企业发展的意见［EB/OL］. 中华人民共和国中央人民政府网，http://www.gov.cn/zhengce/content/2012-03/08/content_2783.htm，2012-03-08.

② 郭京福，毛海军. 民族地区特色产业论［M］. 北京：民族出版社，2006.

系是最基本的关系，保护自然就是保护人类，建设生态文明是造福人类的发展理念，绿水青山就是金山银山"。通辽市嘎达苏种畜场结合这一发展理念，开发和发展了生态旅游业。生态环境是旅游业发展的决定因素。因此，该场拥有天然氧吧面积达3万亩的古榆林、8万亩山杏林、神话色彩的金厥山、地势平坦的大草原和丘陵、嘎达苏顺亩遗址、少年军校与红色长征路纪念馆、巨龙湾以及万鸭河等综合开发区，这些得天独厚的生态资源、文化遗址和人工建筑为嘎达苏的生态旅游业奠定了优越基础。

通辽市嘎达苏种畜场凭借自身的优越资源，致力于开发原生态旅游，一方面，依托优势试点打造原生态主题旅游；另一方面，开发一系列农家乐、农牧乐休闲旅游场所，为游客提供农牧民生产生活的体验。然而，据调查，该场在种畜业、养殖业和乳制品加工业上的发展趋势好，但在生态旅游业方面的发展并不那么明显。虽然红色长征路等景点收益不错，但每年在这些景点上的游客主要以由通辽市内参加军训的中学生为主。此外，为了保护该场的生态环境，政府部门实行了限制支持开发旅游景点的政策。

牧场E牧民说①：

我们这里的旅游景点开发得不行，都没人来投资，这里要是投资需要很多钱的。其实现在我们场子的生态环境整体上比别的地方好很多，以前我们这里的自然河水满满的，现在因自然环境被破坏水都快没了。除了少年军校和红色长征路等景点外，其他景点的建设不全。

从上述内容可以看出，嘎达苏种畜场在生态旅游业开发方面存在明显的问题，包括资金投入不足、旅游基础设施建设滞后、功能配套差以及管理机构不够健全等。因此，为了促进一二三产业的发展，有必要以自然生态旅游和民族传统旅游为重点，合理科学地配置嘎达苏旅游发展的各要素，提高发展生态旅游的态度和决心。

第三节　畜牧业市场化对牧民意识观念、社会关系及收支的影响

一、意识观念的变化

随着畜牧业市场化进程的推进，牧民对种畜养殖业和乳制品加工业的认可和

---

① 访谈对象：E某，36岁，初中学历；访谈时间：2021年7月22日；访谈地点：通辽市嘎达苏种畜场中心分场。

参与度不断加深。

第一，牧民们的发展观念发生了变化。在建场初期，种畜归属于国家。随着种畜承包给个人后，牲畜成为牧民经济生活的重要财产。场部专门技术人员也开始教导牧民养殖技术。随着牧民们养殖经验的积累和收益的获得，他们看到养殖奶牛对经济生活带来的好处。到 2003 年，一些牧民开始制作奶豆腐等奶制品，并开始寻找客源销售。由于牧民们养殖的奶牛头数不多，因此奶牛并不进行出售。随着时间的推移，越来越多的牧民开始养殖奶牛并制作奶制品。奶牛头数也从 1~3 头发展到 10~70 头，乳制品进入市场后也带来更多的收益。这不仅提高了牧民对畜牧养殖业及其产品的积极性，也增强了他们对畜牧业的信心。为了保障畜牧业的持续发展，牧民们对草原保护和管理的意识也越来越强。

第二，在畜牧业进入市场化的初期，牧民们普遍受教育程度较低，同时也缺乏对市场的了解，因此经常选择以较低的价格出售畜产品。随着时间的推移，牧民们逐渐认识到文化和交流在商业社会中的重要性。

据 M 户牧民说[1]：

我刚刚制作奶豆腐在寻找客源时，连续三年不太会说汉语。后来自己慢慢接触市场后，才会说汉语的。因为我们的客户里蒙汉族都有，只有会说、说明白产品特点才能让人家更信任我，才能卖出自己的产品。

因此，为了让子女获得更多的知识和汉文化，大多数嘎达苏种畜场的牧民选择将他们送到场内、本旗或市区的学校学习。这些牧民们拥有小汽车、送货车、挖掘机、电动三轮车等交通工具，并且交通便捷，因此送孩子上学已经成为一种普遍现象。

二、牧民之间的人际关系

随着通辽市嘎达苏种畜场中心分场牲畜养殖业和乳制品加工业的市场化，牧民之间的传统人际关系也发生了变化。文化不仅是人们行为状况最为综合的，也是最主要的体现形式，人们的社会关系是社会学、心理学、人类学研究的重要概念（阿拉坦宝力格，2013）。[2] 每个人的价值观念和观察事物的角度都不同。人们的社交关系也对他们的经济生活发展产生直接影响。

在嘎达苏中心分场，2003 年只有 2~3 家加工乳制品的厂家，到了 2007~2008 年，乳制品小作坊的数量逐渐增多。目前，嘎达苏中心分场已经拥有近 100 家传统奶食品小作坊。这些曾经从事加工乳制品的牧民向那些精通制作传统奶食

---

① 访谈对象：M 某，49 岁，小学学历；访谈时间：2021 年 7 月 24 日；访谈地点：通辽市嘎达苏种畜场中心分场。

② 阿拉坦宝力格. 游牧生态与市场经济［M］. 呼和浩特：内蒙古大学出版社，2013.

的人学习技术，牧民之间毫不犹豫地相互帮助。这体现了该场内牧民之间和睦关系的重要性，即"互助互惠、无私奉献"。

据该场 L 牧民说①：

畜牧业市场化之后，我们场的家家比以前都变得富裕了。每个家里啥都不缺。并且，都是从外地来的人，相互出现小摩擦的话都会睁一只眼闭一只眼过的。在销售乳制品时我们每个小作坊都有自己的客户群，客户们也根据乳制品的质量自己找来购买。所以，我们也不需要担心抢客户的问题，牧民之间的人际关系都挺好。

庆典仪式是该场牧民维护友谊和亲戚关系的一种方式。据调查得知，该场牧民通常会通过微信群通知其他牧民庆典日期，对于距离较远的亲戚，他们会通过电话告知。在庆典仪式上，现金礼物是常见的礼物。在畜牧业市场化之前，该场牧民随礼钱的数额通常为 100~200 元。而在市场化之后，这些牧民在升学宴、寿宴和婚礼上，即使与关系不是太亲密的人，也会随礼至少 500 元。如果是亲戚或朋友，他们通常会随礼 1000~2000 元。因此，可以看出该场牧民的生活水平明显提高，并且通过随礼来表达和维护彼此之间的亲密关系。

三、畜牧业市场化对牧民收支的影响

在畜牧业市场化之前，嘎达苏中心分场的牧民主要通过种植业、打工和养殖业维持生计。其中，种植业一直是牧民经济生活的一部分，主要种植玉米和绿豆等农作物，但绿豆的种植量最多。然而，由于当时市场上绿豆价格较低，每斤仅为 0.8 元，因此牧民年收益并不高。此外，他们也养殖少量奶牛，但每年种植的玉米基本上只能用于饲料，无法外销。为了增加收入，牧民们还通过被邻近的牧铺雇用去放羊或代收玉米挣钱。

接下来对 M 户 2003 年、2007 年、2014 年和 2021 年的数据进行家庭总收入和总支出的比较分析。

（一）M 户 2003 年家庭总收支情况分析

表 10-1 是 M 户家庭 2003 年的总收支情况。可以看出，M 户家庭的总收入为 21400 元，其中，种植业收入为 8000 元，打工收入为 4400 元，收割玉米收入为 9000 元。总支出为 6420 元，包括教育费用、电费、油费、日常生活费用和随礼费用等。净收入为 14980 元。M 户家庭的主要收入来源包括种植绿豆、打工报酬和收割玉米收入。经过计算，种地收入占总收入的 37%，收割玉米收入占42%，打工收入占 21%。在支出方面，主要包括教育学费、电费、油费、日常生

---

① 访谈对象：L 某，51 岁，小学学历；访谈时间：2021 年 8 月 2 日；访谈地点：通辽市嘎达苏种畜场中心分场。

活费用以及随礼费用等。具体来看，教育费用占总支出的 41%，电费和油费占 22%，日常生活消费占 14%，随礼支出占 23%。

表 10-1　2003 年 M 户家庭总收支情况

收入与支出	项目	金额（元）
收入	种植业收入	8000
	打工收入	4400
	收割玉米收入	9000
	总收入	21400
支出	教育费用	2620
	电费	400
	油费	1000
	日常生活费用	900
	随礼费用	1500
	总支出	6420
净收入	14980	

注：①打工收入为被雇用放羊的收入；②收割玉米收入指的是用机械收割玉米所得劳动收入；③此处教育费用指的是家庭中孩子用于幼儿园的学费、住宿费以及餐费的支出。

资料来源：笔者根据田野调查自行绘制所得。

另外 M 户牧民补充说①：

2003 年我们家绿豆长得很好，绿豆价也可以。所以我们田地生长与往年比挣了不少钱。再加上为了还债，我们夫妇俩去邻近的牧铺打工，并且省吃俭用，一年去除日常费用和女儿的学费，还剩一点钱，用剩下的钱还一些债务。

可以看出，在畜牧业市场化以前，该地牧民主要通过农业种植和机器收割劳动来维持生计。年收入主要依靠种植业和机械收割所得。在生活消费方面，随礼费用、家庭教育费用和机械使用费用占据了主要部分，这说明该地牧民人情往来传统比较浓厚。此外，牧民非常重视家庭教育，对其投入资金力度也很大。

（二）M 户 2007 年家庭总收支情况分析

表 10-2 是 M 户 2007 年家庭总收支情况，其中列出了家庭的收入和支出项目及其金额。可知，M 户 2007 年的总收入为 38000 元，其中，来自整牛销售收入为 18000 元，来自乳制品销售收入为 20000 元。M 户 2007 年的总支出为 16990

---

① 访谈对象：M 某，49 岁，小学学历；访谈时间：2021 年 7 月 24 日；访谈地点：通辽市嘎达苏种畜场中心分场。

元，其中，教育费用为 3600 元，电费为 700 元，油费为 1800 元，日常生活费用
为 200 元，随礼费用为 3500 元，饲草料费用为 5090 元。因此，M 户 2007 年的
净收入为 21010 元。根据计算，整牛销售收入占全年收入的 47%，乳制品销售收
入占 53%。在全年支出中，饲草料费用占 31%，教育费用占 21%，礼金占 20%，
电和油费占 15%，日常生活费用占 13%。

表 10-2　M 户 2007 年家庭总收支情况

收入与支出	项目	金额（元）
收入	整牛销售收入	18000
	乳制品销售收入	20000
	总收入	38000
支出	教育费用	3600
	电费	700
	油费	1800
	日常生活费用	200
	随礼费用	3500
	饲草料费用	5090
	总支出	16990
净收入	21010	

资料来源：笔者根据田野调查自行绘制所得。

自 2007 年以后，当地畜牧业市场化普遍推行，牧民开始以养殖业和乳制品加
工业为主要经济来源，开始销售活牛和乳制品获得盈利，奶食品加工的收入已经成
为养殖奶牛的收益。种植业转变为养殖而种植，饲草料支出成为最主要费用，这表
明奶牛养殖和奶食品加工已经成为该地牧民的生活核心。然而，由于奶食品加工规
模较小，家庭对奶牛的依赖比较大，因此整牛销售所占比例相对较低。

（三）M 户 2014 年家庭总收支情况分析

表 10-3 是 2014 年 M 户家庭的总收支情况。该表分为收入和支出两部分。
收入部分包括整牛销售收入和乳制品销售收入，总收入为 118000 元。支出部分
包括教育费用、电费、油费、日常生活费用、随礼费用和饲草料费用，总支出为
71360 元。净收入为 46640 元。

由表 10-3 可以看出，该家庭的收入主要依靠畜牧业，而支出主要是生活费
用和饲草料费用，生活水平较为简朴。同时，该家庭的净收入较为可观，说明畜
牧业在该地区是一个具有潜力的行业。

表 10-3 2014 年 M 户家庭总收支情况

收入与支出	项目	金额（元）
收入	整牛销售收入	108000
	乳制品销售收入	100000
	总收入	118000
支出	教育费用	7800
	电费	1000
	油费	4000
	日常生活费用	21460
	随礼费用	5000
	饲草料费用	32100
	总支出	71360
净收入	46640	

注：乳制品销售收入主要以奶豆腐和乌如木为主。

资料来源：笔者根据田野调查自行绘制所得。

（四）M 户 2021 年家庭总收支情况分析

表 10-4 是 2021 年 M 户家庭的总收支情况。该表同样分为收入和支出两部分。收入部分包括整牛销售收入和乳制品销售收入，总收入为 916000 元。支出部分包括雇工费用、电费、油费、日常生活费用、随礼费用和饲草料费用，总支出为 334500 元。净收入为 581500 元。

表 10-4 2021 年 M 户家庭总收支情况

收入与支出	项目	金额（元）
收入	整牛销售收入	616000
	乳制品销售收入	300000
	总收入	916000
支出	雇工费用	70000
	电费	2300
	油费	7500
	日常生活费用	54700
	随礼费用	20000
	饲草料费用	180000
	总支出	334500
净收入	581500	

资料来源：笔者根据田野调查自行绘制所得。

可以发现，该家庭的收入同样来自于畜牧业，其中整牛销售收入为 616000 元，占总收入的 67.3%。乳制品销售收入为 300000 元，占总收入的 32.7%。该家庭的支出主要是饲草料费用和随礼费用，其中饲草料费用为 180000 元，占总支出的 53.7%。

通过表 10-4 可以看出，该家庭的收入依旧主要依靠畜牧业，而支出中饲草料费用和随礼费用的比重较大，说明该家庭在扩大畜牧规模的同时，也承担了一定的社会责任。

随着畜牧业市场化进程的不断深入，该牧户的规模不断扩展，牧民对奶牛的依赖程度逐渐降低。奶牛养殖以及销售已经成为该牧户的主要收入来源，而乳制品加工则成为次要收入来源。与此同时，饲草料支出首次超过年度支出的一半，成为该牧户的最主要支出来源。

（五）M 户四年的收支与纯收入比较分析

为了更清晰和直观地比较 M 户四年的收支情况，本章将通过绘制 M 户四年的总收入对比图、总支出对比图以及纯收入对比图来进行分析。

1. M 户不同四年的收入对比

从表 10-5 可以得知，在畜产品市场化以前，M 户的经济收益微小。自 2007 年以后，M 户的收入开始大幅度上升，较 2003 年增长了 1.75 倍。2014 年的年收入较 2007 年增长了 3.1 倍，2021 年的年收入较 2014 年增长了 7.7 倍。如果较 2003 年，2021 年的年收入增加到了惊人的 42 倍。

表 10-5　M 户 2003 年、2007 年、2014 年、2021 年的收入对比　　单位：元

收入来源	2003 年	2007 年	2014 年	2021 年
销售牛	0	18000	108000	616000
销售乳制品	0	20000	100000	300000
种植绿豆	8000	0	0	0
打工	4400	0	0	0
收割玉米	9000	0	0	0
总收入	21400	38000	118000	916000

资料来源：笔者根据田野调查自行绘制所得。

可以看出，自 2007 年后，该地牧户的年收入一直呈大幅增长趋势，尤其是 2014 年后，增长势头更加明显。从整牛销售的增长来看，整牛销售收入逐渐增长，在 2014 年开始超过奶食品加工收入，并且在 2021 年已经远高于奶食品加工收入。奶食品加工也经历了由无到有，并逐渐成为重要的产业。

2. M 户不同年份的支出对比

表 10-6 可以得知，在畜牧业市场化以前，该户牧民尚未进行种畜养殖以及奶食品加工，因此饲草料费用并未出现。自 2007 年以后，家庭年度支出主要以饲草料和日常生活费用为主，并且在 2021 年饲草料费用成为最主要的年度支出费用，说明牲畜养殖已经成为核心产业。值得注意的是，自 2014 年以后，雇工费用开始大幅上涨，这说明随着牧民养殖规模的扩大、劳动力成本的上升以及家庭的有限劳动力，牧民的经营理念也开始转变，雇佣经营开始出现并逐渐推行。

表 10-6　M 户 2003 年、2007 年、2014 年、2021 年的支出对比　　单位：元

支出	2003 年	2007 年	2014 年	2021 年
日常生活费用	900	2300	21460	54700
随礼费用	1500	3500	5000	20000
饲草料费用	0	5090	32100	180000
雇工费用	0	0	0	70000
供学生费用	2620	3600	7800	0
电费	400	700	1000	2300
油费	1000	1800	4000	7500
总支出	6420	16990	71360	334500

资料来源：笔者根据田野调查自行绘制所得。

3. M 户不同年份的收支和纯利润对比

图 10-5 可知，畜牧业市场化前后，牧民的生产、生活和经营方式发生了很大的改变。2003 年，牧民主要通过种地、打工和收割玉米的劳动收入来维持生计。当时的年收入微薄，支出也有限。2007 年，当地大多数牧民开始以牲畜养殖和乳制品加工为主要生计方式，年度收支、支出以及净收入都有所改观。2014 年后，牧民的收入大幅上涨，至 2021 年，牧民的年收入增长迅猛。通过以上图表分析可以看出，乡村振兴战略的实施促进了嘎达苏中心分场的种植业、牧畜养殖业、乳制品加工业以及生态旅游业等一二三产业的产生和发展。牧民们通过加工畜产品进行销售，有效地提高了他们的经济生活。当畜牧产品进入市场后，牧民对畜牧经济持续发展的观念变得更加坚定了。在各种庆典仪式上，牧民们送的贺礼一年比一年高，他们的"互惠互利"观念和人际关系也受到了更多经济方面的影响。在畜牧业市场化后，牧民的收支也随之大幅变化，他们的经济生活越来越富裕。

（元）

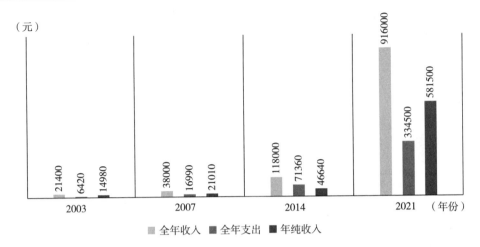

图 10-5　M 户 2003 年、2007 年、2014 年、2021 年收支和纯利润对比

资料来源：笔者根据田野调查自行绘制所得。

第十一章　畜牧业市场化分析

文化和生态环境因素在通辽市嘎达苏种畜场畜牧业的发展和市场化中扮演着重要的角色。换言之，畜牧业的发展和市场化不能脱离文化因素，而不同的环境因素也会影响该产业的持续发展。作为该场的特色文化产业，畜牧业的发展与当地文化和生态环境密切相关。在畜牧业的发展和市场化过程中，文化和生态环境相互影响、相互关联。因此，本章从文化和生态环境的角度分析畜牧业的市场化，指出在经济市场化的发展中文化和生态环境的相互结合是畜牧业及市场化持续发展的关键。

第一节　文化视野下的畜牧业市场化分析

"文化"一词源于拉丁文"culture"，在19世纪50年代随着民族学和人类学的兴起而得以发展。泰勒在《原始文化》中首次提出文化的概念，他认为文化是社会成员所习得的知识、信仰、艺术、道德、法律习俗等能力和习惯的复合体（林耀华，1997）。[1] 因此，畜牧业的生产和发展过程也与人类文化知识密不可分。2021年5月16日，在习近平总书记视察山西省并对文化建设状况进行两次考察时，他提出"文化是一个国家，是一个民族的灵魂，文化兴国运兴，文化强民族强"[2] 的观点。这句话凸显了文化对于国家和民族发展的重要性。同时，通辽市嘎达苏种畜场的民族特色文化为当地特色产业的发展提供了优质资源，并通过民族特色文化产业的市场化为当地牧民的经济生活带来了良好的带动作用。

---

[1]　林耀华. 民族学通论［M］. 北京：中央民族大学出版社，1997.

[2]　李婷婷. 坚定文化自信，建设文化强省［N］. 吕梁日报，2021-05-17.

一、文化因素对畜牧业市场化的深层作用

在通辽市嘎达苏种畜场，文化因素是推动畜牧业发展的一个重要因素。对于当地牧民而言，种畜养殖业和乳制品加工业是主要的经济来源，也是本地特色产业，其生计与生活本身就是一种文化现象。本章将分析牧畜饲养文化、生活文化以及人际关系和政策导向对畜牧业市场化的作用三个方面。

第一，就牧畜饲养文化对畜牧业市场化的作用而言，嘎达苏种畜场在当地拥有优质的草场资源和适宜的气候环境，使牛羊养殖传统得以保留并不断发展。畜养品种也由原本的本地黄牛和山羊或绵羊，转变为乳肉兼用型的西门塔尔牛和科尔沁型细毛羊，这是畜牧传统文化的继承和发展。种畜养殖与奶食品的制作和加工密不可分，从自给自足的生活必需品转变为交换和贸易的经济文化产品。随着畜牧业市场化的推进，种畜养殖规模扩大和产业体系的不断成熟，促进了当地牧民对畜牧业市场化、商业化、产业化和组织化的新认识。同时，也改变了当地牧民的生活观念，从代际财富积累转变为享受型、发展型和消费型生活。值得注意的是，随着畜牧业市场化的进程加速，农作物种植业的比例逐渐下降，最终成为畜牧业的依附产业，只提供畜草和养殖饲料。

第二，就生活文化对畜牧业市场化的作用而言，虽然该地畜牧放养与种畜养殖历史悠久，但生活文化对畜牧业市场化的作用不容忽视。以家庭为单位的奶食品生产、种畜养殖及繁育，受到当地牧民救灾互助传统和国营牧场时期集体化作业的生产与生活经验的影响。在这种影响下，牧民形成了男女分工协作、互帮互助的文化传统，这种文化传统在家庭内部和家庭之间得以延续。特别是在牧场初建时，外地移民本土化进程中，互相结交、组建家庭成为共同生存与生活的重要手段，因此当地的牧民对于家庭单位和帮扶外来户的理解与认识突破了传统农业社会中的熟人范围或者纯牧区社会中的应急式联谊，发展出了多元共荣、共同进步的家庭观念与集体意识。因此，在进行奶食品加工或者种畜养殖时，"小家庭"与"大集体"的观念共同塑造了以家庭为核心的奶食品手工作坊与家庭种畜养殖的散户经营模式。

第三，就人际关系和政策导向的角度而言，在国营牧场时期，由于大队和社员的集体劳动体制，不同民族和生产生活方式的人们得以相互接触和交融，形成了一种集体经营的记忆文化。这种文化的最大特点是包容性、非竞争性和集体扶持性。在这种影响下，该地区的畜牧业市场化发展主要依靠家庭之间的熟人介绍和熟人圈子。同时，由于家庭手工作坊和畜牧养殖制作工艺、产量限制以及原材料供给距离等因素的限制，该地区的生产和销售模式不同于机械化、规模化和量产的企业市场化，而是采取了一种去中心化、分散式的散点式作坊发展模式，即

"多重熟人圈"和"散户手工作坊以及奶牛养殖"的发展道路。

二、文化特色产品对畜牧业市场化的关键作用

嘎达苏种畜场的各手工作坊加工的乳制品，以及细毛羊（科尔沁型）和乳肉兼用的西门塔尔奶牛是该地区的文化特色产品。这些文化特色产品的建立、经营和发展，促进了当地畜牧业市场化进程的加速，包括奶食品加工和种畜养殖的加工模式的传播、畜牧经济的供求体系以及产品品牌的建立等方面。

从奶食品制作和种畜养殖的加工模式传播对畜牧业市场化的作用来看，嘎达苏种畜场的牧民不仅在本地进行传播与宣传，其他外地牧区也前来学习其优质的种畜和奶食品加工技术。此外，嘎达苏种畜场对外出售种畜，为其他加工模式传播地方的奶食品和肉制品加工提供了奶源和肉品供应的支撑和促进作用。而随着其他地方奶食品加工体系和种畜养殖规模的扩展，还会产生一种"集聚效应"。在产品认同和市场认同的前提下，无论是消费市场还是负责产品供应的嘎达苏种畜场，都进一步增强其产品自信和销售市场的稳定性，从而强力地推动当地以及加工模式传播地区的畜牧业市场化。

从畜牧经济供求体系对畜牧业市场化的作用来看，通过文化特色产品加工模式的传播，消费者对奶产品和肉制品的消费意识开始改变。同时，消费者对健康和品质的追求也在进一步促进当地牧民的奶食品技术和种畜养殖的改进。这最终又促进了当地和其他地方的畜牧业市场化进程。

从产品品牌建立对畜牧业市场化的作用来看，各奶食品手工作坊通过以自己的店铺命名，依靠共同的销售网络和各自的销售渠道，在消费市场逐步建立了品质和品牌的信誉和知名度。同时，优质种畜的外售也提高了种畜及其加工产品的市场竞争力并扩展了销售网络，最终形成牧民、种畜、奶食品和市场之间的良性循环和经济互动。这进一步推动了当地种畜和奶食品的品牌效应和嘎达苏种畜场的市场知名度，最终促进当地和加工模式传播地区的畜牧业市场化进程。

三、文化旅游的附加需求对畜牧业市场的推动作用

虽然目前旅游业受到生态、政策导向和资金制约，开发和维护力度有限，该地仅有、红色长征路等景点的市场带动作用比较有限，且主要吸引中学生。但作为文化旅游和产业，它对当地奶食品和种畜的推广以及畜牧业市场化具有直接的带动和宣传作用。旅游者通过实地体验该地优美的自然环境、种畜以及肉奶食品，嘎达苏种畜场的销售市场范围和品牌推广将会得到进一步提升。如果未来能够合理开发，将能够大大促进该地畜牧业市场化层次、规模以及周边服务产业的发展。

第二节 生态视角下的畜牧业市场化分析

在畜牧业的发展和市场化进程中，单纯依靠文化因素是不可行的。如果仅仅倡导传统文化，畜牧业的发展容易形成无序地乱放乱养，难以形成稳定供需关系的市场。因此，畜牧业的市场化应该基于当地的传统文化资源，并结合当地生态环境状况适当推进。下面从自然环境和人文环境两方面对畜牧业市场化进行分析。

一、自然环境对畜牧业市场化的影响

受温带大陆性气候影响，该地光热资源与草植物生产周期匹配，但降水主要集中在夏季的 7~8 月，加之河流等水资源遭到破坏，使该地所面临的旱灾和雪灾比较严重。因此，如何维持草场生态与畜牧业市场化的平衡一直是该地的发展重点。

从种畜品种策略来看，该地选择以保护国家公育林、保持基本打草牧场、建设人工草场、种植青贮和玉米等策略，以及"减羊增牛"的养殖结构调整策略来实现农牧业发展方式的转变。同时，种植和养殖结构的调整也促使该地以鲜奶加工和优质种畜培养的畜牧业市场化为主要发展方向。奶制品加工依托自家所养的牲畜和鲜奶进行生产，但产品规模受奶源数量和家庭劳动力水平的制约。同时，种畜养殖数量也受草料供应和奶制品需求的制约。

因此，自然环境和草场生态对当地的畜牧业市场化影响直接且巨大。现有的家庭奶制品手工作坊和种畜养殖是基于当地生态进行产业结构调整后的结果。

二、人文环境对畜牧业市场化的影响

从生产技术和产业环境对畜牧业市场化的影响来看，该地目前的奶食品加工经验和技术基本上仍然延续原有的传统技艺，因此具有典型的重人工和小家庭特色。畜牧业的发展也仍然以家庭为基础进行奶食品加工和种畜养殖，而种畜的专业培育则由嘎达苏种畜场负责，实现了培育和养殖的分离。由于这种基于家庭的生产模式，该地大型企业数量不多，目前仅有两家：一家以奶食品加工为主，另一家以肉制品加工为主。在畜牧产品、生产技术和消费市场的共同影响下，形成该地以多个家庭奶食品店为主、以重点企业为带动、以场部为技术支撑的独特畜牧业市场化模式（见图 11-1）。

图 11-1　该场莲祥奶食品店内环境及奶食品制作状况
资料来源：2022 年度内蒙古"十大美味奶食品商家"评选活动。

从牧民社会环境对畜牧业市场化的影响来看，嘎达苏种畜场的牧民普遍持有"安乐自足"和"互帮互助"的心态，注重彼此的沟通和交往，而不是追求无限逐利、竞争激烈和资本扩张的大型商业化道路。此外，牧民从事奶食品加工和种畜养殖，一方面可以解决生计问题，另一方面也有利于自身和家庭的发展。因此，家庭作坊式的奶食品店和个体舍饲养殖业成为主流，进一步影响了该地的畜牧业市场化进程。

第三节　文化生态学理论下畜牧业市场化的可持续发展

通辽市嘎达苏种畜场畜牧业的发展与当地的文化和生态环境密切相关。只有畜牧业市场化、文化和生态环境三者协调发展，才能保证当地产业的市场化持续健康发展。基于文化生态学理论，地理环境、文化和文化生态的历史演变是相互影响、相互作用的。因此，本章将从地理环境、文化和生态系统的历史演变对嘎达苏种畜场畜牧业市场化可持续发展的影响进行分析。

一、地理环境对文化和文化生态系统的影响

不同的地理环境塑造了不同的区域文化和生态文化系统，同时也制约着区域文化的转型和生态文化系统的转变。就嘎达苏种畜场而言，该地拥有丰富的牧草和光热资源，但年降水分布不均，河湖资源也紧缺。这样的地理环境促进了该地牲畜养殖传统和畜牧与奶食品文化的诞生。丰富的草场和自然环境也是国营牧场建立的重要原因，促进了集中经营、互帮互助的牲畜饲养文化和群居畜牧文化的形成。基于该地牧草丰富的地理环境和定居经营的畜牧文化，"自给自足"和"自产自销"的家庭畜牧系统以及畜牧业市场体系得以形成。然而，脆弱的草场生态和多旱多雪灾的气候特点，使该地畜牧养殖和奶食品加工的小家庭经营文化难以突破劳动密集、盈利自足和熟人销售的商业文化模式。这也使该地的畜牧业市场体系逐渐以家庭手工作坊为主，而难以扩大生产规模，成为专业化和机械化的奶食企业。

二、文化对地理环境和文化生态系统的映射

不同的地理环境孕育不同的文化，而这些文化通过对文化生态系统的映射，影响到地理环境和文化生态系统。以嘎达苏种畜场的畜牧业市场化的可持续发展为例，畜种养殖和奶食品文化促进了草场和水资源的开发利用，优质畜种的培育和奶食品的加工，促进了畜牧业市场的发展。同时，集中经营、互帮互助的牧畜饲养文化和群居畜牧文化的形成，促进了草场承包和农业种植用地的建设，以及以种畜场为技术指导、家庭奶食品店为核心、龙头企业为带动的畜牧业市场体系的形成。然而，该地以家庭为单位的畜种养殖和奶食品文化也制约了公共草场（见图11-2）的过载放牧、产业规模的扩大、产品品牌的建立、肉制品加工的匮

乏、奶源供应与奶食品加工的分离，以及产品的加工创新。

图 11-2　公共草场一角

资料来源：笔者拍摄于 2021 年 7 月 22 日。

三、文化生态系统的历史演进与困境

传统的可持续发展理论追求生态环境建设和经济发展的稳定协调，但忽略了文化在产业发展中的作用。现代的可持续发展理论则强调生态环境、经济、社会和文化的多重结合。因此，畜牧业市场化的现代化持续发展必须建立在创新型的文化环境、生态环境和社会环境协调的基础上。对于畜牧业市场化的文化生态系统的关注，有助于让人们更好地理解该地基于自然环境、文化和生态系统形成的文化生态系统以及发展所面临的困境。

自从普遍推行奶食品加工和优质种畜饲养以来，嘎达苏种畜场的文化生态系统受牧场等自然资源开发和定居畜牧文化、家庭经营和集体帮扶等文化影响，由自给自足型、熟人销售以及自主经营逐渐变为政府指导下的发展享受型、多渠道销售的自主经营阶段。然而，随着畜牧业市场化进程的推进，相继暴露草场载畜量有限、家庭劳动力不足、商业拓展和品牌意识不强、产品和产业链深加工欠缺等困境。主要体现在以下三个方面：

（1）从地理与生态对畜牧业市场化的影响来看，该地的生态环境脆弱，草场生态容易受到影响，气候多旱多雪，这使该地的畜牧养殖与奶食品加工模式难以突破小家庭经营与熟人销售的商业文化模式。同时，由于该地的畜牧业市场体系以家庭手工作坊为主，扩大生产规模成为专业化与机械化的奶食企业也难以实现。此外，奶食品加工依赖于自家牲畜的奶牛进行生产，产品规模受种畜养殖数

量和家庭劳动力水平的制约，而种畜养殖数量和家庭劳动力水平又受草料供应和奶食品需求的制约。

（2）从文化对畜牧业市场化的影响来看，该地原有的畜牧文化与农业定居文化奠定了当地牧民从事小家庭奶食品加工与种畜养殖的生活与消费心理基础。这种模式一方面解决了生计问题，另一方面也解决了自我和家庭的发展问题。然而，随着家庭作坊式的奶食品店与个体舍饲养殖业的推广以及奶食品消费市场的增长，受小家庭的"自足"心理、购买车房的投资心理和家庭经营继承者教育不重视等因素的影响，该地的畜牧业市场化进程难以进一步扩大再生产并面临经营断代的风险。

（3）从文化生态系统对畜牧业市场化的影响来看，该地形成了以种畜场为技术指导、家庭食品店为核心、龙头企业为带动的畜牧业市场体系。在这个畜牧业市场体系中，牧民的生产、生活和消费观念都发生了变化，奶食品加工和畜种养殖进一步促进了健康奶食文化和"生态优先、绿色发展"畜牧经营理念的推广和实施。这种畜牧业市场体系在草场建设、畜牧业市场规模的增长以及奶食品加工和消费的社会认同等方面发挥了重要作用。然而，以家庭为生产单位的畜种养殖和奶食品文化未能完全释放生产力，制约了公共草场的利用率、再生产规模的扩大、产品品牌的建立、肉制品加工的匮乏以及产品的加工创新。

尽管嘎达苏种畜场仍面临上述困境，但我们也应该看到，在畜牧业市场化开拓方面，该地没有盲目走上机械化、规模化和量产的企业市场化道路，而是走出了一条"多重熟人圈""扩散式手工作坊"以及"散户奶牛养殖"的去中心化的散点式作坊发展道路。由于受草场载畜量、制作工艺与养殖技术、奶源控制以及运输成本等因素的限制，该地的家庭奶食品作坊并未完全释放其生产能力。但这并不意味着家庭生产作坊是制约畜牧业市场化问题的根源，而是需要在进一步维护草畜平衡的基础上，进一步改造家庭奶食品加工业，以提升加工效率、加工深度和品牌影响力，以期打造一批奶食品精品品牌和产品。通过推进对自然生态和种畜放养的平衡、社会文化和经济发展的协调，以及自然生态和社会文化的匹配的和谐统一，可以更深层次地推进当地畜牧业市场化的综合发展。

在本章中，笔者主要运用文化生态学理论分析畜牧业市场化，并分析文化、地理环境和文化生态系统三者之间的关系。最后，笔者阐述了畜牧业市场化要在文化和生态环境的基础上推进，才能促进当地产业的持续发展。

第十二章　畜牧业市场化中存在的问题及对策

第一节　畜牧业市场化中存在的问题

一、销售渠道单一

为了实现畜牧业市场化的持续发展，必须建立良好的销售渠道。目前，该种畜场的产品销售渠道并不充分发展，主要以线下实体直销为主。奶牛则主要通过外地牛贩子、该养殖场内人直接收购或作为中介进行销售，而乳制品的销售则是消费者通过微信群联系奶食品店进行购买。虽然牧民们认为线下销售方便，但由于对互联网的了解程度不够，他们不太擅长在线上运营。虽然线下销售也有一定的顾客量和收入，但对于牧民而言，线上销售总收益贡献有限，而且需要投入较多人力和时间成本。如果不扩大市场范围，总是在小群体市场里销售，那么就很难进一步提高畜产品的销售量，牧民的收入增长也会变得缓慢。此外，牧民对互联网的信任度较低。在现代化时代，政府和龙头企业应该带领牧民增加畜产品的销售渠道，特别是线上销售的培训和实践。增加线上销售渠道、提高交易量和扩大销售范围既能增加牧民的收益，也有利于民族特色文化产业的传播。通辽市嘎达苏种畜场的牧民们应该积极扩展线上销售模式，促进畜牧业市场化运作的多元发展。

二、产品销售种类少、再生产意愿弱

蒙古族拥有丰富的奶食品种，包括奶油、白油、黄油、酸油、奶豆腐、查

干·呼如惕、奶酪干、初日阿、酸奶酪、奶皮、图惕等多种（敖其，2017）。[①]通辽市嘎达苏种畜场的手工作坊主要加工奶豆腐、奶皮子和黄油。牧民的内生动力与畜产品的研发和品牌化发展密切相关。在访谈中发现，部分奶食品加工户认为制作奶豆腐费力，因此改做奶皮子或黄油。在初始阶段，牧民的主打产品主要是奶豆腐、奶皮子和黄油。此外，该场传统手工作坊的奶食品品种少，缺乏品牌建设意识。奶食品种类的多样性反映了牧民的创新和生产力。奶食品的品牌化决定了消费者的关注度，提高了产品的市场竞争力，同时也增强了牧民的创收能力。因此，通辽市嘎达苏种畜场需要注重畜产品种类的创新和商标注册，通过品牌化的方式来振兴产业，打造出一流的本地特色品牌。

三、文化教育水平低

意识观念和综合素质是文化水平的重要体现。文化教育是国家发展和个人进步的重要基石。同样地，畜牧业专业人才在地区产业市场化进程中也扮演着重要角色。注重人才培养和建设不仅能促进市场特征的调查和了解，还能提高奶畜产品的生产质量和增加产品种类。在嘎达苏种畜场，受教育程度最高的从业者首先是高中学历，其次是初中和小学学历。这表明当地奶食品从业者的文化教育水平普遍较低，反映出牧民对经济市场的了解不够深入、对该场的历史文化认识不够全面以及相关专业人才的缺乏。

为了提高该场的市场竞争力，嘎达苏种畜场已经设立了专业的配育种畜技术站和专业兽医员。尽管牧民们在牲畜饲养和奶食品加工方面已经积累了一定经验，但他们在疾病诊治、畜种优育等方面仍然表现出专业素养不足。此外，该场还缺乏专业指导奶食品加工的相关人才。这使该场的牧民只能基于以往的生产经验和销售模式来应对奶畜产品市场的变化。但长期下来，这样做很难进一步扩大该场的市场知名度和份额。因此，该场应该逐步提高从业者的文化水平和技能水平，以更好地适应畜牧市场的变化并提高畜牧业的市场化水平。

四、缺乏传承传统手工艺人员

传统工艺的传承是乡村文化创新与创造性转化的基础。目前，在嘎达苏种畜场，牧民之间多以亲属之间传承交流为主，特别是在奶食品加工技艺方面。然而，据调查发现，多数从事奶食品加工的人认为他们的后代将在城市生活或从事国家正式工作，因此很有可能对这类工作不太感兴趣，导致传统技艺遭遇后继无人的困境。此外，亲属之间的传承不利于年青一代的继承，也会限制对传统技艺

---

① 敖其. 蒙古族传统物质文化［M］. 呼和浩特：内蒙古大学出版社，2017.

感兴趣的人的学习和交流。因此，需要采取措施，促进传统技艺的传承和创新。

五、精准宣传力度不够

由于宣传费用有限、对当前畜牧业市场化的自我满足以及当地政府在畜产品宣传上的重视度不足，嘎达苏种畜场牧民奶食品手工作坊的民族特色产业的生产和发展状况无法得到更多外地消费者的关注。此外，奶食品加工业的产业文化报道仅局限于内蒙古某些传统的电视媒体上，未能在快手、抖音、淘宝等互联网新兴媒介上进行宣传，导致当地产品市场化和宣传受到很大的限制，缺乏外界的关注度。作为内蒙古绿色奶食品之乡和国家级重点种畜场，嘎达苏种畜场需要加强特色产业文化品牌的宣传力度，制定相关产业持续发展的方针和路线，以推动该地区民族特色产业的繁荣发展。

第二节　乡村振兴战略下畜牧业市场化进程的对策与建议

一、积极开拓外部资源，持续促进产业振兴

习近平总书记在 2020 年 7 月 21 日主持召开企业家座谈会时提出了激发市场主体活力的关键词。总书记强调，要打造市场化、国际化的营商环境，全面实施市场准入负面清单制度，支持企业更好地参与市场合作和竞争，放宽市场准入、推动贸易和投资便利化，并高度重视个体工商户的发展。[1]

首先，嘎达苏种畜场的畜牧业市场发展比较落后，尤其是奶食品加工业的销售渠道一直保持原来的小范围市场圈子。因此，为了实现畜牧业市场的稳步持续发展，嘎达苏种畜场需要结合激发市场主体活力，坚持以培育一批小而精、小而优、小而强的民族传统特色奶食品加工坊为目标，加大民族传统奶食品加工业"增品类、提品质、创品牌"的推进力度。同时，可以通过鼓励奶食品手工作坊和牲畜饲养家庭拓宽销售渠道，充分利用电商平台，开展网红直播带货，扩大销售规模。进一步发挥试点示范作用，营造民族传统奶食品产业发展的良好氛围，实现奶业振兴和种畜养殖业振兴。

其次，嘎达苏种畜场可以引导民族传统奶食品手工作坊申请注册商标和使用

---

① 习近平：在企业家座谈会上的讲话［EB/OL］．光明时政网．［2020 - 07 - 21］．https：//politics. gmw. cn/2020 - 07/22/content_ 34015622. htm.

地理标志专用标识，打造区域公用品牌，提高民族传统奶食品市场竞争力，助力牧民群众增收。

最后，嘎达苏种畜场可以通过推动畜牧业市场化的产业结合，增强民族特色文化的推广力度。建议在保护好生态环境和结合当地文化特色的基础上，合理开发生态旅游业。可以借鉴国内其他地区的畜牧业和生态旅游业的融合发展经验，打造以自然原生态旅游业和民族传统旅游为重点的生态生产与服务业，吸引更多游客前来参观。同时，嘎达苏种畜场还可推广地区特色文化产品，促进当地生态旅游业和畜牧业的结合发展，带动当地经济振兴、生活富裕以及解决职工群众的发展问题。

二、加强专业人才培育，推动人才振兴

由于通辽市嘎达苏种畜场实行"生态优先，绿色发展"的产业发展道路，因此在产品研发、技术创新以及管理方面急需专业技术人才和高水平创新团队。为此，当地政府应结合种畜场的目前状况，积极引进应用型人才，提升创新型、技能型人才自主培育能力。同时，政府应鼓励开发研究高端产品，发挥龙头企业对该场畜牧业的带动作用。

此外，嘎达苏种畜场可以立足当地资源优势，建设特色鲜明的优势产区。以奶牛核心群饲养和民族传统奶食品加工这两大产业为基础，吸纳人才、招贤纳士，为畜牧业的发展及其市场化提供专业技术人才支持。通过建立创新团队和技术研发平台，提升产业技术水平，推动畜牧业的可持续发展。

三、加强牧民文化教育和文化遗产的传承、推进文化振兴

针对嘎达苏种畜场牧民群体中普遍受教育程度较低、对该场历史和国家政策方针理解不深的情况，当地政府及有关部门应加强对牧民群众的思想政治知识教育，使其深入了解新时代中国特色社会主义思想、社会主义发展史等，并引导其树立民族特色文化和特色产业同步发展的理念。对于那些符合市场化发展要求的牧民群众，有关管理部门应积极指导他们，正确贯彻落实乡村振兴战略的总要求，提高他们的独立经营能力和市场规范经营意识。

在保护和传承民族传统文化方面，中央一号文件已经指出具体要求，即划定乡村建设的历史文化保护线，保护好文物古迹、民族村寨等，并汲取城市文明及外来文化优秀成果，在保护传承的基础上创造性转化、创新性发展（林峰，2018）。① 嘎达苏种畜场缺乏民族特色奶食品加工的继承人员。为了持续发展奶

---

① 林峰.乡村振兴战略规划与实施［M］.北京：中国农业出版社，2018.

食品加工业，必须在保护和传承传统手工艺的基础上创新相关技术，才能更好地发展该场的民族特色产业。因此，当地政府应鼓励和指导该场牧民开展"传统手工艺学徒培训班"，提高该场及邻近地区的参与意识，引领学习畜产品加工技艺和保护传统手工艺的风气。

四、保持加强生态文明建设战略定力、推动发展绿色转型

2021年11月27日，中共内蒙古自治区第十一次代表大会报告的主题是"坚定不移以生态优先绿色发展为导向的高质量发展路子"。报告强调，必须以生态优先绿色发展为导向，开创高质量发展的新路子。传统发展模式已难以为继，老路子不能再走下去，这不仅违背生态环境的要求，也得不到人民群众的支持。[①]鉴于嘎达苏种畜场曾因自然灾害和人为破坏而导致当地生态环境受到一定程度的破坏，政府应加强管理措施。应坚持"绿水青山就是金山银山"的理念，加强整个场子的生态环境保护。在此基础上，推动嘎达苏种畜场全方位、全领域的绿色生产发展方式，实现协调发展。

首先，嘎达苏种畜场在生态环境保护方面表现得比较出色，人们已自觉行动起来，种树、种草、保护生态环境。然而，该场自然条件并不理想，缺水和雪灾等因素严重制约了草原畜牧业的持续稳定发展。因此，嘎达苏种畜场应在保护生态环境的基础上，开展深度节水控水行动，促进农业节水增效，严格控制高水耗种植业。应推广粪污资源化利用，加强对土地用途的管控，并采用节地技术。

其次，应禁止在草原上乱采滥挖和乱开发矿产工业，加大退牧还草力度，防治草原和林业有害生物，实施草原生态保护补助和奖励政策，并完善草畜平衡发展。

最后，应治理环境污染，改善环境质量。要加强管理该场的生活垃圾和污水排放，并实施环境整治工程，包括清理垃圾、路障、柴垛，改善路面、水源、炊事和卫生设施，同时综合整治村容村貌和环境卫生。

结　论

畜牧业发展与草场平衡是牧区发展的核心问题，也是实现牧区人民生活水平

---

① 坚定不移走以生态优先绿色发展为导向的高质量发展新路子 在全面建设社会主义现代化国家新征程上书写内蒙古发展新篇章——在中国共产党内蒙古自治区第十一次代表大会上的报告［EB/OL］.内蒙古自治区人民政府官网.［2021-12-03］.http：//www.nmg.gov.cn.

提高与产业高质量发展的关键所在。注重生态和传统文化产业的畜牧业市场化，作为通辽市嘎达苏种畜场牧民们的主导发展模式，不仅符合乡村振兴战略的产业发展道路，而且能够有效地带动牧民的经济发展和提高生活水平，同时也符合本地牧民对于产业发展的期待，以及保护自然生态环境的观念意识。

通过奶牛养殖和乳制品加工参与市场化，当地牧民的生活水平得到了显著提升。但是，在乳制品加工的种类创新和销售渠道、受教育程度等方面仍然存在一定的问题。因此，本案例通过研究得出以下结论：

（1）通辽市嘎达苏种畜场在国营牧场时期（1964～1984年）的主要目的是为国家提供优良种畜。为此，引进了国内外的优良牛羊品种，并依靠从各地调来的职工人员进行养殖。国家拨款提供牛羊饲料和职工的工资、工分，各地移民也在集体所有制和合作制劳动下进行集体劳作。在这一时期，职工们制作鲜牛奶制品，如奶豆腐，并将其作为工作人员的食物进行分配。集体宿舍和群居制度要求使大多数人在此地定居，并在集体劳作制度下形成了"互帮互助"的风气，传承了牲畜养殖和奶食品加工的传统。此外，国有牧场运行时期还在优良畜种培育、技术设备供应和专业人员培养方面做出了重要贡献。这些为嘎达苏畜牧业经济的发展和市场化奠定了产业和文化基础。

（2）1984年种畜由个体承包后，奶牛仍属于国家所有，个体牧民按照牧场要求进行养殖，并每年向牧场上交一定数量的牛犊和鲜奶。2003年之后，牧场奶牛全部卖给场部的牧民，土地也同步分给了牧民。因此，当地牧民普遍开始养殖奶牛，并且少数牧户开始从事奶食品加工。受2008年"三聚氰胺"事件影响，当地牧民开始进行奶食品加工并在小范围内销售，以解决鲜奶堆积问题。如今，当地牧户普遍拥有十几头奶牛，每天产奶量为百斤至千斤。这一转变背后，得益于国家乡村振兴战略政策的推动以及当地政府和牧民共同努力。基于该地优良的草场资源、奶食品加工传统以及相互帮扶的风气，牧民逐渐从单纯的农业与种植业转向种畜养殖和奶食品加工的畜牧业市场化方向。这一转变使当地牧民的经济生活水平大大提高，生活观念也由代际财富积累的小家庭生存型向享受型、发展型、消费型生活观念转变。

（3）草场生态变化、商业文化冲击、家庭劳动力代际传承断裂以及技术培训匮乏等因素仍然对本地区的种畜养殖和奶食品加工产生较大影响。这导致销售渠道单一、产品种类少、再生产意愿弱、文化教育水平低、传统手工艺人员缺乏以及精准宣传力度不到位等问题。针对这些问题，本章提出四个方面的建议和对策，即积极开拓外部资源、持续促进产业振兴、加强专业人才培育、推动牧民文化教育和文化遗产的传承，以及保持加强生态文明建设战略定力，推动发展绿色转型。这些方面的建议和对策有助于全面、深入地促进当地生态、文化以及文化生态体系的发展，同时加快当地畜牧业市场化进程。

（4）需要注意的是，嘎达苏种畜场的经验与产业模式不一定完全适用于其他地区。其他地区的种畜养殖和奶食品加工产业仍需要进行产品创新和市场扩展，同时畜牧文化和健康奶食文化需要加强普及和教育。生态旅游业仍然是未来拉动经济增长的最大潜在推动因素，但需要长期规划和完善的基础设施建设。从长远考虑，人才队伍建设和生态保护仍然是当地经济发展的主要工作重点。

案例四

农区农具变迁研究：
以保尔斯稿嘎查为例

月圆　杨常宝

绪　论

一、研究背景

自清末开始的"开垦"计划，汉族的迁入使蒙古族农业文化得以发展和渗透。通过农牧文明的长期相互交流和融合，形成了今天"半农半牧""农牧交错"的生计特征。同时，在吸收汉族农业文化的基础上，内蒙古自治区东部蒙古族建立了以农业为主、以畜牧业为辅的农村社区。

内蒙古农村的改革和发展与全国的改革和发展一样，已历经40多年的历史。在体制上的改革主要建立在1978年的"三个集体、一个大队"的基础上。1981年底，九成以上的生产队开始实行各种形式的农业生产责任制；1982年宪法修改后，第八条明确规定农村集体经济组织实行由家庭承包为主、统分结合的双重经营制度；1984年，中央一号文件第一次明确土地承包期限，即所谓的第一轮土地承包责任制的实施；1988年，规定任何组织或个人不得侵占、买卖或以其他形式非法转让土地，土地使用权可以依法规定转让；自2006年1月1日起，全国取消了农业税费征收制度；2016年10月，为促进农村现代化同步发展，提出农村土地"三权"分置政策，对农村土地集体所有权、承包权和经营权进行了分置；2018年12月29日，全国人民代表大会常委会第七次会议修订了农村土地"三权"分置政策，建立了土地经营保险，党的十九大报告提出将农村土地承包期再延长30年等措施（李隆伟，2018）。[①]

在中国农村改革中，以家庭承包为标志的改革已经启动。通过实行"家庭承包"和"统分制"的双重管理体系，农民的生产积极性得到极大的提高，生产力也得到了极大的解放。在农业发展的进程中，农具是一种重要的民族文化资源，与农业之间的联系相互补充和必不可少。然而，随着经济和社会的发展，农业生产逐步从传统的农业工具向机械化农业的转变，从手工农业向机械化转型。

---

① 李隆伟. 土地承包经营权确权对农民土地流转行为的影响［M］. 北京：经济科学出版社，2018.

农具的改变不仅解放了劳动力，同时也极大地提高了农业的劳动生产率。

实施家庭承包责任制40多年来，这期间农业持续快速发展，主要农产品产量也得到了快速增长，农民的生活方式、农业生产方式和农作效率都发生了巨大变化。为了探究改革开放以来内蒙古半农半牧村落社会的变迁，本案例研究将以内蒙古自治区东部通辽市库伦旗保尔斯稿嘎查为研究对象，以农业生产方式的变迁为主题进行研究。通辽市是蒙古族聚集的地区，蒙古族人口占总人口的一半以上，特别是本书研究的田野点所在的镇99%是蒙古族人口；这里也是农牧业交错地带，游牧经济与农耕经济相互融合发展的典型地区。因此，对于40多年来内蒙古自治区半农半牧村落社会变迁的民族学田野调查研究，具有重要的学术和现实意义。

二、研究目的及意义

随着我国社会经济的快速发展，农村社会作为社会整体的重要组成部分也发生了较大的变化。自20世纪80年代以来，农村产业结构经历了从多元化到单一化再到多元化的变化过程。最初的多元化结构是为了满足人们基本的物质生活需求；后来的单一化结构则是为了实现经济效益最大化而进行的调整；当前的农村社会生产生活结构则是为了适应现代社会的发展而形成的。传统的农业是以农养农为主，而现在的农业则更多地采用以农养牧的方式。在农业方面，大部分地区，包括半农半牧地区在内，农业生产都以机械化为主。传统的生活方式和生产方式正在慢慢地从人们的生活中淡出，而传统的农业器具的外形、大小、形状和功能也逐渐被遗忘。通过对农业生产方式和农具变迁的研究，可以收集、整理并记录下这些已经或将要消失的生产工具，以便后人了解和研究。因此，选择农业生产方式变迁作为本案例研究的研究主题，意义重大。

首先，本案例研究从半农半牧地区的角度出发，选择纯蒙古族居住的嘎查作为研究对象，对当地农业生产及主要农具展开研究，为新领域的开拓做出了贡献。以往的研究主要着眼于宏观经济学角度对全国农业生产的规模、效率等进行研究，较少关注半农半牧地区的农业生产和牧业生产变化过程。其中，以农业生产方式为切入点，对农民的农具、农作物种类及耕作目的进行民族学的田野调查研究更是少之又少。本研究主要通过实地田野调查、访谈等方法，探究当地农民农业生产中遇到的问题。

其次，本案例研究结合现有相关理论，并采用多种视角，对现代蒙古族农业发展过程进行系统研究，旨在为少数民族地区生产方式变迁的实证研究提供更丰富的视角。

最后，本案例研究通过大量实证调查发现，该地区已经实现了农业生产机械化,部分传统农具逐渐被淘汰,目前很难在农民家中发现这些传统农具,更多时候只能在农具博物馆中展示。因此,希望唤起人们对传统农耕方式的记忆,具有传承当地农耕文化的教育意义。

三、研究现状

从民族学及相关学科的研究中,农村社会作为研究题材较为广泛。当前,与本书研究主题相关的研究专著及论文主要涵盖农业生产与机械化、农具变迁、社会变迁、农村经济与社会生活四个方面。

(一)农业生产与机械化的研究现状

唐忠(2018)在《中国农业生产发展 40 年:回顾与展望》① 一书中从农业经济学的视角详细梳理了改革开放 40 年以来中国农业的总体发展情况。该书通过分类分析土地政策、财政支农政策、农业经营体系、畜牧业发展、农业机械化、粮食安全、食品安全等方面的发展变化。

蒋恩臣(2003)的《农业生产机械化(北方本第三版)》② 是一本技术指导性书籍,全面阐述了农业生产技术,特别是农业机械应用技术。该书主要内容包括农机动力、田间作业与管理机械、收获与产后处理、先进农业技术、精细农业等方面。

中华人民共和国农业部(1958)《农具图谱》(共四卷)③ 收录了全国各地 20 世纪 50 年代使用的和新改进制造的各种耕作农具、机械动力及排灌、施工、运输、加工、畜牧、林业等各种农机的图谱。编录的农机按照作业性质分为 8 类,包括耕作机具、整地机具、播种机、中耕机、施肥机具、收获机具、脱粒机具、排灌机具,但受到农业生产地、使用方法、功能等方面的限制。

杨愚春(2001)在其民族志《一个中国村庄——山东台头》④ 一书中,对台头村的农具、耕作、栽培方法、主要农具的构造、使用方法、劳动过程等进行了详细的说明和图解。

刘广镕(1985)在《农业生产结构及农村产业结构(理论与方法)》⑤ 一书中,对农业内部的生产结构状况以及农村产业结构的发展和变迁状况进行了分析。他详细论述了调整农业生产结构的基础工作、农村产业结构的意义和研究方法、农村产业结构的内容和发展趋势以及外国的经验等内容。

① 唐忠. 中国农业生产发展 40 年:回顾与展望 [M]. 北京:经济科学出版社,2018.
② 蒋恩臣. 农业生产机械化(北方本第三版)[M]. 北京:中国农业出版社,2003.
③ 中华人民共和国农业部. 农具图谱(共四卷)[M]. 北京:通俗读物出版社,1958.
④ 杨愚春. 一个中国村庄——山东台头 [M]. 南京:江苏人民出版社,2001.
⑤ 刘广镕. 农业生产结构及农村产业结构(理论与方法)[M]. 西安:陕西科学技术出版社,1985.

（二）农具变迁的研究现状

崔希海（2013）在《农具更新对农村社会生产生活的影响研究——以通辽市科尔沁左翼中旗协代村为例》① 一文中进行了民族学的实地考察，研究了通辽市科尔沁左翼中旗农具更新的各个时期的生产生活状况，并从综合角度对农村社会的生产和生活状况进行了分析。

孙志超（2019）在《科尔沁蒙古族农具变迁调查研究》② 一文中，综合运用经济学理论，并通过对科尔沁地区四个旗县的实地调查，对农牧交错地带的科尔沁地区蒙古族农具变迁的概况、演变历程及特征进行了研究。他阐述了农具变迁发展过程与原因，分析了其对农牧民经济生活的影响，并归纳出了科尔沁地区蒙古族农具发展的思考及相关措施。

杨学新等（2010）在《中国农具80余年的变迁研究——基于1923年卜凯盐山县150农家调查》③ 一文中对卜盐山县的150户农户进行了三次实地考察，并对吴家庄、郭家庄、杨粉圈三个村进行了回访。他们对河北农村80多年的农具持有量进行了详细的分析和比较，反映了河北农村农业生产在80多年间的发展和变迁。

周昕（2005）在《中国农具发展史》④ 一书中，对中国农业生产的起源、夏商、西周、春秋战国、秦汉时期的农业生产，以及中华人民共和国成立之前的农业机械发展进行了研究。他涵盖了斧、锛、锄头、石磨、铲、锹、整地、播种、收割、犁、车、运输工具等各种农具。他的研究按照时代的先后次序进行，全面反映了中国农具的发展历程。

陈艳芳（2012）在《扎赉特旗农具变迁研究》⑤ 一文中，主要阐述了半农半牧区农具的演变规律。她以扎赉特旗经济类型变迁为主线，探讨了引进农具的背景、变迁的动因及其影响。然而，她的研究未对传统农具现状进行具体分析。

（三）社会变迁的研究现状

王思明（2003）的《20世纪中国农业与农村变迁研究：跨学科的对话与交流》⑥ 是一本专题讨论会的论文集。全书的论文按照主题分为农史研究的理论与

① 崔希海. 农具更新对农村社会生产生活的影响研究——以通辽市科尔沁左翼中旗协代村为例 [D]. 内蒙古师范大学硕士学位论文，2013.

② 孙志超. 科尔沁蒙古族农具变迁调查研究 [D]. 内蒙古师范大学硕士学位论文，2019.

③ 杨学新，任会来. 中国农具80余年的变迁研究——基于1923年卜凯盐山县150农家调查 [J]. 农业考古，2010（4）：169-177.

④ 周昕. 中国农具发展史 [M]. 济南：山东科学技术出版社，2005.

⑤ 陈艳芳. 扎赉特旗农具变迁研究 [D]. 内蒙古师范大学硕士学位论文，2012.

⑥ 王思明. 20世纪中国农业与农村变迁研究：跨学科的对话与交流 [M]. 北京：中国农业出版社，2003.

方法、多维度视角下的农村社会、曲折发展的农村经济、缓慢发展的农业科技、农业发展和生态环境的变化等几个部分。全书对中国农业和农村的发展过程进行了专门的剖析，其中第四章"农业技术的缓慢演变"对中国近百年来农业机械的演变过程进行了较为全面的梳理。

王海燕（2009）在《土地制度变革对农村社会变迁的作用——基于对张庄村的实地调研》[①] 一文中，以张庄村为例，深入剖析了土地制度变革对农村社会的影响。其所述的农业人口过多、职业多样化、非农化、经济效率提高以及农民生活水平的提高，都与本案例研究的一些论述有很大的关联。

（四）农村经济与社会生活的研究现状

徐祥临（2000）在《农村经济与农业发展》[②] 一书中详细介绍中国农业与农村经济的发展概况，对"传统农业"和"现代农业"进行了详细的区分，并在此基础上重点探讨了农业和农村经济发展所面临的问题及解决方法。本研究对于了解中国农村经济与农业发展的历史背景和现状具有重要意义。

徐阳吉哲（2022）在《扎赉特旗生态环境质量与农村经济发展耦合协调分析》[③] 一文中，通过遥感云平台 Google Earth Engine 的运用获取绿度、湿度、热度、干度指标，采用主成分分析法将四项指标整合，构建生态环境质量综合指数，评价近 20 年研究区域的生态环境的时空变化；从统计年鉴中选取农村基本要素、农业现代化水平、农业量产水平、农民生活水平四个功能层，农业人口、农作物总播种面积、农业机械总动力、化肥施用折纯量、农村用电量、灌溉面积、粮食生产量、农林牧渔业总产值、农村人民可支配收入十个指标对扎赉特旗农村区域经济发展综合指数进行评价。

以上相关著作和论文主要从制度、文化、经济等角度阐述了农村社会变迁及农业的发展，但对于民族地区农民的角度研究农业生产方式变迁的研究相对较少。因此，本案例研究重点考察内蒙古农村地区农具的变迁，作为农村生产力发展的标志，从而提供了对具体农业生产方式变迁的重要参考。

四、研究方法

（一）文献资料搜集法

为了准备本案例研究，笔者查阅和搜集了近年来国内外关于通辽地区蒙古族

①　王海燕. 土地制度变革对农村社会变迁的作用——基于对张庄村的实地调研 [J]. 改革与开放，2009（12）：162-163.

②　徐祥临. 农村经济与农业发展 [M]. 北京：党建读物出版社，2000.

③　徐阳吉哲. 扎赉特旗生态环境质量与农村经济发展耦合协调分析 [D]. 东北农业大学硕士学位论文，2022.

村落生产方式、农民定居及农具变迁相关的研究成果，以了解目前的研究现状。同时，还收集了有关农业发展的政策文件和各地的史志文献，对库伦旗蒙古族社会文化背景及农业发展情况进行了深入的分析，为本书研究提供了重要的参考依据。

（二）田野调查法

（1）参与观察法。通过熟悉的社会关系观察农民日常生活中的农业行动与活动情况。笔者参与研究对象的日常生活，了解他们的农业生产活动以及政策等因素对其产生的影响。在参与到他们的生产生活中时，切实体会当地农业生产方式的转变对农民生活的影响。

（2）深度访谈法。采用无结构访谈的方式，平时与访谈对象的交流中，收集他们对机械化农具占领主要地位的农业生产方式对现在生活的影响的看法。针对观察到的核心特点，进行深度访谈。主要访谈对象包括苏木（乡镇）、嘎查（村）的有关干部及普通村民。访谈内容包括近40年农业生产方式变化情况、农具更替、农业扩张过程、农作物种类变化、农民在不同时期对农业的理解与结合土地的利用方式、政府对农业发展的政策与方式、农业生产方式的变迁及政策实施后对农民生活的改变等。访谈对象主要分为五类，包括畜多耕种少、畜多耕种多、畜少耕种多、畜耕种相对平衡、畜少不耕种（见绪表4-1）。主要访谈对象见绪表4-2。

绪表4-1 调查对象基本情况

调查对象类型	调查对象特征	调查主要内容
畜多耕种少	村里典型畜多种地少户；一年四季基本都在山上放牧；饲草购买量最多	耕地面积、草场面积、畜数、一年的畜牧和耕种成本及利润、销售渠道及价格、购买草饲量、每天的工作量、全年收入及开支来源比例、债务情况
畜多耕种多	村里典型畜多耕种多户；外号："一天都在牛棚的人""一年四季都在耕作的人"	耕地面积、草场面积、畜数、一年的畜牧和耕种成本及利润、销售渠道及价格、购买草饲量、每天在牛圈的工作时间、全年收入及开支来源比例、债务情况
畜少耕种多	种地面积多；一年四季基本不去山上放牧户；极少购买草饲；典型"以农养牧"户	耕种面积、地质、农作物种类的选择、一年的耕种成本及利润、一年在耕作上花费的工作时间的变化、全年收入及开支、债务情况
畜耕种相对平衡（畜数、地都少）	典型种地少且畜少人员，主要因地质不好收成低的代表户；除去耕作高峰期全年在外做木匠工	耕种面积、地质、农作物种类的选择、一年的耕种成本及利润、一年在耕作上花费的工作时间的变化、劳动力变化、剩余劳动力的去向、全年收入及支配情况、债务情况
畜少不耕种	村委会五保户人员；不耕种；主要以政府补助及畜牧为生	畜数、一年的畜牧成本及利润、饲草来源、畜的来源、日常生活经济来源及开支、政府补贴资金情况、债务情况

绪表 4-2　主要访谈对象基本信息

访谈对象	性别	年龄（岁）	备注
村民 A	男	57	中共党员，大专学历，保尔斯稿嘎查乡医
村民 B	女	55	初中学历，村民
村民 C	女	48	大专学历，下乡工作人员
村民 D	男	42	初中学历，村民
村民 E	男	41	中共党员，2009~2014 年担任保尔斯稿嘎查村主任
村民 F	女	54	中共党员，中专学历
村民 G	女	65	常年患有重病

资料来源：笔者根据调研统计整理。

（3）问卷调查法。采用问卷调查法进一步深入了解当地农业生产方式现状、生产投入的金额变化、各个农耕作业阶段的工作效率等。本次问卷调查的主要内容包括近 40 年来不同阶段农业用地、畜牧业草场亩数；种植物的情况与经济利益的关联；牲畜的数量及农业的演变；政府的各项政策的实施背景与年份；农民对政策的利用情况；市场化与机械化进程对农民生活的影响等。抽样对象为全嘎查（村）共 175 户，采取了随机抽样以及半结构式的调查方法，以户为抽样单位，随机发放 40 份问卷。本次调查问卷回收率达到了 100%，问卷有效率为 100%。

（三）比较研究方法

本案例研究基于对保尔斯稿嘎查实地情况的研究，收集了大量关于农民在不同牵引力阶段的农耕作业生产方式、农具、农作物种类、农民的农业生产投入金额、现代农民在物质与思想上的转变等第一手资料，并对资料进行了比较分析。

五、调查地概况

（一）库伦旗概况

库伦旗位于通辽市以南，与科尔沁左翼后旗相连，与阜新、彰武两县毗邻，与奈曼旗接壤，东起 227 千米，距离通辽市区 120 千米。该旗下辖 8 个苏木镇、186 个嘎查村，总人口 17.8 万，其中蒙古族、汉族、回族、满族、朝鲜族、锡伯族、达斡尔族、藏族、鄂温克族、土族、苗族、壮族、黎族 13 个少数民族均有分布，其中以蒙古族为主，占总人口的 56%。

（二）保尔斯稿嘎查概况

额勒顺镇共有 11 个嘎查，43 个生产队，户数为 28819 户，总人口为 11957人。该地区以牧草为主，农牧结合，是全旗仅存的蒙古族聚居镇，总土地面积为

151 万亩，其中耕地面积为 8.8 万亩。① 该镇东与科尔沁左翼后旗接壤，北与奈曼旗毗邻，西、南分别与茫汗苏木、库伦镇相邻。地势起伏，南北高差明显，海拔在 257~315.4 米，地貌为风沙和草甸土壤，分布着流动的和半流动的沙丘。保尔斯稿嘎查全村面积为 987.23 平方千米，其中耕地面积为 88000 亩，草地面积为 910000 亩，林地面积为 380000 亩。②

保尔斯稿嘎查位于通辽市库伦旗额勒顺镇北部，距离额勒顺镇东部 40 千米。东邻科尔沁左翼后旗朝鲁图、白彦毛都和沙日塔拉等苏木镇，以及南接吉力图嘎查，西与查干朝鲁嘎查毗邻，北与奈曼旗治安镇相连。该嘎查下辖 2 个村民小组，即保尔斯稿组和毛胡吉尔组，共有 175 户、669 人口，其中党员 68 名。居民主要是蒙古族，占总人口的 100%。③ 嘎查总占地面积为 12.5 万亩，其中耕地面积为 6288 亩，林地面积为 1.95 万亩，草牧场面积为 9 万亩，确权的土地面积为 7200 亩。主要产业是养牛、种植玉米和养牛。该嘎查现有大小型拖拉机 170 台，大型重卡车 3 台，大型推土机 3 台，小型推土机 3 台，大型玉米收购机 1 台，小轿车 98 辆。在该嘎查，大小牲畜存栏共有 4780 头，其中牛存栏 4300 头，羊存栏 400 多只，马 48 匹，骡驴 32 匹。④

保尔斯稿嘎查是一个"半农半牧"的民族村，以农业为主、牧业为辅。全村机械化率超过 80%。85% 以上的农耕地可以进行灌溉，60% 的耕地已经更新为潜水泵灌溉，10% 的耕地已经更新为电力滴管灌溉，这大大方便了农民的浇地。该村共有 2 个生产小组，以 10 户为一小组，每组有户长。人均耕地面积约为 3 亩。1997 年，该村实行第二轮土地生产承包责任制，并实行土地 30 年不变政策。截至 2021 年，该村主要种植青贮、玉米、黄豆、绿豆、水稻和荞麦，其中青贮种植面积最大。该村还种植经济作物，如西瓜和果树。近年来，由于豆类、水稻和荞麦等作物的市场价格不稳定，村民们种植的种类减少了很多。此外，旱灾导致干草价格上涨，人们开始更多地种植青贮和玉米，并将秸秆用于畜牧饲养。

长期以来，保尔斯稿嘎查一直采用"半农半牧"的生产方式。虽然 2006 年村委会以每户畜牧总数为标准向村民承包草场 30 年，草场面积与牛羊数量成正比，但家住村西南角的村民被分配到距离家几十千米远的草场，因此当时人们习惯按就近原则放牧，而非按各自分配的草场放牧。尽管没有规定哪家必须在哪块草场放牧，但这种"分配"已经延续多年。

① 通辽统计年鉴委员会. 通辽市统计年鉴 2008 [M]. 通辽：通辽市统计局，2009.
② 国家统计局农村社会经济调查司. 2019 中国县域统计年鉴（乡镇卷）[M]. 北京：中国统计出版社，2020.
③ 2021 年 7 月 20 日笔者参考保尔斯稿嘎查村委档案统计的数据.
④ 2021 年 6 月 15 日笔者访谈保尔斯稿嘎查村委会会计收集到的数据.

现在，人们按照自家分配到的草场边界放牧。畜牧业曾在鼎盛时期达到2000只羊的规模，但在土地承包制、退耕还草和畜牧业行情等因素的影响下，现行规定每户牛羊数不能超过草场的承受能力。在统计畜牧总数时，5只羊等同于1头牛。因此，村里大多数人把更多精力投入到农业中，卖掉羊换成牛。

　　2008~2011年，人们大量开垦土地和丘陵，大量种植绿豆、花豆等作物，导致马、骡、驴的数量增加。如今，人们对养牛羊的积极性有所增强，村里除少数马、骡、驴外，牛、羊数量最多。截至2021年8月，全村共有4700头（只）牛和羊，其中牛约4300头，羊约400只。草场总面积为9万亩，包括林场面积。①

---

　　①　2021年4月5日笔者根据保尔斯稿嘎查村委档案《保尔斯稿嘎查基本信息公开栏》统计整理。

第十三章 畜力牵引力阶段的农业
生产方式状况（1982~2002 年）

农业生产的播种、中耕、秋收、运轮等环节主要以牲畜力为驱动力，称为畜力牵引力。本章中的畜力牵引力阶段包括牛力牵引阶段及骡马力牵引阶段。据调查发现①：

保尔斯稿嘎查的畜力牵引力阶段主要分为两个阶段：20 世纪 80 年代初到 80 年代中后期的牛力牵引阶段，以及 20 世纪 80 年代中后期到 21 世纪初的骡马牵引力阶段。1982~1986 年，80% 的村民使用牛做牵引力；到了 1990 年，90% 的村民使用马和骡做牵引力；到 1991 年末，全村 98% 的村民使用马和骡做牵引力，只有 2% 的村民由于经济条件极差没有经济能力购买马和骡。当时，一头 2 岁大的母牛市值约为 700 元，而一头较好的马的市值约为 900 元，许多人想要用牛换马需要自己再补 200~300 元。最开始换马的人数较少是因为大多数人不习惯使用马进行农耕操作。

在不同的牵引力阶段，会有与之相应的农耕机具，耕作的种类也会不同。下文将主要介绍保尔斯稿嘎查在畜力牵引力阶段使用的农具以及耕作种类的状况。

第一节 畜力牵引力阶段的农具状况

农具是农耕生产方式的关键，因此在各个阶段农具的变化是必然的，包括耕地整地、播种、中耕、灌溉、秋收等各个环节需要使用不同的工具。畜力牵引力阶段的农具属于传统农具阶段，主要由木制和铁制材料制成，结构简陋，但后来逐步改进得以完善。在畜力牵引力阶段的 20 年间，该嘎查的农具更新很大。例

---

① 村民 A：男，57 岁，保尔斯稿嘎查乡医，中共党员，大专学历，2021 年 6 月 17 日访谈。

如，木犁可以使用畜力进行耕地，不仅可以使人从耕地的劳动中解放出来，还可以深耕地。铁犁、铁耙等机具的更新让工作效率有了较大的提高。

一、整地耕地机具

（一）旧木犁、铁犁

旧木犁（铁犁）用于耕田。它由木头（或铁）制成，通常是一根长木杆（或铁杆），一端有一个尖锐的铁制犁头，另一端用于连接牲畜或人力。使用旧木犁（铁犁）需要耕田者手持犁柄，控制犁头深度和方向，使土地得到适当的翻耕，以便种植作物（见图13-1）。

图13-1　木犁（左）、铁犁（右）
资料来源：2021年12月15日笔者拍摄于村民家。

除了型铧外，其他农具都是木制（后改造成铁制）的。犁辕弯曲、粗大，扶手较细，犁前端配有一个滑板，用于耕地时滑行，犁柱和扶手穿过犁辕后端，固定在犁床上。犁铸铁制成，呈三角形，前端向下倾斜，便于进土，耕地深浅可以通过犁柱进行调节。外形尺寸为长240厘米，宽44厘米，高100厘米，耕宽33厘米。使用1人和2畜每天可耕地5亩，但犁头左右摆动不易固定，操作困难，翻土效果不佳。

旧木犁（铁犁）的优点是容易维修，成本低廉，而且对土地的翻耕效果较好，对环境影响较小。然而，使用旧木犁（铁犁）需要较大的人力和时间成本，适用范围较窄，因此在现代农业中已经较少使用。然而，使用步犁需要较大的人力和时间成本，同时，步犁的犁头和犁柄需要经常保养和更换，否则容易出现磨损和断裂的情况。

（二）柳条耱

柳条耱由柳条编制而成，形状像一个大筐子，中间有一根木柄，可以用手持或绑在牛和马身上使用。这种农具的主要用途是碎土、平地和播种后覆土等。通常用蒲树或荆条编织而成，耱幅为88厘米。它的效率是每天可以耱地20～50亩。

它的优点在于结构简单，使用轻便，造价低，制造容易。缺点是不够坚固，工作量较低。它长 88 厘米，宽 159 厘米，大小各异，可以根据自家需求调整大小来编织（见图 13-2）。

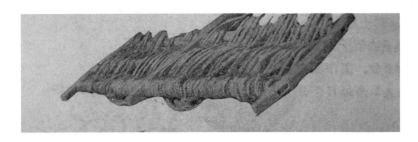

图 13-2　柳条耱

资料来源：中华人民共和国农业部．农具图谱（第一卷）［M］．北京：通俗读物出版社，1958.

柳条耱的成本较低，使用过程中对土地和环境的影响也较小。此外，柳条耱的制作过程不需要大量的能源和工艺，符合可持续发展的理念。但是它的效率较低，需要较多的人力和时间成本。同时，由于柳条制品易损，使用寿命较短，需要经常更换和维修，这也增加了使用成本和难度。

（三）整地耙

整地耙主要用于耕地和整地。它通常由木制或铁制耙齿和木柄组成，耙齿可以调整深度和角度，以适应不同的土壤和作物种植需求。

该农具主要用于耙碎土块、平整土地和保墒。它由钉齿和耙架组成，钉齿是铁制的，断面为菱形，共有 21 个耙架，前排有 9 个齿，后排有 10 个齿，齿距为 9 寸，并且互相交错排列。在外侧的两根梁上还各有 8 个钉齿。耙架是木头制成的长方形，中间有 2 条纵梁。它长 57 厘米，宽 179 厘米，高 24 厘米。它的碎石能力强，构造简单，使用 1 人和 2 畜每天可以耙地 12 亩（见图 13-3）。

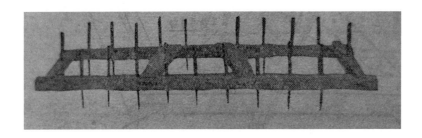

图 13-3　整地耙

资料来源：中华人民共和国农业部．农具图谱（第一卷）［M］．北京：通俗读物出版社，1958.

使用整地耙可以将土壤松软、平整，促进种子发芽和生长，提高作物产量。相比于机械化设备，整地耙的成本较低，使用过程中对土地和环境的影响也较小。此外，整地耙的制作过程不需要大量的能源和工艺，符合可持续发展的理念。但是，它的效率较低，需要较多的人力和时间成本。同时，由于耙齿易损，使用寿命较短，需要经常更换和维修，这也增加了使用成本和难度。

（四）木耙

木耙主要用于耕地和整地。它通常由木制或竹制耙齿和木柄组成，耙齿可以调整深度和角度，以适应不同的土壤和作物种植需求。

该农具主要用于耙碎土块和整地，它的构造简单，由木耙齿和耙架组成。它的工作效率是：需要 1～2 头牲口来牵引，1 人来操作，每天可以耕地约 20 亩（见图 13-4）。

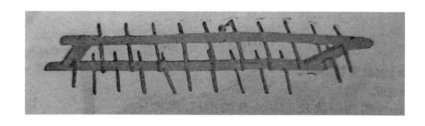

图 13-4　木耙

资料来源：中华人民共和国农业部．农具图谱（第一卷）［M］．北京：通俗读物出版社，1958.

使用木耙可以将土壤松软、平整，促进种子发芽和生长，提高作物产量。相比于机械化设备，木耙的成本较低，使用过程中对土地和环境的影响也较小。此外，木耙的制作过程不需要大量的能源和工艺，符合可持续发展的理念。

尽管如此，木耙在现代农业生产中已经被机械化设备所替代，因为它的效率较低，需要较多的人力和时间成本。同时，由于耙齿易损，使用寿命较短，需要经常更换和维修，这也增加了使用成本和难度。

（五）木耙子

木耙子也称为木制耙齿。它通常由木头制成，用于耕地和整地。木耙子的形状和尺寸可以根据不同的耕作需求进行调整。

该农具主要用于耙各种作物渣子和碎土，它由 1 根木手把和 1 根横木组成，横木上钉有 4 个木齿。手把长 170～180 厘米（见图 13-5）。

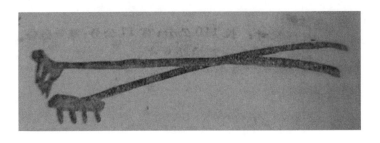

图 13-5 木耙子

资料来源：中华人民共和国农业部.农具图谱（第一卷）[M].北京：通俗读物出版社，1958.

使用木耙子可以将土壤松软、平整，促进种子发芽和生长，提高作物产量。相比于机械化设备，木耙子的成本较低，使用过程中对土地和环境的影响也较小。此外，木耙子的制作过程不需要大量的能源和工艺，符合可持续发展的理念。

但是，它的效率较低，需要较多的人力和时间成本。同时，由于木耙子易损，使用寿命较短，需要经常更换和维修，这也增加了使用成本和难度。

（六）铁耙子

铁耙子通常由铁制成，其主要用途是在耕地和进行整地时使用。相比于木耙子，铁耙子更加坚固耐用，使用寿命更长。

该农具适用于平地和碎土，全部由铁制的钉齿和耙架组成。钉齿断面为长方形，耙架的前后排都有齿，互相交错排列。耙架是长方形的，中间有两根纵梁，前端有两个牵引。后横梁上有铁环，可套绳背负作为运轮使用。宽度为 41 厘米，长度为 120 厘米，高度为 31 厘米，齿距为 10 厘米，齿高为 10 厘米，耙宽为 41.5 厘米，耙深为 8 厘米。它的松土能力较强，比当地的木耙能够深耙 2~3 厘米，1 人和 1 头牲畜每天可以耕地约 20 亩（见图 13-6）。

图 13-6 铁耙子

资料来源：2021 年 12 月 15 日笔者拍摄于村民家。

使用铁耙子可以将土壤松软、平整，促进种子发芽和生长，提高作物产量。

它的耙齿可以调整深度和角度，以适应不同的土壤和作物种植需求。相比于机械化设备，铁耙子的成本较低，使用过程中对土地和环境的影响也较小。此外，铁耙子的制作过程不需要大量的能源和工艺，符合可持续发展的理念。

但是，它的效率较低，需要较多的人力和时间成本。同时，由于铁耙子重量较大，使用起来较为烦琐，需要一定的力量和技巧。

二、播种机具

春播是农业生产中重要的一个环节，从手动板镢挖窖到畜力牵引到播种机的应用，整个播种方式有了很大的变化。在 20 世纪 80 年代初至 90 年代初大多数播种是人工播种，种玉米、大豆、谷子等按不同种类需要的人力不同。20 世纪 90 年代开始用播种机播种玉米，解放了人力。

（一）板镢

板镢通常由木柄和铁头组成。它主要用于耕地、翻土、松土、除草等农业工作。相比于其他农具，板镢的成本较低，使用起来也比较方便，适用于小面积农田和山区。

如果人手够用或者没有犁的情况下，农民通常会选择外形细长的板镢来进行播种。板镢由柄、镢头和镢章等部分组成，镢头和镢章通常由熟铁制成，垫子可以使用旧破布。板镢的锄头长 31 厘米，宽 108 厘米，柄长 158 厘米，重量为 2 千克。在使用板镢进行播种时，通常需要 1 人负责整地，另 1 人负责撒种子，每天可以种地约 8 亩。除了播种之外，在补种时还可以使用板镢挖 1 个窖，然后手工撒种子（见图 13-7）。

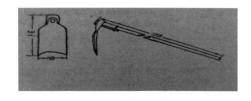

图 13-7 板镢

资料来源：中华人民共和国农业部. 农具图谱（第一卷）[M]. 北京：通俗读物出版社，1958.（左图）；2021 年 12 月 15 日笔者拍摄于村民家（右图）。

使用板镢可以将土壤松软、平整，促进种子发芽和生长，提高作物产量。它的铁头可以用于翻土、铲除杂草和切断根系等工作。同时，由于板镢的成本较低，使用过程中对土地和环境的影响也较小，符合可持续发展的理念。但是，板镢的效率较低，需要较多的人力和时间成本。同时，由于其重量较大，使用起来较为烦琐，需要一定的力量和技巧。此外，板镐也容易损坏，需要经常进行维护和更换。

（二）波塞

波塞由宽度不同的短板十字钉固定组成，下方用适当粗细的柳条围成半圆形。波塞可以穿过木浆进铁综进行牵引，每头牛可以镇压10~15亩的土地，有时撒种人也会绑在腰间以人力进行牵引。波塞经济耐用、轻便省力，可以压实土壤，以利于作物的生长（见图13-8）。

图13-8　波塞

资料来源：访谈对象在2021年12月16日提供。

（三）保碌

保碌通常由木柄和金属刀片组成，主要用于收割农作物。保碌的刀片通常呈弧形，适用于收割小麦、大麦、燕麦等农作物。

波塞后面再拉一趟保碌，主要用于压、保，种后利用它压保，压实土壤，以利齐苗、苗旺。用石头做成，形似蛋，两头穿孔，用来穿木浆进铁综作牵引用。全宽82厘米；最大直径22厘米；最小直径18厘米。一个牛劳动力每天镇压10~15亩，也有时撒种人绑在腰间以人力牵引（见图13-9）。

图13-9　保碌

资料来源：访谈对象在2021年12月16日提供。

使用保碡可以快速而有效地收割农作物，保持作物的完整性，减少损失。保碡的优点在于它不需要动力，只需要农民自己手持保碡，在田间走动就可以完成收割工作。同时，保碡的成本较低，使用过程中对土地和环境的影响也较小，符合可持续发展的理念。但是，它需要较高的技术水平和耐力，使用过程中容易产生疲劳和受伤。同时，保碡的效率较低，需要较多的人力和时间成本。此外，由于保碡的设计和制作需要较高的技术水平，也限制了其生产和使用的范围。

（四）单行点播机

单行点播机是一种农业机械，主要用于在农田中进行种植作业。它可以在土地上开辟出一条条行列，将种子单独点播到土壤中。单行点播机可以适用于多种农作物，如玉米、大豆、棉花等。

在本研究调查点，该设备主要用于点播玉米和大豆。它由一个前轮和一个点播机构成，主要依靠前轮上的四个钉子和小铁棍的带动，使活应前后运动，将种子口一开一关，实现点播作用。该机器长 76 厘米，宽 48 厘米，高 91 厘米。需要 1 人拉动，另外 1 人掌握，每天可播种 10 亩土地；如果有 2 人和 1 头牲畜帮助，每天可播种 20 亩土地（见图 13-10）。

图 13-10　单行点播机

资料来源：中华人民共和国农业部 . 农具图谱（第一卷）［M］. 北京：通俗读物出版社，1958（左图）；2021 年 12 月 18 日下载于快手（http：//tao5040727878）（右图）。

单行点播机的优点在于它可以将种子精确地点播到土壤中，提高了种子的发芽率和成活率，进而提高了作物的产量。同时，单行点播机的种植效率较高，可以在较短的时间内完成大面积的种植工作。它还可以减少劳动力成本，提高农作物的品质和产量。但是，单行点播机也有缺点，主要表现在以下三个方面：①它的价格较高，需要较高的投资成本；②单行点播机对土地的要求较高，需要较为平整的土地才能发挥最佳效果；③由于单行点播机需要进行维护和保养，维护成本也比较高。

（五）点葫芦

点葫芦是一种传统的手工艺品制作工艺，它是利用葫芦的自然形态，通过手工雕刻、绘画等方式制作而成。点葫芦的制作需要经过选材、清洗、刻画、染色等多个环节。

该农具的主要部件包括葫芦、筒子、篦子、点种棒等。葫芦可以用不同材料制成，例如葫芦、铁盒、布袋、塑料桶等。种子的密度取决于种子的大小和数量，而点种棒则是用来敲击种子的（见图13-11）。

图13-11 点葫芦

资料来源：2021年12月26日笔者下载于 https://www.meipian.cn/xzcqpvi。

点葫芦的优点在于它是一种天然的手工艺品，具有独特的艺术价值和文化意义。它不仅可以装饰家居，还可以作为礼品赠送给亲友，具有一定的收藏价值。同时，点葫芦的制作过程也具有一定的审美价值，它可以促进人们对手工艺品的认识和欣赏。但点葫芦也有缺点，主要表现在以下三个方面：①点葫芦的制作过程较为复杂，需要较高的技术水平和手工功夫；②点葫芦的制作过程需要消耗大量的时间和精力，制作成本较高；③点葫芦的保养和保存也需要注意，一旦受到阳光、水分等影响，就容易出现变形、腐烂等现象。

三、中耕机具

中耕机具是一种农业机械，主要用于耕作土地。它可以在耕地时将土壤翻转，并将土壤中的杂草、根系等杂质除去。中耕机具分为机械中耕机和手推中耕机两种类型，机械中耕机多用于大型农田，而手推中耕机则适用于小型农田或者家庭菜园等小面积土地。

中耕阶段最主要的任务就是除草，一般分为人工锄头除草、耘锄除草、淌犁

等。传统农具阶段的锄，材质为铁质，村里广泛使用的有山地锄、手锄等。有很
多机具是农民根据自身的需求及现有的材料来研究改良所制的。

（一）手锄、板锄

手锄和板锄是一种常见的手工农具，主要用于除草、松土和培土等工作。它
由锄头和木柄组成，锄头通常由钢铁或铜制成，木柄则通常由木材或塑料制成。
手锄和板锄的大小和形状可以根据不同的需求进行选择，例如，小型的手锄适用
于小型花园和家庭菜园，大型的手锄则适用于农田和大型花园（见图 13-12、
图 13-13）。

图 13-12 手锄（左）、板锄（右）

资料来源：中华人民共和国农业部 . 农具图谱（第一卷、第二卷）［M］. 北京：通俗读物出版
社，1958.

图 13-13 板锄

资料来源：2021 年 12 月 26 日笔者下载于 https：//www. meipian. cn/xzcqpvi。

它们的构造形式完全相同，都由木柄和锄身组成。大小手锄和板锄主要根据
其锄区的长度来区分，其形状类似于椭圆形。虽然结构简单，但每天锄地 2~3
亩，效率低，需要很大的力气。板锄的大小可以根据农民自身的需求和现有材料
来定制。有时，农民会在用剩的板镢或坏铁锹上焊接铁片，制作成板锄来使用，
因此，自己焊接的板锄锄板可能会很大。虽然这种板锄笨重，但坚硬度强。

手锄和板锄的优点在于它是一种简单、易用、经济的农具，可以有效地除
草、松土和培土。它可以适应不同的土地和作物需求，例如，在种植蔬菜时，手
锄可以帮助除去杂草和保持土质的松软，提高产量和品质。手锄和板锄也有缺
点，主要表现在以下三个方面：①需要较高的劳动强度，需要人们花费较多的时
间和精力进行操作；②在操作过程中容易伤到植物的根系和茎叶，需要人们进行

仔细操作；③作用范围相对较小，无法适应大型农田和花园的需求。

（二）短脖锄

短脖锄是一种常见的手工农具，主要用于除草和松土等工作。它由锄头和木柄组成，锄头通常由钢铁或铜制成，木柄则通常由木材或塑料制成。与传统的锄头相比，短脖锄的锄头较小，柄子较短。

短脖锄是中耕除草常用的工具，锄头的长度为28厘米，宽度为11厘米，柄长为100厘米。其特点是使用效率高，每天可锄地3亩，构造简单成本低（见图13-14）。

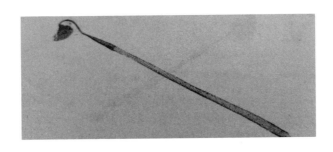

图13-14 短脖锄

资料来源：中华人民共和国农业部．农具图谱（第一卷）［M］．北京：通俗读物出版社，1958．

短脖锄的优点在于它可以更容易地操作在狭窄的空间中，例如小型花园和家庭菜园中的细小区域。短脖锄可以帮助除去杂草和保持土质的松软，提高产量和品质。同时，短脖锄也相对轻便，操作起来更加方便。但短脖锄也有缺点，主要表现在以下两个方面：①短脖锄由于锄头较小，所以它的工作范围有限，适用于小型花园和家庭菜园；②由于柄子较短，需要人们弯腰或下蹲进行操作，造成一定的劳动强度。

（三）木制耘锄

木制耘锄是一种常见的手工农具，主要用于除草和松土等工作。它由锄头和木柄组成，锄头通常由钢铁或铜制成，木柄则通常由木材制成。与其他耘锄相比，木制耘锄的锄头较小，柄子较长。

旱地中耕锄草常用的工具是耘锄，它由木框架、前导轮、3个单翼铲和2个木把柄组成。前面两个铲安装在木框架的纵梁上，可以通过速接框架的横木条上的长孔进行调节，以调节锄链间距。前导轮也可以通过孔眼的高低来调节深度。耘锄长140厘米，宽45厘米，高95厘米，重量8千克，工作幅度为29～35厘米，耕深为8～5厘米，每小时可耕地2亩。这种耘锄构造简单、深浅、宽窄可以调节，只需1人扶把，1头牲畜即可使用（见图13-15）。

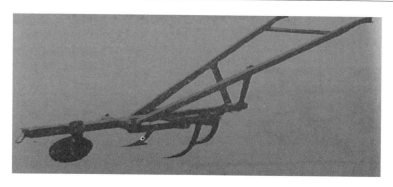

图13-15 木制耘锄

资料来源：中华人民共和国农业部. 农具图谱（第二卷）［M］. 北京：通俗读物出版社，1958.

　　木制耘锄的优点在于它的柄子较长，可以更容易地操作在较大的土地上。木制的柄子也可以提供更好的手感和握持力。同时，木制耘锄相对轻便，操作起来更加方便。木制耘锄也有缺点，主要表现在以下两个方面：①木制耘锄的锄头较小，所以它的工作范围有限，需要人们花费较多的时间和精力进行操作；②由于柄子较长，需要人们握持的力度比较大，也容易造成手部疲劳和酸痛。

　　（四）三齿轻便耘锄

　　三齿轻便耘锄是一种农业工具，用于在农田中进行耕作和除草。它的结构主要由带有3个锄头的铁柄组成，通过手柄的操作使锄头在土壤中进行翻耕和除草。

　　这种锄草器适用于苗较高的田地，可进行松土和除草。它由铁制导轮、铁锄、梁、固定架和木制扶把组成。该锄草器的特点在于，锄铲分为两行排列，前行有两个幅宽为9厘米的单翼铲，后行有1个幅宽为15厘米的双翼铲。扶把可以活动，中部有方孔，穿过支撑的圆铁轴，中耕行距可以通过两个扶把改变间距来调节。该锄草器长116厘米，宽33厘米，高89厘米，工作幅为36厘米，耕深为3~5厘米。1名工人和1头牲畜每天可以使用该锄草器锄草15~30亩，它没有横刀架，机身较窄，适合在苗高的时候进行中耕（见图13-16）。

图13-16 三齿轻便耘锄

资料来源：2021年12月15日笔者拍摄于村民家。

三齿轻便耘锄的优点在于结构简单、轻便易用、不需要电力或燃料等能源，可以手动进行操作。它可以有效地除去杂草和松土，提高土壤通气性和保水性，有利于作物的生长和发展。此外，由于其体积小、重量轻，便于携带和存储，适合于小型农田或家庭菜园等环境的使用。然而，三齿轻便耘锄也有缺点，主要表现在以下两个方面：①由于它需要手工操作，所需的时间和劳动强度较大，适合于小面积的农田或家庭菜园使用，不适合于大面积的农业生产；②它不适用于较为坚硬的土壤或有较多石头的土地，容易损坏锄头和手柄。

四、施肥机具

20世纪80年代初到90年代初，村里还没有像现在这样的化肥等化学产品，常见的肥料是人畜粪，主要是牛、马和羊粪。有些人会在整地之前撒粪，有些人会在整完地、播种之前撒粪。人们用牛马车将粪拉到地里，用铲子、铁锹等散开，有些地方也会用板锄铺平。撒粪的量会根据地的情况进行分配。从20世纪90年代中期开始，人们开始使用二铵等化学产品作为地肥。在这20年期间，虽然施肥工作都是人力劳动，但施肥时间有很大的变化，从春季播种前施肥到中耕时期施肥，从人畜分类到开始使用化学产品。

（一）铁锹、铲子

铁锹和铲子是广泛应用于农业、园艺和建筑等领域的手动工具，主要用于挖掘、铲除和搬运土壤、石料和其他物品。两者的区别在于，铁锹的头部较窄，呈扁平形状，适合挖掘和搬运土壤；而铲子的头部较宽，呈弯曲形状，适合挖掘和搬运石料、泥土和其他物品。

铲子大多是方形的，但也有圆形的。铲子是一种用于犁田、翻土的农具，通常由木制长柄和铁制头部组成。在种田过程中，人们会用牛车将牛粪运到田地上，然后用铲子或铁锹将其均匀撒在地上（见图13-17）。

铁锹和铲子的主要优点在于它们是简单、经济且易于使用的手动工具，适用于各种不同类型的土地、植被和地形。此外，它们也相对轻便，可以方便地携带和储存，适用于户外和室内使用。然而，铁锹和铲子也有缺点，主要表现在以下两个方面：①它们需要人力进行操作，可能需要耗费较多的时间和体力；②由于它们的头部较小，无法进行大面积的挖掘和搬运工作。此外，在使用过程中，由于长时间的摩擦和磨损，锋利度可能会降低，需要定期维护和更换。

（二）铁桶

铁桶是一种常见的容器，通常用于储存和运输各种液体、粉末和固体。它由金属材料制成，具有耐用、耐腐蚀、防火等特点。铁桶的应用非常广泛，例如在工业、农业、建筑、航空、医疗和食品加工等领域都有用到。

图 13-17　大铁锹（左）、方铁锹（中）、圆铁锹（右）

资料来源：访谈对象在 2021 年 12 月 16 日提供。

20 世纪 90 年代中期，人们仍然是手动进行施肥，施肥后还要使用犁将肥料埋进土里，以防止流失。在施肥过程中，人们使用高 30～50 厘米、直径 20～30 厘米的桶，每人拎一个桶，按照自己能承受的范围装上化肥，手动撒在玉米根旁。之后，会有专人使用耘锄将土埋起来。这些铁桶平时还用于日常喂养牛羊等工作（见图 13-18）。

图 13-18　铁桶

资料来源：访谈对象在 2021 年 12 月 16 日提供。

铁桶的优点在于其结构简单、坚固耐用、易于清洁和维护。由于它是由金属制成的，因此具有很好的耐腐蚀性和抗压性，可以承受较高的压力和重量。此外，铁桶的密封性也比较好，可以有效地防止液体、气体和粉末的泄漏和污染。

在一些危险品储存和运输等领域，铁桶是一种较为安全和可靠的容器。不过，铁桶也有缺点，主要表现在以下三个方面：①重量较大，需要用力搬运和运输；②铁桶的表面易受到氧化和生锈的侵蚀，需要进行定期的清洁和维护；③在一些特殊场合下，铁桶的密封性可能会受到影响，容易导致泄漏和污染。

（三）单行播种机

单行播种机是一种农业机械，用于在农田中的施肥和播种。其结构主要由播种齿轮、压实轮、行走轮、输送器、种子箱、调整器等部分组成。通过人的推拉或拖拉机牵引，使齿轮带动输送器和压实轮一起工作，将肥料或种子沿着一定的间距均匀地播撒在农田中。

自 20 世纪 90 年代中期开始，人们开始使用单行播种机进行施肥。单行播种机是在铁犁上安装的播种机，可以调节化肥的用量，并节省劳动力。1 名工人和 1~2 头牲畜每天可以施肥 12 亩的田地。在每亩 4 斤二铵的情况下，100 斤二铵足以施在 4 亩的土地上，成为当地的肥料（见图 13-19）。

图 13-19　单行播种机

资料来源：2021 年 12 月 15 日笔者拍摄于村民家。

单行播种机的优点在于提高了作业效率，减轻农民的劳动强度。其施肥或播种精度高，可以根据不同作物的需求调整肥料或种子的间距和深度。然而，单行播种机也有缺点，主要表现在以下两个方面：①它的适用范围受到一定的限制，只适用于单行播种的农作物或肥料撒播，不适合于多行撒播和大面积的作业；②在土壤质量较差或不平整的地区，撒播效果可能会受到影响。

五、灌溉机具

20 世纪 80 年代初到 90 年代初，农民的收成基本上完全依赖于自然条件，人工灌溉的情况不常见。在玉米地旁边，如果有积水的话，人们会挖很多小沟将积水引入地里。有些地势较低的田地容易积水，而且湿气较大，因此在旱年时也能维持基本的收成。相反，那些地势较高或者是沙地的田地，在旱年时收成往往达不到基本收益。

在20世纪90年代初期，只有两户人家种水稻，他们使用3英寸塑料管和2或3马力的柴油机进行灌溉，每口井只能用来灌溉1~2亩的水稻田。到了20世纪90年代中后期，有5~8户人家开始种植水稻，他们使用4英寸塑料管和6马力的柴油机抽水灌溉水稻，没有使用水管，而是使用大铁锹挖水渠放水进行灌溉。①

六、收割机具

在近20年的时间里，镰刀的样式也发生了很大的变化。以前的镰刀款式基本统一，但现在出现了左撇子镰刀等多种不同的款式，以适应不同的使用需求。

（一）豆镰、禾镰

豆镰是一种传统的手工农具，主要用于收割大豆、花生等豆类作物。其结构包括刀片、柄等部分。通过手工操作，将刀片对准豆荚，用力一割即可将豆荚收割下来。禾镰是一种传统的手工农具，主要用于收割小麦、稻谷等禾本科作物。其结构包括刀片、柄等部分。通过手工操作，将刀片对准禾本科作物，用力一割即可将作物收割下来。

豆镰由刀片和木柄组成，刀片通常使用旧山刀的薄片制成，长度为1.8~2尺，通过铁钉牢固地固定在木柄上。由于刀片可以向下合拢，因此这种镰刀不区分左右手，适用于小米、小麦、荞麦等作物的收割，但不适用于玉米、黄豆等作物的收割（见图13-20左图）。禾镰的刀片是由铁匠制作的，市场上买来的刀片末端带有凹齿，只需要自己准备一个木柄即可使用。这种镰刀分为左右撇子，适用于玉米、黄豆等作物的收割工作（见图13-20右图）。

图13-20　豆镰（左）、禾镰（右）

资料来源：2021年12月15日笔者拍摄于村民家。

---

① 2021年6月17日笔者对保尔斯稿嘎查村民A的访谈。

豆镰和禾镰的优点在于简单易用，成本低廉。它不需要电力或燃料等能源，也不需要维护和保养，可以随时随地进行收割，方便快捷。同时，豆镰可以精细地收割豆荚，禾镰可以精细地收割禾本科作物，减少损失和浪费。然而，豆镰和禾镰也存在缺点，主要表现在以下三个方面：①需要劳动力进行操作，劳动强度较大，收割效率低；②在大面积农田中使用豆镰和禾镰收割，时间和人力成本较高；③不能适应不同作物和不同收割环境，使用范围有限。

（二）高力刀

高力刀是一种主要用于收割稻谷的传统手工农具，也称为稻刀、刈刀等。其结构包括刀片、柄等部分。通过手工操作，将刀片对准稻谷，用力一割即可将稻谷收割下来。

这种镰刀的刀片前部呈细尖状，可配备木柄或铁柄，把手部位设有波浪形塑料手柄，增加握持力和防滑效果，无须自己加工制作手柄。同时，该镰刀的手柄还具有一定的阻力，提高了使用的稳定性和安全性（见图13-21）。

图13-21　高力刀

资料来源：2021年12月15日笔者拍摄于村民家。

高力刀的优点在于简单易用，成本低廉。它不需要电力或燃料等能源，也不需要维护和保养，可以随时随地进行收割，方便快捷。同时，高力刀可以精细地收割稻谷，减少损失和浪费。然而，高力刀也存在缺点，主要表现在以下三个方面：①高力刀需要劳动力进行操作，劳动强度较大，收割效率低；②在大面积农田中使用高力刀收割，时间和人力成本较高；③高力刀不能适应不同作物和不同收割环境，使用范围有限。

（三）山刀

山刀是一种传统的手工刀具，主要用于野外生存、砍伐木材和狩猎等活动。其结构包括刃口、刃身、柄等部分。通常山刀的刃口较长，能够更好地切割和砍伐木材和植物。柄部通常采用木质或塑料材料，手感舒适，不易滑动。

山刀由长刀片和可自行安装的木柄组成，刀片长度一般为55厘米，木柄长度为 180 厘米，专用于割草作业（见图 13-22）。

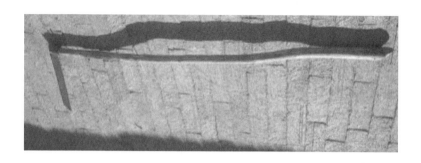

图 13-22　山刀

资料来源：2021 年 12 月 15 日笔者拍摄于村民家。

山刀的优点在于结构简单，使用方便。它可以适应各种野外环境，能够轻松应对野外生存、狩猎和砍伐木材等活动。同时，山刀也是一种多功能的刀具，可以用于切割、砍伐、铲掘等多种工作。然而，山刀也存在缺点，主要表现在以下三个方面：①由于山刀是手工制作的，其制作质量和使用寿命难以保证；②山刀需要人工进行保养和磨削，使用寿命较短；③山刀的使用需要一定的技巧和经验，对初学者来说存在一定的危险性。

七、扒皮、脱粒机具

玉米、谷子、稻子等农作物在运回家后，需要进行人工扒皮脱粒。玉米可以手动扒皮，也可以带着秸秆一起运回家。当时，村里没有脱粒扒皮等机械设备，所有的脱粒工作都需要靠人工完成。

1999 年，村里共有 7~8 个手动转脱粒机，每小时可以脱粒 25~30 斤；大多数人会将扒完皮的玉米堆成小包，用棍子从边缘开始捶打，从底下翻出整玉米再捶打，隔一段时间将玉米芯拣出来，每小时可以脱粒 50~70 斤；有些人会将玉米棒子装进尿素袋中，再用棒槌捶打，每小时可脱粒 60~80 斤。此外，屋里也可以进行脱粒，可以用长铁钉或者其他硬物在筐箩中戳打。谷子和豆类可以一次性脱粒，将打场中的谷子或豆类铺开后，让牛马车跑上去碾碎壳子，再用胶合板制作的木掀清理杂物，利用风力进行脱粒。[①]

（一）手摇脱粒机

手摇脱粒机是一种传统的农机具，用于将农作物的籽粒从穗或荚中脱离出

---

① 笔者于 2021 年 6 月 17 日对保尔斯稿嘎查村民 B 女士的访谈。

来。它主要由手摇装置、筛选装置、脱粒装置和输送装置等部分组成。通过手摇装置的转动，驱动筛选和脱粒装置工作，将农作物的籽粒与秸秆分离出来，并通过输送装置送出。

手摇脱粒机具有结构简单、使用方便、操作灵活、适用范围广等特点。它不需要电力或燃料等能源，只需要人力即可操作，适用于一些山区或远离电力的农村地区。同时，手摇脱粒机的维护成本较低，易于维修和保养。

然而，手摇脱粒机的工作效率相对较低，需要大量的人力和时间。对于大规模的农作物脱粒工作，手摇脱粒机的效率已经无法满足需求。此外，手摇脱粒机的筛选和脱粒效果也相对较差，易出现残粒和破碎等问题。在现代化的农业生产中，手摇脱粒机已逐渐被电动或机械化的脱粒设备替代（见图13-23）。

图 13-23　手摇玉米脱粒机

资料来源：2022 年 4 月 12 日笔者下载于 https：//www.bilibili.com/video/BV1Z54y1a7F3/。

（二）长铁钉（板）

长铁钉（板）是一种传统的农具，通常用于农业生产中的脱粒过程。它由一根长度较长的铁钉或铁板构成，形状通常为细长条状或长方形。在脱粒过程中，长铁钉（板）用于刺破农作物的果皮或壳，以便将籽粒取出。

使用一根结实的绳子将铁锚绑在手腕上，然后使用铁钉刺破玉米皮，取代了手动撕开玉米皮的过程，省时又快捷。长铁板用于玉米脱粒操作，将玉米斜45度拿起，用另一只手用铁钉刺破玉米籽粒，然后顺着纹路向下推，就可以轻松地脱粒。这种脱粒方法适用于在室内筐箩中脱粒（见图13-24）。

图 13-24 扒苞米

资料来源：2022 年 2 月 18 日笔者拍摄于村民家。

长铁钉（板）的使用方法简单，工作效率相对较高，并且不需要额外的能源，使其在一些山区或远离电力的农村地区得以广泛使用。

然而，长铁钉（板）的使用也存在一些问题。使用不当会导致农作物的损坏或籽粒不完整，同时也容易伤害人体。随着现代化农业的发展，机械化脱粒设备的普及已经逐渐替代了长铁钉（板）的使用。

（三）木（竹）锨

木（竹）锨是一种传统的农具，主要用于农业生产中的脱粒过程。它由木材或竹子制成，形状通常为长条状或长方形。在脱粒过程中，木（竹）锨用于将谷物迎风扬起，利用风力将脱粒后谷物中的谷壳、杂物等分离出来，方便收集。

木（竹）锨是一种由木材或竹子制成的农具，其主要用途是在田间作业中使用。相比铁锨，它的功能略有不同，主要用来将谷物迎风扬起，利用风力将脱粒后的谷物中的谷壳、杂物等分离出来，方便收集。由于木（竹）锨是由薄木板或竹子制成，因此不适用于犁地等耕作操作（见图 13-25）。

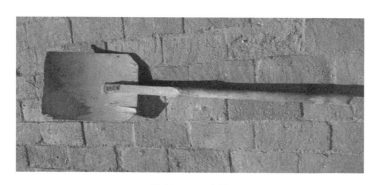

图 13-25 木锨

资料来源：2021 年 12 月 15 日笔者拍摄于村民家。

木（竹）锨的使用简单，只需要手持木锨，用力将谷物扬起，使其与风产生流动摩擦，将谷壳、杂物分离出来，从而收集干净的谷物。它可以替代手工脱粒的过程，提高了工作效率，并且不需要额外的能源，使其在一些山区或远离电力的农村地区得以广泛使用。

然而，木（竹）锨的使用也存在一些问题。由于其材质较为脆弱，容易损坏或磨损，同时也不适用于犁地等耕作操作。随着现代化农业的发展，机械化脱粒设备的普及已经逐渐替代了木（竹）锨的使用。

（四）簸箕、筛子

簸箕和筛子都是常见的清理和筛选工具。

簸箕是用竹、木等材料制成的工具，形状通常为圆形或扇形。主要用于清理废弃物、杂草、落叶等物品，其底部的细长竹条或木条可以将杂物抖掉，而底部的大竹或木条则可以保留需要的物品。簸箕的使用简单，只需将其放在需要清理的物品上，用力抖动即可。

常见的筛子有两种：一种是用柳条或竹条编织而成的，主要用来将谷物与杂物分离；另一种是由细铁丝制成的铁筛子，主要用来筛选土壤（见图13-26）。

图13-26　铁筛子（左）、簸箕（右）

资料来源：2021年12月15日笔者拍摄于村民家。

筛子也是一种常见的清理工具，它通常由细铁丝或塑料制成，形状为圆形或方形。主要用于筛选土壤、分离谷物、筛选颗粒较小的杂物等。在使用时，将需要筛选的物品放在筛子上，轻轻摇动或轻轻晃动筛子，即可将较小的杂物和不需要的颗粒筛掉，留下需要的物品。

八、运轮机具

（一）架木

架木是一种传统的农业工具，常用于农村地区的物品运输。它通常由柳树或榆树等树木的粗枝搭建而成，形状为四方形，大小可以根据需要灵活调整。在使用马车或牛车进行运输时，可以在车上搭建架木，将物品摆放在架木上，以提高运输效率和装载量。

在使用马车拉 1~2 头牛或马时，可以在车上搭建四方形的架木，用于装载玉米秆子或秸秆等物品。这种架木一般是由柳树或榆树直径为 7~8 厘米的粗枝搭建而成，大小可以根据需要灵活调整，常见的架木都是按照自家马车的大小进行配套搭建的。这种方法能够提高马车的装载量和承重力度，使得运输更为高效（见图 13-27）。

图 13-27　架木

资料来源：2022 年 4 月 15 日笔者画。

架木的制作和使用具有一定的传统特色，能够满足农村地区特殊的物品运输需求。然而，随着现代化农业的不断发展，农业机械化水平的提高，架木的使用范围已经逐渐缩小，被更为先进的物品运输工具所取代。

（二）楦席

楦席是一种常见的编织物，由一个手指头左右粗的柳枝编织而成，形状为高 60~70 厘米的椭圆形围栏。它通常用于运输玉米棒子、清理牛粪等日常农业活动。编织好的楦席放干后非常轻便方便，使用时直接架在马车中间即可，平时不用时也可以放在地上装干玉米棒子。

楦席作为一种传统农业工具，具有轻便、方便等特点，能够满足农村地区特殊的物品运输需求。然而，随着现代化农业的不断发展，楦席的使用范围已经逐渐缩小，被更为先进的物品运输工具所取代（见图 13-28）。

（三）马车箱板子

马车箱板子是一种传统的农业工具，用于装载和运输各种农产品。它通常由木材制成，尺寸大小可根据需要进行定制。马车箱板子使用简单方便，适合在农村地区进行物品运输。

图 13-28 楦席

最常见的箱板子通常是用杨树制作的。为了适应不同大小的马车,需要根据自家马车的尺寸定制箱板子的长宽。一般来说,箱板子的宽度在 30~35 厘米,由竖向连接的 2 个长方形围栏组成。主要用于运输阶段,用于装载已经扒皮的玉米 (见图 13-29)。

图 13-29 箱板子

(四) 车挂、缰绳、楔子

车挂是一种用于马车上的装载工具,通常由竹子或木头制成,形状为 6~7 厘米厚的三角形木段,两端钻有 2 个孔,可以用绳子或铁丝从两侧连挂在马车上,用于装载玉米秸秆、草饲、豆类秸秆等物品。车挂的使用需要配套使用缰绳和楔子。

缰绳是一种用于控制马匹的道具,通常由绳子或皮革制成,用于将马匹系在车辕上或其他地方,控制其行动和方向。在车挂的装载过程中,缰绳用来加固车挂,保证装载物品的稳定和安全。

楔子是一种圆柱形的工具，一端为尖，另一端为平，分为大楔子和小楔子。在车挂的装载过程中，大楔子用于穿过车挂并插入秸秆，将车挂顶紧；小楔子则用于勒紧缰绳，以进一步加固缰绳。楔子的使用可以有效地控制车挂和马匹，保证装载物品的安全和稳定。

平时这些三角形木段挂在马车后方，厚度为 6~7 厘米。它们的两端钻有 2 个孔，可以用绳子或铁丝从两侧连挂在马车上。虽然这些木段主要用于装载玉米秸秆、草饲和豆类秸秆等物品，但平时很少使用。车挂还配有一些工具，包括缰绳和楔子。对于运输，使用的绳子需要质量高且耐用，通常为直径 2~3 厘米，长度为 15 米。楔子是一种圆形柱子，一端为尖，另一端平，分为大楔子和小楔子，直径分别为 12~14 厘米和 5~6 厘米，长度都为 100 厘米。在将秸秆和饲草整齐地装好后，第一步是将车挂往上提起来，然后用大楔子穿过车挂，根据车挂的长度插入秸秆并使车挂紧顶住。第二步是将一端已经绑在车头的缰绳甩到后面，绑在大楔子上，再转动小楔子勒紧并卡到缰绳后面，以进一步加固缰绳（见图13-30、图 13-31）。

图 13-30　车挂

资料来源：2021 年 12 月 15 日笔者拍摄于村民家。

图 13-31　缰绳（左）、楔子（右）

资料来源：2021 年 12 月 15 日笔者拍摄于村民家。

九、加工机具

村里有个加工厂，有很多专用加工机器，包括谷子、小麦、稻子、玉米等。这些机器在合作社时期就有，用手摇柴油机带动。承包责任制实施后转变为个体加工厂，直到1987年村里通电以后改为电力驱动。20世纪90年代中后期村里共有3~4个磨，加工后的玉米分为四类：大碴、中碴、小碴、糠。玉米秆子、小米秸子等会用传统铡草机加工，传统铡草机劳累，费时费力，工作效率低。

（一）铡刀

铡刀是一种用于切割纸张、布料、塑料薄膜、铝薄板等材料的工具。铡刀的结构包括刀片、刀座、切割板和操作杆等部分。根据其用途和切割材料的不同，铡刀的刀片形状、长度和材质也存在一定的差异。

传统的铡草机一般使用粗一些的原木作为底部，上面摆放一个平整的工作台面，上面安装一个大铡刀和一个木制手柄，用于切割小麦种子或其他草类（见图13-32）。

图13-32　铡刀

资料来源：2021年12月18日下载于快手（http://www.tao5040727878）（左图）；2021年12月15日笔者拍摄于村民家（右图）。

铡刀的优点在于使用简单、易于操作，可以快速、准确地完成切割工作。它适用于切割不同材质的物品，并且能够实现各种不同的切割方式，如直线切割、曲线切割、斜线切割等。此外，铡刀的成本较低，易于购买和维护。然而，铡刀也存在缺点，主要表现在以下三个方面：①由于其切割方式是靠手动操作完成，需要一定的手部力量和技术；②由于刀片的锋利度和材质存在一定的差异，不同的铡刀在使用寿命和切割效果上也有所不同；③在使用过程中需要注意刀片的安全性，以防止意外伤害。

（二）石磨

石磨是一种传统的研磨工具，用于磨碎食物、药材、化妆品等物品。其结构由磨盘、磨石、磨座等部分组成，通过人力或机械驱动磨盘旋转，磨石在磨盘上转动，将物品磨碎。

石磨的磨盘和磨石都是由石头制成的，上面的磨石有喂料口，下面的磨石有磨齿，直径约为 50 厘米，厚度约为 25 厘米。磨石可以由 1~2 人手动推动，或者由 1 头牲口拉动，非常适合农家使用（见图 13-33）。

图 13-33 拉磨的驴

资料来源：2021 年 12 月 18 日下载于快手（http://www.tao5040727878）。

石磨的优点在于磨碎物品过程中无须添加水或其他润滑剂，可以保持物品的原汁原味和营养成分。同时，石磨磨出的物品颗粒较为均匀，且不会过热，防止高温破坏物品的营养成分。此外，石磨在磨碎物品过程中不会产生静电，对物品的品质和保质期也有一定的保障。然而，石磨也存在缺点，主要表现在以下两个方面：①其磨碎效率较低，需要较长时间进行磨碎，且需要人力或机械驱动，劳动强度较大；②石磨的维护和清洁较为困难，由于磨石和磨盘的材质较硬，对清洁和维护人员的技术要求较高。

（三）脱粒玉米加工机器

脱粒玉米加工机器是用于加工玉米的一种机器。它主要用于将玉米穗中的玉米粒与玉米皮分离开来。其主要结构包括进料口、清理装置、脱粒装置、筛选装置、出料口等。在加工过程中，将玉米穗放入进料口，经过清理装置清理后进入脱粒装置，通过脱粒轮和脱粒板的摩擦和撞击作用，将玉米粒与玉米皮分离。随后，经过筛选装置进行筛选，将脱粒后的玉米粒分离出来，最终通过出料口排出。脱粒玉米加工机器的使用可以提高玉米加工效率，减少人力成本，适用于农村地区或农业生产加工企业。

该农具只能用来加工脱粒后的玉米。至少需要 2 人来操作。主要用于加工玉米饲料。使用时，将玉米倒入底部的进料口，1 人负责将事先准备好的塑料袋对准出料口下方的布袋并将塑料袋口封住，另 1 人需要及时往进料口倒入玉米并将填满玉米的袋子搬离（见图 13-34）。

图 13-34　加工机器上连接筛子

资料来源：访谈对象在 2021 年 12 月 16 日提供。

(四) 风车子 (筛车)

风车子，又称筛车，是一种传统的农具，主要用于清除谷物中的杂质。风车子的主要结构包括车体、底座、风叶、筛网、输送带等。在使用过程中，谷物被放入车体中，并通过输送带将谷物向上输送到风叶处。风叶通过旋转产生风力，将轻质杂质和谷壳吹散，而重质物质如谷粒则继续向上运动，落入筛网中进行筛选。筛网可以根据不同的需要更换，以筛除不同大小、形状的杂质。最后，清洁的谷粒通过底部的出口排出，而杂质和谷壳则通过侧面的出口排出。风车子的使用可以提高谷物加工的效率，减少人力成本，适用于农村地区的谷物加工场所。

炒米、黄米、大米等谷物中含有糠的都需要用风车子进行加工。将谷物放入喂入口，直到装满黄米，一只手摇动风车子，另一只手可以调整速度。经过风车子的处理，米从大口出来，粗碴子从另一个口出来，而糠则被风力吹出侧口。最后，将米、粗碴、糠分别装袋即可（见图 13-35）。

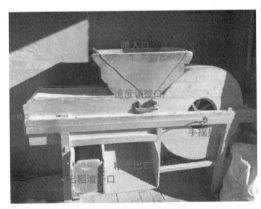

图 13-35　风车子

资料来源：访谈对象在 2021 年 12 月 16 日提供。

第二节　主要生产的农作物种类

第一，牛力牵引力阶段的农业经济属于半封闭式的传统农业，农业生产活动处在以农养农状态。由于农民使用牛作为动力，农作物种植结构形成了独特的特点，以适应牛的耕作效率和草料补充的需要。主要种植的作物包括玉米（黄玉米、白玉米）、大豆、小米、高粱、荞麦和水稻。其中玉米和小米是主要的大田作物，而大豆、水稻、荞麦则是主要的经济作物，这些作物除了自留部分使用外，大部分都用于销售。当时，只有2户人种水稻，很多人都没有条件种植水稻。小米、荞麦和各种豆类除了果实以外，主要用于取其秸秆喂养牲畜，补充旱季和冬季草料的不足。高粱、荞麦、小米等作物主要自己消费。农作物种植结构除了受以农养农需要的影响外，在很大程度上还受到牛力耕作效率的影响。

第二，进入马力牵引力阶段后，由于马的耕作效率明显高于牛，人们在农业生产活动中拥有了更多的选择。在经济利益的驱动下，农业生产作物种植结构出现了明显变化，尤其是经济作物的种类和耕种总面积都发生了较大调整（见图13-36）。玉米耕种面积逐步扩大，由于白玉米产量低、经济效益差，因此逐渐被黄玉米取代，极少量的白玉米只供自家食用。荞麦等经济作物逐渐被绿豆、花豆等作物所取代，种植面积不断缩小。同时，我国的玉米种子也在不断更新，

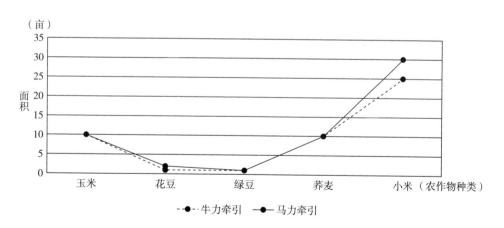

图13-36　农作物种植面积变化

资料来源：2021年12月12日对村民B的采访内容。

新的绿豆、大豆等也相继出现。从农业生产结构来看，耕地以玉米为主，但由于畜力耕作效率、劳动力数量等原因，导致早玉米和晚玉米的出现。其他经济作物种类趋于简单化，以绿豆、花豆为主。从土质的选择和耕种面积上来看，人们在优质土地上首先是耕种玉米，其次才考虑绿豆、黑豆等经济作物。

第十四章 半畜力半机械牵引力阶段的农业生产方式状况（2003~2012年）

在现代农业中，机械已成为农业发展阶段的重要标志之一。在保尔斯稿嘎查，2003~2012年，村民在农业生产的春播、中耕、秋收、运轮等环节不仅使用牲畜力作为牵引力，还开始零散地使用机械机具。这期间，村里的乡村面貌、农具、农耕总面积、农作物种类及比例等发生了较大变化，同时世界银行贷款的项目和政府颁布的有利于农民的政策得以落实，人们的生活水平也得到了提高。例如，2003年开始广泛使用六马力柴油机，是因为他们可以以贷款的形式购买柴油机，先无偿使用后再付款。在农作物方面，2007~2008年，绿豆和花豆的种植面积比例比玉米大，当时市场价为0.8元。由于取消了农业税，人们开始大面积开垦土地，全村耕作总面积增加了2~3倍。2007年，村里有3台单缸四轮车，之后人们陆续购买了多缸四轮车、摩托三轮车等机械牵引力器具，大量解放了劳动力，同时人们在购买农业机械器具上的支出也增加了。在这个阶段，大多数人开始"卖马买铁"，先付一部分款项，剩下的赊账，秋收后再还款。在这个阶段，灌溉和施肥方式发生了较大变化，从没有灌溉农田到开始灌溉农田，用畜粪的人变得越来越少，化肥的使用量越来越多。农作物结构也发生了很大变化，荞麦、小米和高粱等非经济农作物逐渐被绿豆、花豆、黑豆等经济农作物所取代。玉米的种植面积越来越大，玉米种子的选择也越来越多样化。有些种子颗粒大、饱满，但玉米秆长不高，有些注重产量的人会选择这类种子。家里养牲畜多的人会选择玉米秆子长得好但颗粒没有那么饱满的种子。

第一节 半畜力半机械牵引力阶段的农具状况

与畜力牵引力阶段相比，在半畜力半机械牵引力阶段，农具更加解放了劳动力，从而在劳作时间和效率方面有了明显的提高。这是畜力牵引力和机械牵引力在整个农耕作业时期相结合的阶段。在此阶段的前半部分，播种以马力牵引为主，但机具方面有了很多新的改进，如在铁犁上安装施肥箱，使得播种的同时能够撒地肥，从而一次犁可以完成两个任务。在此阶段的后半部分，村里开始采用机械牵引力，如单缸四轮车、多缸四轮车、摩托三轮车等，同时也有很多相匹配的机具出现。2007年，村里共有3台单缸四轮车，1个长2米、宽1.8米的铁四轮箱子；而到2010年，村里的多缸四轮车数量已经达到了10台。虽然极少数人能够一次性购买四轮车及其相应的机具，如耕地犁、播种机、四轮箱子等，但大部分人只能将淘汰下来的马车改良，拉在四轮车后面充当"箱子"用于日常生活。

一、整地耕地机具

在村里还没有多缸四轮车时，一直是使用马力牵引力来进行耕地整地。由于马和人一天的工作量有限，耕完一遍后需要更换犁刀再进行一遍，因此农耕总时间很长。虽然在2007年开始有了单缸四轮车，但是由于其力度不够，无法在沙漠里使用，因此除了一些运轮和代步之外，无法用于农业生产。直到2008年底才开始陆续购买多缸四轮车，并投入到农业生产中。多缸四轮车的出现也带动了携带式机械机具的使用。

（一）铁犁

铁犁用于耕地和整地。相对于木犁，铁犁更加坚固耐用，犁耕效率也更高。铁犁的出现使农业生产更加高效和稳定，也促进了农业生产的发展。

犁头、犁柱、犁床都改用铁制。犁柱和床已经联成一体，犁头呈三角形，没有犁壁。犁头用铂螺钉固定，可拆卸，利用犁柱可上下调节犁辕控制耕地深度。在这一阶段的前半部分时间仍然使用马力牵引铁犁耕地整地，一人一马，一天能够耕1.2亩地（见图14-1）。

图14-1　铁犁

资料来源：2021年12月15日笔者拍摄于村民家。

（二）多缸四轮车牵引式犁

多缸四轮车牵引式犁是现代农业机械化生产中的一种农机组合，主要由多缸四轮车和犁具组成。多缸四轮车提供动力和牵引力，犁具则用于耕地和整地。

用多缸四轮车牵引1台三行耕地机，有平行的3个犁刀，悬挂在四轮车后，用四轮车牵引着犁地，可调整耕深。耕地时车速一般控制在二挡内，304型号的多缸四轮车牵引式犁一天耕30亩地（见图14-2）。

图14-2 四轮车牵引式犁

资料来源：2021年12月15日笔者拍摄于村民家地里。

相对于传统的手工耕作或单纯的机械化耕作，多缸四轮车牵引式犁具有以下四点优势：①高效。多缸四轮车具有强大的动力和牵引力，可以提高耕地速度和效率，节省农民的时间和劳动力成本。②精准。多缸四轮车具有灵活的操控性和稳定的平稳性，可以精准控制耕地的深度和方向，提高耕地精准度和均匀度。③省力。多缸四轮车可以减轻农民的体力负担，让农民作业过程更加轻松和舒适。④节能环保。多缸四轮车可以减少油耗和机械磨损，降低能源消耗和环境污染。

（三）多缸四轮车牵引式旋耕机

多缸四轮车牵引式旋耕机是一种农业机械化生产中的旋耕机组合，它主要由多缸四轮车和旋耕机组成。多缸四轮车提供动力和牵引力，旋耕机则用于农田的耕作。

该耕作机械采用中间齿轮传动结构，以牵引机的输出轴为动力，通过刀轴上刀刃的转动与向前的组合动作，对未经耕种或耕作后的土地进行碾压。这项技术适合于旱地和盐碱地的浅层耕作，可防止土壤中的盐分升高。它还能完成除茬、碎土、机耕、地面平整和覆盖紧密等任务，具有耗油少、适合土壤湿度、抢农时、省劳动力、作业质量高等特点（见图14-3）。

图 14-3　四轮车牵引式旋耕机

资料来源：2021 年 12 月 15 日笔者拍摄于村民家地里。

多缸四轮车牵引式旋耕机的优势与前述的多缸四轮车牵引式犁基本一致。

（四）四轮车牵引式整地耙

四轮车牵引式整地耙是一种农业机械化生产中的整地耙组合，它主要由四轮车和整地耙组成。四轮车提供动力和牵引力，整地耙则用于农田的整地作业。

该四轮车牵引式整地耙与之前的整地耙在构造原理上没有太大的变化，但不同的是它多了一个竖向的铁板，主要用于推土。整地耙的基本结构包括整地板、弹簧、支架、曲轴、链条等部分，通过四轮车的动力和牵引力来带动整地板进行农田的整地作业。而新增的竖向铁板可以在整地板的基础上更好地推平和压实土壤，提高整地效果。这样的设计可以提高整地精准度和均匀度，缩短整地时间，减轻劳动强度，同时也有助于节能环保，降低农业生产成本（见图 14-4）。

图 14-4　四轮车牵引式整地耙

资料来源：2022 年 4 月 9 日笔者拍摄于村民玉米地。

四轮车牵引式整地耙的优势与前述的多缸四轮车牵引式犁基本一致。

二、播种机具

在现代农业生产中，手动撒种子的播种方式已经逐渐被淘汰，仅在种植小麦和小米等少数作物时有人采用，这些人很少，整个村里也只有1~2人，他们每几年才种一次，一次种1~2亩地，主要是为自家食用。在春播时期，几乎全村都采用机械化牵引力机具进行播种。其中，四轮车牵引式播种机已经更新了多个版本，广泛使用的有单行播种机和四行播种机。这些机具具有播种效率高、操作简便、精准度高等优点，可以满足农民日益增长的生产需求，促进农业生产的现代化和机械化。

（一）单行播种机

单行播种机是一种用于农业生产中的机械化设备，它主要用于单行播种作物。单行播种机通常由播种装置、传动系统、支撑装置、控制系统等部分组成，可以精确控制种子的深度、间距和密度，保证播种的均匀性和一致性。

耕种时用的铁犁上装塑料材质的播种箱，箱子底下的空也可以按自己的需求堵上或另打几个空，调节好播种箱的位置及掉种子的空间隔能做到同频率的播种（见图14-5）。

图14-5 犁刀（左）、单行播种机（右）

资料来源：2021年12月15日笔者拍摄于村民家地里。

单行播种机相对于传统的手工播种，有以下六点优势：①高效。单行播种机可以实现大面积的快速播种，提高播种效率和生产效益。②精准。单行播种机可以精确控制种子的深度、间距和密度，保证播种的均匀性和一致性。③节省种子。单行播种机可以减少种子的浪费和损失，降低生产成本。④节省人力。单行播种机可以减轻农民的体力负担，提高农业生产的劳动效率。⑤多功能。单行播种机可以适应不同的作物和播种环境，具有较强的适应性和灵活性。⑥节能环保。单行播种机可以减少人工劳动和机械磨损，降低能源消耗和环境污染。

（二）四行播种机

四行播种机是一种用于农业生产的机械化设备，它可以同时进行四行作物的播种。四行播种机通常由播种装置、传动系统、支撑装置、控制系统等部分组成，可以精确控制种子的深度、间距和密度，保证播种的均匀性和一致性。

自2009年末开始，村民在购买四轮车时开始购买携带式单行播种机，接下来的一年就开始销售四行播种机。但是现在，人们仍然按照自己的习惯使用单行和四行播种机（见图14-6）。

图14-6　四行播种机

资料来源：2021年12月15日笔者拍摄于村民家地里。

四行播种机的优势与前述的单行播种机基本一致。

三、中耕机具

在中耕作业时期，人力劳动与机械机具结合，这是一个典型的阶段。除了传统的锄头硬刨，人们开始广泛使用新型中耕机械机具和农药。新型的漏锄等工具比传统的漏锄更轻便省力，也更加节省体力。针对豆类的除草，最初人们会在后背式喷壶里兑好农药，然后人工背着进行除草。虽然也是人工，但效率比锄头除草高得多。在锄头除草阶段，每人需花费42天才能除完80亩田。从2012年开始，人们开始使用拖拉机牵引式喷壶器除草，将装有除草剂的水桶安装在四轮车后面，以喷洒农药的形式进行除草。

（一）漏锄

漏锄是一种用于耕作的农具，通常用于松土、除草等作业。漏锄由铁锄头和长柄组成，锄头上有许多小孔，可以将土壤松散并除去杂草。漏锄的使用方式是将锄头插入土中，然后来回刨动，从而达到松土、除草的目的。主要用途是锄草，锄板是半圆形的，中间有一个半圆孔。锄柄可以拆卸下来。长 38 厘米，宽 24 厘米，高 12 厘米，锄刃长 24 厘米，宽 6 厘米（见图 14-7）。

 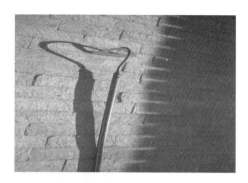

图 14-7 漏锄

资料来源：中华人民共和国农业部. 农具图谱（第二卷）［M］. 北京：通俗读物出版社，1958：15；2021 年 12 月 15 日笔者拍摄于村民家（右图）。

漏锄相对于传统的手工锄地有以下四点优势：①效率高。漏锄的锄头上有很多小孔，可以一次性地松土和除草，效率比手工锄地高。②省力。使用漏锄时，只需将锄头插入土中来回刨动，不需要像手工锄地一样弯腰和用力，因此省力。③耐用。漏锄的锄头通常由铁制成，具有较强的耐用性和抗磨损性。④成本低。相对于其他农业机械，漏锄的成本比较低，容易获取和维护。

（二）拖拉机牵引力式高压机动喷雾机

拖拉机牵引力式高压机动喷雾机是一种现代化的农业机械，用于农作物的喷雾和施肥，通常由拖拉机、高压机动喷雾机和水箱等组成。拖拉机作为动力源，将高压机动喷雾机牵引到农田上，然后通过高压泵将液体农药、化肥或其他溶液喷洒到农作物上。

将塑料大桶连接的输送管和喷头，配合打药机使用，可以产生雾粒直径很小的药液，具有良好的防治效果。该设备一次能装载 800~1000 斤药液，能够覆盖 10 亩的农田（见图 14-8）。

拖拉机牵引力式高压机动喷雾机相对于传统的手工喷洒有以下五点优势：①效率高。拖拉机牵引力式高压机动喷雾机可以快速地覆盖大面积农田，比手工喷洒更加高效。②施药均匀。拖拉机牵引力式高压机动喷雾机可以将液体农药或化肥均匀地喷洒到每一个植株上，避免了手工喷洒时的浪费和不均匀。③省力。拖拉机牵引力式高压机动喷雾机使用时无须大量的人工劳动，减轻了农民的劳动强度。④精准度高。拖拉机牵引力式高压机动喷雾机可以通过调节喷雾机的高度和角度，以及喷雾量等参数，实现对农药或化肥的精准控制。⑤节约资源。相对于传统的手工喷洒，拖拉机牵引力式高压机动喷雾机可以节约农药和化肥的使用量，减少了对环境的污染。

图 14-8　高压机动喷雾机

资料来源：2021 年 12 月 16 日笔者拍摄于村民家。

四、施肥机具

在这一阶段的前半部分，很多人在播种前会将畜粪肥撒在地里。但是在后半部分，很少有人坚持使用农家肥，大多数人直接使用二铵等化学肥料。施肥机具的样式也变得更加多样化，装化肥的工具比以前更加轻便和耐用。

（一）韧带桶

五金商店通常也供应韧带桶，这种桶底和桶身都是用韧带制成的，提手可以拆卸，市场上通常会搭配销售钢筋制的半三角形提手。相比铁桶，韧带桶更加耐用，不会因为铁桶装二铵等化肥而腐蚀和漏底，但重量稍微大一些。一般情况下，韧带桶主要用于装水或水泥等重物（见图 14-9）。

（二）单缸四轮车牵引式 2~3 个播种机

单缸四轮车是一种小型农用车辆，具有简单的结构和较小的尺寸，可以轻松穿过田地和狭窄的道路。它通常由 1 台单缸柴油发动机驱动，具有较低的燃油消耗和较高的效率。牵引式播种机是一种种植作物的机器，由 1 个播种箱和 1 个播种机构成。它可以根据种植的作物和行距进行调整，使种植更加精确和高效。将单缸四轮车和 2~3 个牵引式播种机组合在一起，可以大大提高农业生产的效率。它可以在较短的时间内完成大片土地的耕作和种植，减轻农民的劳动强度，提高作物的产量。使用这种设备，可以在一天内耕种 25~30 亩土地，同时施肥和播种，提高农业生产效率（见图 14-10）。

图 14-9　韧带桶

资料来源：2021 年 12 月 15 日笔者拍摄于村民家。

图 14-10　播种机

资料来源：2022 年 1 月 3 日笔者拍摄于村民家。

（三）单柄耘锄施肥器

单柄耘锄施肥器是一种农业工具，通常用于在种植作物时同时进行耕作和施肥。它的主要构成是一个由木杆或金属杆制成的单柄耘锄，配有施肥器。单柄耘锄是一种手持工具，用于翻土、除草和锄地，便于在土地上移动和操作。它通常由 1 个长杆和 1 个锄头组成，可以根据需要设置不同的角度和弧度，以适应不同的土地和作物。施肥器是一种将肥料均匀分布在土地上的装置。它可以在耘锄的同时将肥料施入土壤中，从而提高作物的产量和质量。

将单柄耘锄和施肥器组合在一起，可以大大提高农业生产的效率。它可以在一次操作中完成耕作和施肥，减轻农民的劳动强度，提高作物的生长速度和产量。

该工具适用于中耕和施肥，可以施用化肥和粒状肥料。它是在单柄耘锄培土开沟器的基础上增加一个肥料箱，箱子内部被人字形木板分为两半，每一半都有一个圆形小孔，并且下面安装有一个可调节的木板，可以控制孔洞的大小。这个工具还配备有一个铁条手杆，可以控制肥料箱中的肥料流量。肥料通过两个化肥管漏到沟里。这个工具的尺寸为长 165 厘米，宽 45 厘米，高 105 厘米。每天可以施肥 20~30 亩土地。

五、灌溉机具

在过去，农民种地完全依赖于自然条件，一年的收成全靠天意，取决于降雨量和干旱程度。然而现在，随着灌溉技术的发展，村里开始采取灌溉措施来保证农田的灌溉需求。尽管水源仍然使用塑料管道，但是柴油机的型号和马力得到了很大的改进，从过去的 6 马力到现在的 8 马力，已经广泛应用于村庄中。在干旱季节，人们利用这些灌溉设备来给玉米地灌溉，确保种子有足够的水分。

2003 年，大部分的村民都会在农田旁边打井，使用 6~8 马力的柴油机抽取水，然后将井口与胶皮水管连接。由于水管的外部全都是天蓝色，因此村民们称其为"蓝管"。每一节水管长约 30 米，宽度约为 10 厘米，价格在 100 元左右，重量约 10 斤。而 1 台 6 马力柴油机需要 4 根水管，总价约为 1500 元。

蓝管的顶端会系上一个麻袋，并在地下放置一块板子，每隔一段时间就会移动水管的位置，以保护种子不被冲坏。在灌溉的过程中，人们每隔一段时间会挖小渠道，使水充分地流向每块土地。

而从 2012 年起，有一些村庄开始采用 15 马力、20 马力柴油机驱动的塑料管井来进行灌溉（见图 14-11、图 14-12）。

图 14-11　8 马力柴油机（左）、15 马力柴油机（右）

资料来源：2022 年 4 月 9 日笔者拍摄于村民家。

图 14-12　蓝管（左）、4 寸塑管（右）

资料来源：2022 年 4 月 9 日笔者拍摄于村民家地里。

六、收割机具

在半畜力半机械牵引力阶段的前半部分时间内，收割工具基本上没有什么变化。在整个阶段，玉米的收割工具基本上仍然是高力刀。而对于豆类的收割工具，只有在后半部分时间内出现了一些新的变化，从 2006 年开始，推刀开始被广泛使用，其中包括三角形推刀和圆推刀。

（一）推刀锄

自 2006 年起，推刀锄在村里得到了广泛应用。相比使用高力刀，在使用推刀锄的过程中，角度更加合理，更省力。它的外形类似于割草的大镰刀，中间部分呈三角形，两侧有支架。因此，村民们将其称为"三角形推刀"。在这个基础上，村民们进行了自主改良，通过在外围添加直径为 0.5 厘米的钢筋或铁，制作了一种新型的推刀锄，称为"圆推刀"。改良版的推刀锄面积更大，更方便堆放豆秸（见图 14-13）。

图 14-13　推刀锄

资料来源：2021 年 12 月 15 日笔者拍摄于村民家。

推刀锄的主要特点有以下五点：①省力。相比传统的锄头，推刀锄的使用更加省力，因为它的刀头采用了倾斜设计，能够更加轻松地切割土壤。②高效。推刀锄的刀头较大，能够一次性处理更多的土壤，从而提高了工作效率。③易于操作。推刀锄使用起来非常简单，只需要按照操作方法来回推动即可，非常适合农民使用。④耐用。推刀锄采用优质的材料制作，具有较高的耐用性，能够经受住长时间的使用。⑤环保。推刀锄使用时不需要使用化学药剂，对环境没有污染。

（二）压青贮机

压青贮机主要用于压实和储存青贮。每年阳历的7~8月初是压青贮的高峰期。通常情况下，多家农户会选择互相搭配合作，提高效率。压青贮的方法通常是先手动将玉米秆割倒，再将其运到机器旁边进行铡切（见图14-14）。

图14-14　2013年的夏天手动压青贮

资料来源：访谈对象在2021年12月16日提供。

它的主要特点有以下五点：①高效。压青贮机能够将青贮快速压实和储存，从而提高了工作效率。②省力。相比传统的压青方法，使用压青贮机能够减少人力和时间成本，更加省力。③稳定。压青贮机采用机械压实，能够保持青贮的稳定性，防止发生堆积不当的问题。④自动化。压青贮机具有自动化控制系统，能够自动完成压实和储存过程，减少了人工操作。⑤节约空间。压青贮机的设计紧凑，能够节约存放青贮的空间，同时也方便存放和运输。

七、扒皮、脱粒机具

在扒皮脱粒工作中，这一阶段的操作方式与前一阶段相同。但是在2008年之后，出现了一些柴油机和电力驱动的牵引式机械用于扒皮脱粒。由于电力驱动的机械成本较高，且当时许多人的经济条件并不好，大多数人购买柴油机牵引式扒皮机。

（一）柴油机牵引式玉米扒皮机

柴油机牵引式玉米扒皮机是一种采用柴油机作为动力源，使用牵引方式移动的玉米扒皮机。这是一种单一功能的扒皮机，需要使用 12 马力以上的柴油机进行牵引。使用时，需将带皮的玉米手动倒入喂入口，然后通过装有铁齿的滚动桶，将皮从侧边喷出，玉米棒则从后方吐出，并从上方出口喷出。由于喂入玉米需要纯人工操作，整个过程中需要定期挪动喷出的皮和后方的玉米棒，因此需要消耗大量人力，同时产生噪声和灰尘（见图 14-15）。

图 14-15　柴油机牵引式玉米扒皮机

资料来源：2021 年 12 月 15 日笔者拍摄于村民家。

它的主要特点有以下五点：①高效。柴油机作为动力源，能够提供充足的动力，使扒皮机具在工作时有更高的效率。②灵活。采用牵引式移动方式，适用于不同地形和场地的操作。③节省成本。柴油机燃料成本相对较低，使用柴油机牵引式玉米扒皮机能够节约成本。④易于操作。牵引式玉米扒皮机的操作相对简单，不需要太多的专业技能。⑤多功能。柴油机牵引式玉米扒皮机不仅可用于去除玉米的皮层，也可以用于其他谷物的加工。

（二）柴油机牵引式脱玉米粒机

柴油机牵引式脱玉米粒机主要用于脱粒、清理、筛选等处理玉米的工作。其主要组成部分包括柴油机、牵引装置、脱粒装置、清理装置、筛选装置等。

该设备采用柴油机作为动力源，具有动力强、使用灵活等特点。牵引装置可以将设备移动到农田中，从而方便进行作业。脱粒装置采用高速旋转的圆筒和刀片，将玉米穗进行脱粒。清理装置则通过风力将杂质、秸秆等清理出去。最后，筛选装置将脱粒后的玉米粒分为不同的规格，以便于收集和加工。

柴油机牵引式脱玉米粒机的优点是能够高效地完成玉米的处理工作，提高了农民的生产效率和收益。同时，该设备具有使用灵活、操作简单、维护方便等特点，适合不同规模的农田使用。缺点是需要消耗柴油，对环境造成一定的污染。

　　图 14-16 是一台多功能的筛选脱粒机，它可以同时完成脱粒、风选和筛选功能，能有效地清除打出玉米中的杂质。在使用时，将玉米倒入喂入口后，秸秆和玉米芯会从上部出口喷出，而玉米则通过风机传送到筛选机进行杂物过滤，再进行二次筛选后从出口输出。

图 14-16　柴油机牵引式脱玉米粒机

资料来源：2021 年 12 月 15 日笔者拍摄于村民家。

（三）柴油机牵引式花豆脱粒机

　　柴油机牵引式花豆脱粒机主要用于花豆的脱粒、清理、筛选等处理工作。

　　该设备采用柴油机作为动力源，具有动力强、使用灵活等特点。牵引装置可以将设备移动到农田中，从而方便进行作业。脱粒装置采用高速旋转的圆筒和刀片，将花豆进行脱粒。清理装置则通过风力将杂质、秸秆等清理出去。最后，筛选装置将脱粒后的花豆粒分为不同的规格，以便于收集和加工。

　　柴油机牵引式花豆脱粒机的优点是能够高效地完成花豆的处理工作，提高了农民的生产效率和收益。同时，该设备具有使用灵活、操作简单、维护方便等特点，适合不同规模的农田使用。缺点是需要消耗柴油，对环境造成一定的污染。

　　花豆、绿豆和红豆都可以使用花豆脱粒机进行脱粒处理。该设备主要由喂入口、滚动桶、过滤网、杂物出口和豆子出口等组成。用户可以将连接柴油机的 3 条韧带固定在机器侧面的凹槽上，启动柴油机并使用手动摇把。将带有适量秸秆的豆子推入喂入口，通过铁齿滚动桶的碾压，豆子经过地下网再次过滤杂质。在操作过程中需要及时清除过滤网上的杂物和秸秆，以免堆积过多，污染已脱粒好的豆子（见图 14-17）。

图 14-17　柴油机牵引式花豆脱粒机

资料来源：2021 年 12 月 16 日笔者拍摄于村民家。

八、运轮机具

马车的承载能力较小，每次只能装运少量货物，需要进行多次运输。在运输小米、玉米秆等物品时，需要使用架木；而在运输玉米棒时，可以使用轩辕进行包装。随着单缸四轮和多缸四轮等机械牵引力的出现，人们开始在四轮车后挂载四轮箱子来运输玉米棒，有些人也会对淘汰下来的马车进行改良，将其连接在四轮车后面成为"四轮箱子"。改良版的马车上仍然需要使用"箱洞子"，并在运输秸秆时使用"架木"。

四轮箱子是一种用于运输货物的装置，它可以被挂载在机械牵引的车辆后面，或者连接在改良版的马车上，发挥载货的功能。四轮箱子通常由金属或木材制成，具有较大的承载能力和稳定性，可以安全地运输各种货物。

最常用的四轮箱子类型是标配单缸四轮车的，它通常为 2 米长、1.8 米宽的四方形，最大承载量为 4000 千克。而标配多缸四轮车的箱子则为 2.8 米长、1.7 米宽，最大承载范围为 6000 千克（见图 14-18）。

图 14-18　四轮箱子

资料来源：2022 年 1 月 3 日笔者拍摄于村民家。

四轮箱子的优点是，相对于传统的马车，它的载货量更大，且运输速度更快，能够提高物流效率。同时，四轮箱子的结构稳定，可以保证货物不会因为颠簸而受损，运输安全性较高。但四轮箱子也有一些缺点。首先，它的体积较大，需要占用较大的空间进行运输。其次，四轮箱子本身的重量也较大，会增加机械牵引车的负荷，对车辆的磨损和燃油消耗也会产生影响。

九、加工机具

谷物加工机具基本没有什么变化，还是电力驱动式机具。很多人除去玉米、小米、水稻基本没有加工谷物的需求，前期加工的玉米、稻子、小米等的糠用来给牲畜当饲料。在秸子、玉米秆子等的加工机具上稍有变化。

（一）铡草机

铡草机是一种用于割草和打成饲料的农业机械设备。它通常由电动机或柴油机驱动，通过铡刀将草料切成小段，使其更易于储存和使用。铡草机通常用于农业生产和畜牧业生产中。

家庭式铡草机操作简便，仅需两人即可完成操作。该机适用于牛场、猪场、羊场等地的秸秆、麦秸、稻草等草料的铡切。铡草机的主要部件包括喂入、切割、抛出、传动、行走、防护、框架等。驱动机构由三角带、传动轴、齿轮和万向节等组成，底部还设有地脚轮和保护装置。该铡草机可用于割取玉米秆、豆秸、稻草等不同类型的草料（见图14-19）。

图14-19　铡草机（左）、切割干草（右）
资料来源：2021年12月15日笔者拍摄于村民家。

铡草机的优点是可以高效地割草和打成饲料，使草料更易于储存和使用。铡草机的操作也相对简单，只需要将草料放入机器中即可完成铡刀的割草工作。同时，铡草机还可以根据不同的需求和用途进行不同的调整和配置，比如可以调整刀片的角度和位置，以适应不同类型的草料和不同的铡切需求。然而，铡草机也有缺点，主要表现在以下三个方面：①首先，铡草机的价格比较高，需要一定的投入成本；②铡草机在使用时需要注意安全，以免发生意外；③铡草机的维护保养也需要一定的时间和成本投入。

（二）喷碎机

喷碎机是一种用于将不同类型的物料喷射到高速旋转的刀片中进行碎磨和分散的机械设备。它通常由电动机、压缩空气、进料管和出料管等组成。

该设备适用于粮食和饲料的粉碎工作，包括脱粒的玉米和带芯的玉米棒等。其主要组成部分包括机架、入料槽、粉碎机构、送料机构和集料器。动力通过皮带传动皮带轮驱动机器运动。喂料槽向下倾斜，方便物料自动喂入。上部配备齿板，下部有可更换的筛孔。粉碎的饲料通过吸风式风力输送到集料器，该集料器由上部空心的四柱形和下部空心的锥形构成，底部设有两个出料口，并可通过阀门控制开启一个口或关闭另一个口（见图 14-20）。

图 14-20　喷碎机

资料来源：2021 年 1 月 23 日笔者拍摄于村民家。

喷碎机的优点是可以高效地将物料进行碎磨和分散，使其更易于加工和利用。喷碎机的操作也相对简单，只需要将物料装入进料管即可完成碎磨分散的工作。同时，喷碎机还可以根据不同的需求和用途进行不同的调整和配置，比如可以调整刀片的角度和位置，以适应不同类型的物料和不同的碎磨需求。

然而，喷碎机也有缺点，主要表现在以下三个方面：①喷碎机的价格比较高，需要一定的投入成本；②喷碎机在使用时需要注意安全，以免发生意外；③喷碎机的维护保养也需要一定的时间和成本投入。

第二节　主要生产的农作物种类

农作物的种类和结构在半畜力半机械牵引力阶段都发生了很大的变化。曾经作为经济作物的荞麦、小米、高粱等农作物逐渐被绿豆、花豆、黑豆等新的经济作物所取代。此外，大瓜（籽）作为经济作物首次出现在该嘎查。2010~2011年，几户人开始种大瓜（籽），但由于收获瓜子的工作量过大，劳动力不足，再加上雇用工人的成本增加，导致村里没有人再种瓜类作物。

2007~2008年，绿豆和花豆的种植比例比玉米大，当时市场价约为0.8元。随着农牧业税的取消，农民的负担得到了很大程度的减轻，因为很多农户在过去年底交不起农牧业税。因此，很多人开始大面积开垦荒地，全村的耕作总面积增大了2~3倍。接下来的几年，玉米的种植面积一直占据最高比例，并逐年增长（见图14-21）。同时，选择种植玉米的种子也有了更多的选择。一些人注重玉米的产量，而对种子的需求不大，他们会选择郑单958。这个品牌的种子颗粒大、饱满，市场上销售良好，但玉米秆子不够高。但家里养殖牲畜头数多的人会选择玉米秆子长得好的种子，棒子饱满，但玉米芯呈白色，市场价格不如郑单958高，如吉单208。

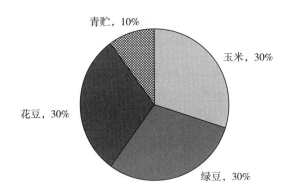

图14-21　2006~2012年主要农作物种植面积百分比

资料来源：2021年12月12日对村民C采访数据。

第十五章 机械牵引力阶段的农业生产方式状况（2013年至今）

目前村里的牛主要用于放牧，偶尔会看到一些养马养驴的人，他们专门用来放羊放牛，同时在整个农业生产过程中使用机械牵引力机具。村里有98%的人拥有自己的拖拉机，有些人可能已经换了多种型号的车，这些人只会买越来越大的车。拖拉机型号包括单缸、304、354、404、454、114等；货车型号包括微卡、中卡、重卡、苍栅式。75%以上的人有小型电动车，主要用于代步或短距离运输货物，有些人还专门用来载草饲喂牛羊。2013年底，村里有90%以上的农户在春播、中耕、脱粒、加工等工作中使用两种以上的机械机具。但是当时，在这90%的农户中只有不到一半的人有拖拉机。没有拖拉机的人可以请有拖拉机的人带着牵引式带播种机来耕种，作为报酬，在对方家需要劳动力时去帮忙一天，或者按照自带器具和柴油的情况下，耕种一亩地的工钱算钱给对方，形成劳动换劳动、劳动力变钱的交换模式。与以前相比，在春播、中耕、秋收、冬储等工作中，机械牵引力得到了最大程度的解放，除了必要的人工操作和秋收高峰时，平时在田地里几乎看不到忙碌的人。人们现在使用拖拉机耕地、中耕、施肥；收购机收割；扒皮机扒皮；机械脱粒机脱粒。

以玉米为例：

播种前的准备工作需要人工做，80亩地的玉米种子跟防虫农药搅拌均匀的工作需要1人花大半天时间来完成。播种机从单行播种机到四行播种机都有，100亩地1人操作拖拉机，1人帮忙搬种子，需要一天半时间就能完成。中耕作业的锄头除草改为喷洒农药杀草杀虫、农药没喷到的，需要人工除草的基本几个小时就能完成。秋收时玉米棒手动带皮瓣下来后收割机会一次性收割粉碎完，用拖拉机运回倒进青贮窖，人工清理周边，压土都是用铲土车压。最后玉米棒用四轮箱子运回家晒干即可。①

---

① 村民C：女，48岁，大专学历，保尔斯稿嘎查村民，下乡工作人员。

现在，大多数人更倾向于使用扒皮脱粒一体机来进行一次性脱粒。人们的生活节奏变得比以前缓慢很多，因此很多时候只需要一人操作机器即可。与以前不同的是，现在的人不再需要每天早起床晚回家忙于农作物的种植和收获。

在农作物的种类方面，农民更倾向于种植一些较为固定的品种。在过去几年中，沙漠水稻是一种非常受欢迎的农作物，许多农民种植水稻不是为了出售，而是为了满足自己一年的大米需求。在种植青贮和晚玉米时，这两者的种植比例要高于黄玉米。曾经人们更倾向于在玉米和玉米秆之间选择后者，尤其是在禁牧后，因为家畜缺乏草饲料。近几年，由于旱灾的影响，每年的收成都不太好，因此许多家庭需要购买饲草，这也成为家庭重要的支出之一。现在，基本上每户家庭都拥有拖拉机等农机设备，而且很多人已经申请了政府的农机补贴。

第一节　机械牵引力阶段的机具状况

在机械牵引力阶段，耕地整地机具、播种、运轮机具的牵引机械类型与前一阶段相比没有太大更新，但驱动力增加了几倍，因此耗油也更多。最主要的变化在于中耕、灌溉、收割、脱粒方面有了很大的更新。在中耕作业上，彻底解放了劳动力，现在可以使用四轮车牵引式喷壶器喷农药。近几年新兴起了无人机喷农药，大部分人不再需要手动清理耕田四周的杂草去喂牛，整个中耕环节基本没有需要人力劳动的画面。在灌溉方面，从之前仅有的"蓝管"到出现喷头、地管等高科技机具，从柴油机驱动到电力驱动的变更使之更方便。除去秋收高峰期，大多数农业生产作业都由机械牵引力机具完成，一台机器一人操控即可。现在出现了家庭适用版小型电力驱动扒皮机，2人电动扒皮3000~4000斤玉米只需3小时。最流行的是扒皮脱粒一体机，一次性完成脱粒。谷物加工机具基本没有什么变化，很多人不在村里加工谷物，主要是将玉米碾成粉作为牲畜饲料。秸子、玉米秆等的加工机具变化较多。

一、整地耕地机具

（一）拖拉机牵引式四行耕地犁

拖拉机牵引式四行耕地犁可用于耕地整地、深耕、翻耕、平整、松土等作业。它的主要特点是可以较快地完成大面积的耕地作业，相比传统的手工或牛马耕作，效率更高。此外，它还具有耕深度可调、行距可调、作业宽度可调等优点，可以满足不同作物、不同土壤类型的要求。

四排耕作犁是在之前三排耕作犁的基础上改进而来的。它采用竖向斜插的犁头，最大限度地降低了入土时的阻力，使其能够轻松地进入土壤，达到了翻耕的效果。相比三排耕作，四排耕作的效率更高，后期的耕作也更加方便。犁铧的总体角度与牵引方向呈45度，有利于犁头翻土、碎土和深埋在地下，能够有效地抑制杂草的生长，防止地面害虫的侵害，保持土壤湿度和水分。每季进行深耕可以不断改善土壤质量，平衡土壤酸碱值，提高土壤中的养分和水分，从而增加农作物的产量（见图15-1、图15-2）。

图15-1　拖拉机牵引式四排耕地犁

资料来源：访谈对象在2021年12月16日提供。

图15-2　春耕耕地

资料来源：访谈对象在2022年4月13日提供。

（二）多缸四轮车牵引式灭茬旋耕机

多缸四轮车牵引式灭茬旋耕机主要用于耕作、翻耕和灭茬等作业。它的主要特点是采用多缸四轮车牵引，具有较强的动力和稳定性，可以轻松地穿越不平的地形和湿滑的土壤。此外，它还采用旋转刀片的方式进行耕作，可以快速地翻耕土壤，使土壤更加松软肥沃，有利于作物的生长和发育。

尽管在整体机构方面没有太大的改变，但在中间齿轮传动结构上进行了一些微调，以便更好地实现碎土作业。由于原先家里使用的旋耕机没有出现故障，因此很少有人购买新机（见图15-3）。

图15-3　16岁男孩假期帮爸爸开车

资料来源：访谈对象在2022年4月7日提供。

二、播种机具

当播种作业出现大面积缺苗时，通常需要进行翻种操作，而对于小范围的分散性缺苗，可以采用补种方法。补种通常需要人工进行，使用板锄或者粗细相当的长木条在土地上开孔，再由另一人撒种子并轻轻地用脚把土埋上。现在市场上也有专用的补种机具供使用。

拖拉机牵引式四行播种机是现代农业机械中的一种，是在三行播种机的基础上进行改进和完善得到的（见图15-4）。它可以快速、高效地完成大面积作物的播种工作。四行播种机是指该机具可以一次完成四行作物的播种，从而提高播种效率。该机具通常通过拖拉机的牵引进行移动和操作。除了播种作业外，该机具还可以进行施肥、喷洒农药等多种农业作业，具有多功能性。现代化的拖拉机牵引式四行播种机还具备自动化、智能化和精准化等特点，可以通过 GPS 等技术实现自动导航、定位和控制，提高作业的准确性和效率。该机具的广泛应用不仅可以提高农业生产效益，还可以缩短作业时间、减少人工劳动，具有重要的经济和社会意义。

图 15-4　农民清洗播种机

资料来源：2021 年 5 月 2 日笔者拍摄于村民家。

三、中耕机具

在机械牵引力阶段的中耕作业中，基本上不需要使用锄头。很多人选择使用四轮车或雇用他人，使用无人机喷洒除草剂来进行除草工作。

（一）无人机喷除草剂

无人机喷除草剂指的是使用无人机进行植物保护药剂喷洒作业的技术。

地面定位、手机定位、自主规划航线、断点、断电、断药、持续喷洒以及药水剂量监控等技术，使无人机植保作业更加高效、可靠和精确。同时，通过卫星实时查看植保作业进度、作业面积、团队和设备分布情况等信息，这项技术在夜间也同样适用。一般而言，村里常用的无人机需要充电 8 小时，能够工作 3~4 小时，最高承重为 16 千克的水药（见图 15-5）。

因此，无人机喷除草剂已经成为现代农业生产中的重要技术，对提高农业生产效率以及保证农产品的质量和安全起到了积极的作用。

相比传统的机械或人工喷洒方式，无人机喷除草剂具有以下四个优点：①高效性。无人机喷洒能够快速覆盖大面积农田，提高工作效率。②精准性。无人机配备了高精度的 GPS 导航系统和传感器，能够实现精准的药剂喷洒，减少药剂的浪费。③安全性。无人机操作人员可以在安全距离内对作业进行监控和控制，避免了作业人员暴露在有害药剂的环境中的风险。④环保性。无人机喷洒能够精

图 15-5　飞行的无人机

资料来源：2021 年 5 月 10 日笔者拍摄于村民家。

准喷洒，减少药剂的使用量，降低对环境的污染。

（二）打农药

打农药是指使用农药喷洒、灌溉、喷雾等方式来防治农作物病虫害或者杂草等有害生物的活动。因此，打农药是现代农业生产中的重要环节之一，可以有效保证农作物的产量和质量，但需要注意环境保护和人体健康的问题，采取科学合理的方法和措施来进行农药使用。

当地也有极为少数的人把灌溉和施肥工作合二为一，玉米地旁打个电井并安装水泵，将其与装兑好的农药的大塑料桶用一个融合器连接，安装好接头，这样水泵抽出来的水和桶里的农药在融合器里交融再灌进地里，既灌溉又能除草（见图 15-6）。

图 15-6　除草、灌溉中

资料来源：2021 年 6 月 11 日笔者拍摄于村民玉米地。

打农药具有以下四个特点：①能够有效地防治农作物病虫害，提高农作物的产量和质量。②打农药可以节约劳动力，提高工作效率，减少人工成本。③打农药可以避免农作物受到病虫害侵害造成的经济损失。④打农药需要注意控制农药的使用量和使用时机，以避免对环境和人体健康产生负面影响。

四、施肥机具

拖拉机牵引式四行播种机主要配备有施肥装置，即在播种机内部设置有隔板，能够在播种的同时进行施肥。该机具还可以挂载后置犁进行二次犁地处理。此外，播种机还可以使用复合肥进行一次性施肥，无须额外再进行补充肥料的施用。

拖拉机牵引式四行播种机由拖拉机和四行播种机组成。它可以在田地里实现种子的快速、高效、精确的播种。拖拉机提供动力，四行播种机通过一系列的机械装置将种子均匀地播撒在土地上，并覆盖好土壤，从而完成播种的任务。四行播种机可以根据不同的作物和土地条件进行调整，以确保播种的效果最佳。它可以大大提高农作物的产量和质量，减少人力和时间成本。

五、灌溉机具

近年来，随着新的灌溉技术和机具的逐渐引进，农村地区的灌溉方式得到了很大的改善。相较于以前的手动排管和挪动的"蓝管"，现在的时针式喷灌机更加轻便，而喷洒式灌溉也更接近于自然下雨的情况，能够更加均匀地喷洒在田地中。近几年，使用这种机具的人数也有了很大的增加。之前，由于需要拉电线，只有那些有玉米地的人才会安装这种机具。现在，使用最普遍的是柴油机牵引式塑管径，只要有井水源，搭配 8~10 马力的柴油机牵引就可以灌溉农田，不管地点有多远。但是，每隔一段时间还需要更换连接喷头的管子。自 2019 年以来，地管灌溉技术开始流行，只需要将排灌管埋在地下，就不需要再挪动管子了。刚开始使用柴油机牵引，现在也有电力牵引式的灌溉机具投入使用。每户家庭都会安装"三相电"，该电压适合外部使用的大型机械，但不适合连接到屋内的家用电上。普通家用电的电压负荷无法承受这种电压，因此该电压正好适用于地管灌溉技术。

（一）时针式喷灌机

时针式喷灌机是一种灌溉机具，其工作原理是将水从喷头中喷出，形成一个类似于时针的喷射水流，以覆盖整个田地。由于其喷射方式的特殊性，时针式喷灌机可以更好地模拟雨水的喷洒方式，从而能够更加均匀地喷洒在田地中。此外，时针式喷灌机相较于传统的手动排管和挪动的"蓝管"，更加轻便，易于操作，能够节省人力物力成本，并提高灌溉效率。因此，时针式喷灌机在现代农业生产中得到了广泛应用。

时针式喷灌机是一种可移动的喷灌机，它以车轮为支撑，以镀锌钢管或铝管为主体，以中心为转动轴心，将水分输送至中央的枢转轮，使喷灌器的灌溉面积呈圆形。现在，大多数时针式喷灌机都由马达驱动。由于机械浇灌区域是环形的，所以每一圈之间会留下一些间隙无法进行灌溉（见图15-7）。

图15-7 灌溉中的玉米

资料来源：2021年8月10日笔者拍摄于村民玉米地。

（二）地埋式灌溉管

地埋式灌溉管是一种在地下铺设的灌溉管道系统。它可以将水流通过地下管道分布到植物根部，使植物能够在根系区域得到充分的浸泡和滋润。相比传统的地面喷灌和滴灌系统，地埋式灌溉管可以更好地保持土壤湿度，减少水分蒸发和浪费，提高灌溉效率，同时也能够减少土壤侵蚀和植被的病虫害。此外，地埋式灌溉管还可以减少灌溉系统对场地的影响，美化环境，提高土地利用率。因此，地埋式灌溉管在现代农业生产和城市园林绿化中得到了广泛应用。

在玉米地里，可以沿着耕行横向摆铺粗水管，每隔一定距离竖向铺设细塑料管交叉在粗水管上。细塑料管上有许多小孔，可以实现整个管道的均匀喷洒。灌溉水量取决于连接的水泵，据拉三相电的村民陈述，1小时能够喷洒15~20吨水，消耗十几度电。市场上销售的直径为1~3厘米的细塑料管，一捆能够应用于铺设3亩左右的玉米地，售价为130~140元。这是一次性使用的产品，需要在第二年重新铺设，细塑料管回收价格为1斤1元（见图15-8）。

图 15-8　铺地管

资料来源：2022 年 4 月 9 日访谈者提供。

六、收割机具

每年 8~9 月是村里的储存高峰期，需要储存大量的压青贮和黄储。自从新型玉米收割机问世以来，不仅可以机械化地收割玉米，甚至连压青贮也不需要人力了。在春季播种时，人们会根据自家土地的情况分配黄玉米和青贮的种植区域。一些人会种植两种不同品种的黄玉米，到了 9 月，他们会手工掰掉准备压青贮的部分，并使用玉米收割机收割和铡割，然后直接将其运到四轮车箱子里，最后倒进提前挖好的青贮窖中。相比之前，现在的劳动力大大得到了解放，工作效率提高了很多倍。以前，人们需要先收割玉米，然后手工搬运到机器旁边，7~8人需要 1 小时才能压 4 亩地的青贮。而现在，一台新型玉米收割铡草一体机就能够在 1 小时内收割 15 亩地的青贮，需要准备至少 8~10 台四轮车来接铡好的青贮。

新型玉米收割铡草一体机是一种集收割和铡草功能于一身的农业机械设备。它的主要部件包括铡草部分和收割部分。铡草部分主要由刀片和滚筒组成，可以将作物割成小片或细丝，方便储存和喂养家畜。收割部分主要由刀具、割台、输送机、升降机和储粮装置等组成，可以将作物从田间收割、割断、输送和储存。与传统的收割机相比，新型玉米收割铡草一体机具有收割效率高、作业质量好、作物损失小、操作简单等优点。同时，由于它可以直接将作物割成小片或细丝，方便储存和喂养家畜，因此受到了养殖业主的广泛欢迎。新型玉米收割铡草一体机的出现，不仅提高了农业生产效率，减轻了劳动强度，还促进了农业机械化的发展。

这种机器主要用于收割玉米，无论是青贮还是黄储，都可以收割干净，效率极高。它配备了额定功率为 154 千瓦的发动机，工作行数为 4，工作幅宽为 2600 毫米，行距为 620 毫米（见图 15-9）。

图 15-9　进行收割玉米任务中

资料来源：2021 年 9 月 22 日笔者拍摄于村民玉米地。

七、扒皮、脱粒机具

现在的扒皮脱粒机具完全靠机械工作，已不再是单独的扒皮机和脱粒机。这些机器已经实现了一体化，可以在短短 3 小时内脱粒 3 万斤玉米，平均每小时处理 1 万斤玉米。

（一）电力驱动力式小型扒皮机

电力驱动力式小型扒皮机是一种使用电力作为驱动力的小型农业机械设备，主要用于清理作物的外皮，如玉米、大豆和花生等。它通常由电动机、滚筒、输送带和控制系统等组成。电动机为设备提供动力，滚筒则用于清理作物的外皮，输送带则将清理后的作物传送到下一道工序。控制系统则用于控制设备的运转和各个部件的协调工作。相比传统的手工清理，电力驱动力式小型扒皮机的优点在于：效率高、清理干净、损失小、操作简单等。同时，该设备还具有体积小、重量轻、便于移动等优点，非常适用于农户和小农场使用。电力驱动力式小型扒皮机的出现，不仅提高了农业生产效率，还促进了农业机械化的发展。

在村里购买的扒皮机中，较多的是尺寸为 1250330750 的型号。这种型号加大了进料口的尺寸，可以增加玉米的喂入量，同时电机功率在 2.2~3.0 千瓦。

使用这种型号的扒皮机，每小时两人可以清理1000斤玉米。

（二）柴油机驱动力式玉米脱粒一体机

柴油机驱动力式玉米脱粒一体机是一种采用柴油机作为动力源的农业机械设备，主要用于同时完成玉米脱穗和脱粒的工作。它通常由柴油机、脱穗部分、脱粒部分、输送系统和控制系统等部分组成。柴油机作为动力源，为设备提供动力，驱动脱穗和脱粒部分的旋转。脱穗部分用于将玉米穗分离出来，脱粒部分则将玉米籽粒与秸秆分离。输送系统将脱粒后的玉米籽粒传送到下一道工序。控制系统则用于控制设备的运转和各个部件的协调工作。

这种类型的玉米脱粒机具有自带柴油机动力，可以一次性完成玉米剥皮和脱粒，大大提高了生产效率，减轻了劳动强度。其结构简单，操作方便，可以高效地剥净玉米，脱粒效率高。整机重量为3200千克，配套动力为35千瓦，每小时可脱粒20~30吨（见图15-10）。

图15-10　扒皮脱粒一体机收玉米

资料来源：2021年1月14日笔者拍摄于村民家。

相比传统的玉米脱粒方式，柴油机驱动力式玉米脱粒一体机的优点在于：效率高、清理干净、损失小、操作简单等。同时，该设备还具有移动方便、适用于不同地形的优点，非常适用于农民自用和小农场使用。柴油机驱动力式玉米脱粒一体机的出现，不仅提高了玉米脱粒的效率，还促进了农业机械化的进一步发展。

（三）专用收割稻子机

专用收割稻子机主要用于收割稻谷。它通常由发动机、切割部分、输送系统、清理系统和控制系统等组成。发动机提供动力，驱动切割部分的旋转，将稻谷切割下来。输送系统将切割下来的稻谷传送到清理系统，同时清理系统将杂质和秸秆等清理出来。控制系统用于控制设备的运转和各个部件的协调工作。

这种收割机由底盘和履带机构成，结构简单，操作灵活，适用于土壤干燥、坚硬、泥足深度不超过30厘米的稻田。在收割作物时，作物的谷粒下垂的高度应不小于28厘米，作物高度不宜超过1.4米。麦穗下垂后，穗头与作物高度点之间的间距不宜超过60厘米，作物的倒伏度不应超过45度。收割机不宜用于收获过熟的作物，否则会造成产量损失。其生产力为每小时1.5~4.0公顷（见图15-11）。

图15-11　正在收割水稻

资料来源：2021年10月22日笔者拍摄于村民水稻田。

相比传统的手动收割方式，专用收割稻子机的优点是：效率高、损失小、节省人力、适用于大面积稻田等。同时，该设备还可以根据稻田的不同地形和条件进行调整和改装，提高收割效率和适应性。专用收割稻子机的出现，不仅提高了稻谷收割的效率，还促进了农业机械化的发展。

八、运输机具

在秋收时期，人们通常使用四轮车牵引式铁箱子或三轮车来运输玉米棒、秸秆等物品。近年来，村里很多家庭开始使用三轮摩托车来运输牲口饲草。在晒干玉米棒的过程中，一些人会使用铲车，利用大铲来回翻倒，以确保玉米获得充分通风并避免虫害。此外，一些家庭拥有小型家用铲车，在装载饲草时也会使用铲车。

（一）三轮摩托车

村里几乎每家都有一台小型电瓶三轮车，这种车辆方便出行，适用于短距离代步。同时，它也是喂养牛羊的必备工具，在草棚和牛圈之间用来拉饲草和青贮。需要注意的是，这种车辆 1.3 米车厢的载重不能超过 350 千克，1.5 米以上车厢的载重不能超过 500 千克（见图 15-12）。

图 15-12　新型三轮摩托车

资料来源：访谈对象在 2021 年 12 月 16 日提供。

（二）铲车

这种车辆配备了专业的加宽轮胎，一人一机操作，是一种多功能一体机。它可以更换辅具完成许多不同的工作，适用于大量工作量的情形，主要用于挖青贮窖、运输土壤和玉米等物品。计费方式是通过铲数来结算费用（见图 15-13）。

图 15-13　铲车

资料来源：访谈对象在 2021 年 12 月 16 日提供。

九、加工机具

近年来，村里加工厂加工谷物的人数逐渐减少，大多数人选择加工玉米。他们会将带芯的玉米或已经脱粒的玉米加工成粉末状态，作为饲料喂牲畜。在大量种植沙漠水稻的时期，有部分人会在村里加工稻子，但现在更多的人会选择到镇上的加工厂加工稻子。这些加工厂一般按斤计费，顾客不需要亲自动手，工厂的工作人员会全程为他们服务。近年来，很多人不再带走稻壳，而是留给加工厂的工人，以此抵消加工费用。这主要是因为家里喂养的猪的数量减少，现在人们更多地使用玉米作为饲料，而不是稻壳。另外，自家耕种的农作物种类越来越少，主要是种植黄玉米和青贮，因此加工需求也很少。很多人从隔壁村里购买未加工的水稻，按照自己的需求进行加工，或者直接购买已经加工好的稻子。

玉米粉碎机主要用于将玉米等谷物加工成粉末状态，以便用作饲料或其他用途。它通常由机架、进料口、破碎机、筛网、出料口等部分组成。在操作时，用户需要将玉米等谷物放入进料口，然后机器会将其粉碎并通过筛网过滤，最终输出粉末状的玉米。玉米粉碎机的主要特点是高效、省力、易操作和维护，这使得它成为农业生产中不可或缺的工具之一（见图 15-14）。

图 15-14 玉米粉碎机

资料来源：2021 年 12 月 22 日笔者拍摄于村民家。

第二节 主要生产的农作物种类

在机械化农业阶段，农作物种类相对固定，包括水稻（这里指沙漠水稻）、玉米、青贮和黄豆。2013～2018年，从农作物的种植面积来看，玉米种植面积占总面积的50%，青贮和水稻各占20%，黄豆占10%（见图15-15）。嘎查的所有户基本上都种植沙漠水稻，种植面积普遍在每户2亩以上，部分地区种植面积甚至达到每户4～5亩。政府在此期间大力宣传沙漠水稻，前两年政府还补贴了种植沙漠水稻所需的塑料和塑管。然而到了2021年，只有2户种植沙漠水稻，平均每户种植面积为2亩，而有5户种植水稻，平均每户种植面积为3亩。虽然大多数家庭种植沙漠水稻，但很多人并不是为了出售，而是为了满足自身的粮食需求。自2014年起，当地政府开始禁止种植花豆和绿豆，因为这两种作物对土地破坏力过强。而从2017年开始，政府开始对种植黄豆和青豆进行农业补助，每亩地补贴300元。全村有60%的人种植黄豆，种植面积在1.5～3.0亩，具体根据家庭情况而有所不同。

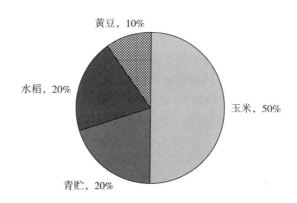

图15-15　2013～2018年主要农作物面积百分比

资料来源：笔者在2021年6月14～17日的访谈内容。

近年来，人们的主要经济来源是畜牧业和玉米种植。尽管玉米的种植面积也不小（占比为40%），但青贮的种植比例（50%）已超过玉米（见图15-16）。现在不少人更倾向于种植玉米秆子而非玉米本身，尤其是在禁牧后，圈养家畜缺乏饲草。加上近几年一直处于旱灾，每年的收成也不多，因此需要购买饲草，饲料成本已成为家庭的重要开支之一。

有70～80头以上牛的家庭，大部分时间和精力都花在牛畜饲养上，种地面积很小。所以大部分饲草及饲料都是从外面购买。一年购买的青贮大约60吨，刚开始时每吨价格为300元，现在涨价到370元。自家种植的玉米一年收成最多时为1.5万～2万斤，全部用来喂牛，另外购买的玉米至少为5吨，按市场价0.9～1.0元一斤购买，饲料一吨需要花费4000多元。一年下来能花费3万～4万元。一捆 37~40 斤重的干秸子捆草需要 20 多元，直接送到家门口。①

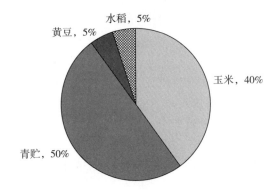

图 15-16 2019~2022 年主要农作物种植面积百分比

资料来源：笔者在 2022 年 3 月 21 日的电话访谈内容。

很多人选择在家中未利用的农地上种草，然后在秋天使用专业的草割机进行割草，这样可以节省部分饲草的购买费用。

---

① 村民 D，男，42 岁，初中学历，保日斯稿嘎查农民。

第十六章　保尔斯稿嘎查村民农业生产方式变迁的原因及对村民生活的影响

在前面的内容中，我们已经详细阐述了农业生产方式的各个阶段以及对应的农作物种类情况。本章将对农业生产方式变迁的原因和对农民生活方式的影响进行分析和研究。

第一节　农业生产方式变迁的原因分析

农业生产方式的变迁是一个漫长的过程，长期受到多方面的影响，包括农具、经济、制度等因素，而这些因素之间又相互关联、相互影响。对于保尔斯稿嘎查的农民来说，农具的更新是形成新的生产方式的主要动因之一，同时也离不开制度、经济、自然等方面因素的共同作用。

一、农具因素

农具是农民在农业生产中使用的工具，主要涉及整地、播种、中耕、灌溉、收割等各个方面。无论是传统农业中的手工农具还是现代农业中的机械设备，都是农业发展阶段划分的重要标志之一。随着农具的不断更新，农业生产从最初的依靠牛力、人力逐步发展到现在的机械化生产，农业生产力得到了很大的提高。新型的机械化农具的使用节省了大量时间和劳动力，使农民有更多的精力去选择生产方式，并直接、彻底地改变了农业生产的状态和目的。

二、制度因素

1982 年中央一号文件发布之前的 30 年，由于长期的经济制度的影响，农业生产方式未能得到充分发展。改革开放后，农业成为首要发展领域。在 1982 年的《中华人民共和国宪法》修订中，"八二宪法"第 8 条明确规定："农村集体经济组织实行按家庭承包为主的两级管理制度。"在接下来的 40 多年，陆续颁布了各种有利于农民的土地政策和补贴政策，以促进农业生产的发展和农民生活的改善（见表 16-1）。

表 16-1　1980 年以来的重要土地政策

时间	文件名称	主要内容
1980 年 9 月	《关于进一步加强和完善农业生产责任制的几个问题》（1980 年中央 75 号文件）	提出包产到户，也可以包干到户，联系群众，发展生产
1982 年	《八二宪法》	规定农村集体经济组织实行以家庭承包经营为基础的统分结合的双层经营体制，对农村劳动群众集体所有制给出明确的界定
1983 年初	《当前农村经济政策的若干问题》的 2 号文件	主要以"包干到户""包产到户"为主题内容的"家庭联产承包生产责任制"的实践进行理论总结和科学定位
1984 年 1 月 1 日	中共中央一号文件	提出土地承包期一般应在 15 年以上
1987 年 1 月 22 日	《把农村改革引向深入》	要求进一步稳定土地承包关系
1993 年 11 月 5 日	《关于当前农业和农村经济发展的若干政策措施》（中共中央〔1993〕11 号文件）	提出在原定的耕地承包期到期后，再延长 30 年不变
1996 年 12 月	《内蒙古自治区人民政府转发国务院批转农业部关于稳定和完善土地承包关系意见的通知》	完善和延长土地承包合同，做好承包合同的续订、鉴证、纠纷调解和仲裁工作；原则上"大稳定、小调整"；原则上实行"增人不增地、减人不减地"的做法
1998 年	修订的《土地管理法》	对集体土地的所有权进行了进一步确认，规定登记及权属制度
2001 年	《中共中央八号文件》	提出农村土地流转的主体是农户，土地流转必须坚持自愿、依法、有偿原则，不准搞两田制
2006 年 1 月 1 日	废止《中华人民共和国农业税条例》	全面取消农业税费征收
2014 年 9 月 9 日	《内蒙古自治区土地承包经营权确权登记颁证试点工作实施方案》	2014 年在全区 12 个盟市中的 10 个旗县、2 个镇开展土地承包经营权确权登记颁证试点，每个盟市 1 个试点。通辽市奈曼旗为全国整县推进试点，从 2014 年 8 月开始，到 2015 年 6 月底结束。开展土地承包经营权确权登记颁证的范围包括家庭承包和其他方式承包的农村牧区土地

续表

时间	文件名称	主要内容
2016年 5月4日	《内蒙古自治区农村牧区承包土地（草牧场）的经营权抵押贷款试点工作实施方案》和《内蒙古自治区农民住房财产权抵押贷款试点工作实施方案》	深化农村牧区金融改革创新，稳妥推进农村牧区以承包土地（草牧场）的经营权作抵押、由银行业金融机构（以下简称贷款人）向符合条件的承包方农牧户等农牧业经营主体发放的、在约定期限内还本付息的贷款
2016年 4月25日	《内蒙古自治区土地承包经营权确权登记颁证工作方案》	保持现有土地承包关系稳定，建立农村牧区土地承包经营权登记制度，明晰土地承包经营权归属，强化对农牧民土地承包经营权的物权保护；建立土地承包经营权登记簿；核发土地承包经营权证
2018年 12月29日	《三权分置》政策	建立土地经营保险，党的十九大提出将农村土地承包期再延长30年

资料来源：内蒙古自治区人民政府信息公开栏整理. https://www.nmg.gov.cn/zwgk/zfxxgk/zfxxgkml/?gk=3.

政策制度的落实推动了农业由传统农业向现代农业的快速发展。例如：

2003年，世界银行推出一项农业资助项目，通过借贷方式为村民提供一台6马力柴油机和4捆灌溉用的水管，总价值为1500元。该项目的借贷期为10年，村民在第九年和第十年分别分两次还款，总利息不超过300元。此外，2006年取消了农牧业税，从2009年开始，农牧局为购买农机的农民提供补贴。2010年，一位农民购买了一台市场价值为37000元的304型号多缸四轮车，自掏26000元现金并获得了政府或农业局的11000元农机补贴。而在2013~2014年，地方政府积极宣传并鼓励村民种植沙漠水稻，政府免费提供了种植所需的塑料和塑管。自2017年开始，政府为种植黄豆的农民提供每亩300元的农业补助。①

综上所述，政策制度的落实推动了农业由传统农业向现代农业的快速发展。土地改革完全消除了封建土地制度的残酷和封建剥削现象，实现了土地所有权的改革，从而解放了农业生产力，使农民得到政治和经济的解放。农民对参与农业生产的热情得到极大的提升，农业生产力得到显著的发展。

三、经济因素

只有在市场上销售，农业产品才能真正发挥它的作用。因此，市场的需求量和价格也决定了农业产品的规模和品种。市场需求对作物品种和种植面积产生一定影响，市场行情越高，种植面积就越大（见图16-1）。

---

① 村民A，男，57岁，大专学历，保尔斯稿嘎查乡医，中共党员。

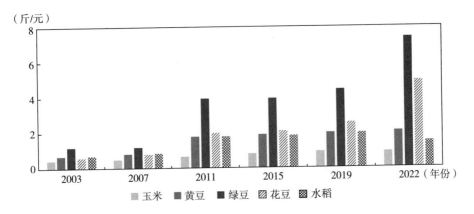

（斤/元）

图 16-1   2003~2022 年主要农作物出售价

资料来源：由访谈对象村民 A 提供。

四、自然因素

自然因素对于生产方式和生计方式具有决定性作用，农民根据当地生态环境的适应性进行理性选择，以进行农业生产。保尔斯稿嘎查主要地形包括丘陵和沙漠地，南部有一些平原地，村里还有一些低洼湿地。该地区的气候特点是春夏季节干旱少雨，特别是在 5~6 月，这正是作物发芽和长秸的关键时期，而玉米的成熟阶段则容易受到涝水的影响，因此干旱是限制农业生产的最主要自然因素。降雨量在年际间变化很大，年内分布也不均匀，多集中在梅雨季节，而且通常以暴雨的形式出现，梅雨季节过后则会迎来高温干旱。此外，该地区的无霜期很短，植物平均生长期仅为 128 天，只能满足一年一熟作物的需求。该地区附近没有可供灌溉的河流等水资源，旱季完全依靠人工灌溉。地表的组成物质主要是松散的粗沙漠物质，大风频繁，土地容易受到风蚀和沙漠化的影响，再加上降雨量较少、蒸发量较大，导致地表和地下水位的严重下降。

五、农业生产目的变化

在 20 世纪 80 年代初，由于粮食短缺和经济困难，村民们过着以自给自足为主的农业生活方式。他们主要种植农作物以满足家庭粮食需求，没有剩余产量或销售计划。偶尔，他们会用一些粮食与商店交换日常必需品。然而，从 20 世纪 90 年代中期至 21 世纪初，村民们开始增加种植经济作物的数量，以赚取更多资金用于建造新房和购买农业机械设备。从 2007 年开始，村民们陆续建造新的瓦房，并改善了生活基础设施，如添加了暖气。到 2013 年，村里的所有房屋都已改建成新的瓦房。2009~2013 年，超过一半的村民购买了多缸四轮车，用于农业生产。由于土地制度、生态环境和圈养政策的限制，人们无法在更多土地上耕种，所以按照每户人口规划的面积来种植作物。因此，他们更愿意投入更多时间和精力饲养家畜。近年来，牛羊和玉米成为人们主要的经济来源。农作物主要集中在三种作物：玉米、青贮和少量黄豆。尽管黄玉米的种植面积也不小，但青贮的种植比例超过黄玉米。现在，许多人更倾向于种植玉米秸秆，特别是在禁止放牧后，圈养在家中的牲畜面临严重的饲料短缺问题，这导致了以农养牧的农业模式的形成。

第二节　农业生产方式变迁对村民生活的影响

在保尔斯稿嘎查的农业生产方式变迁过程中，农业生产的各个环节都发生了相应的变化，这些变化对于农村社会生活的各个方面都产生了显著的影响。因此，农业生产活动作为农村社会生活的重要组成部分，其重要性不容忽视。

一、作息时间增多

随着牵引力的变化，整个农业生产过程中不同环节中所需的时间发生了大幅变化。为了更好地展示这些变化，笔者按照牵引力的不同程度划分时间，并将不同农耕作业所需的时间总结如表16-2所示。

在牛力牵引阶段，农具的制作大部分是自家制造的，然而工作效率并不高。农民一年四季都忙于农活，每天的耕作时间有限，而在路上花费的时间却很多。早上上山的时间较晚，天黑前回家。当时的农业处于以农养农、自给自足的状态，农作物的种类不少，但绝大部分用于自家消费，种植面积也较小。

在马力牵引阶段，时间花费有所减少，但种植的种类和面积有所增加，除了冬季过年前后，一年四季都没有休息的时候。每天天亮前起床做家务和农活，早上6点出发上山，晚上7点回家，喂牛、喂猪再做饭，每天很晚才能吃上饭。

在半畜力半机械牵引力阶段，节省了很多时间和人力，尤其是在耕地整理和运输等环节。大多数人使用四轮车进行播种，以前需要一个星期完成的工作，现在只需要1.5天就能完成。然而，玉米收割和脱粒方面的机械化还未被引入生产，仍然需要人力完成一半的工作。不过，在时间安排上更加自由，出现了阶段性的忙碌状态。人们不再匆忙地在早上7:00~8:00去地里，中午回家吃饭，下午17:00~18:00回家。

在机械牵引力阶段，劳动力得到了彻底的解放。现在只有少部分人需要手动收割玉米，而其他农业生产环节都由机器操作。一年里所有的劳作时间加起来只有45天，因此有很多休息时间。①

表16-2　不同牵引力阶段的农耕作业耗时对比

作业耗时牵引力		畜力（马）	半畜力半机械	机械
整地		24	20	8
耕地		80	24	16
播种		80	28	12
中耕	耘锄	32	（2009年）0	0
	锄头	160	（2009年）0	0
	小堂	24	16	0
	农药	0	4	1
施肥		64	12	0
灌溉		0	3亩/1天	5亩/1天
收割		88	32（人）+8（机器）	12
扒皮		320	32（2人）	0
脱粒		300	1万斤/1小时	6
运输		96	80	80

注：每个牵引力阶段的玉米地耕种面积不变，面积为80亩；耗时单位：小时；一天工作时间：8小时。

资料来源：由访谈对象村民E②提供。

二、农业剩余劳动力不断增加

随着农业生产方式的转变，牵引力的革新带来了高效率的劳动方式，不仅缩短了农业生产时间，而且减少了参与农业生产的人数，导致农业剩余劳动力的增加。在畜力牵引阶段，至少需要一人进行耕地整地，种植小麦、小米等作物需要至少2~3人，其余环节则需要全家共同劳作。然而，现在耕地整地、播种、中耕、收割、脱粒都只需要一人操作机器设备即可完成，导致大量劳动力在家中闲置，产生了巨大的浪费。只有极少数家庭的年轻劳动力在农耕空闲时间外出打工，而大部分人则留在家中从事日常劳作，使中老年人在心理上承受了极大的压力。

---

① 村民F，女，54岁，中共党员，中专学历。

② 村民E，男，41岁，中共党员，2009~2014年担任保尔斯稿嘎查村主任。

我们家原先有七口人，公公婆婆，我俩以及我们的三个孩子，两姑娘和一个儿子。大姑娘上了大学留在城里成家了，二姑娘还在上学，现在儿子是家里主要劳动力。当时我生了场大病，儿子为了照顾我，分担家里担子高中就辍学回来种地，后两年又学了铺彩钢、电焊、瓦木匠等，现在能自己独立装修旗里楼房，平时政府的零碎活也做。每年夏天、秋收后、年后只要没有大事情他都去天津工厂里打工，做汽车零件。因厂里大多数工人文化水平不高，他还上过高中，做的工作不至于很累，两班倒制，夜班 250 元，白班一天 200 元。每次去都至少做 40~60 天。儿子今年 27 岁了，村里年纪相仿的上过大学的孩子都常年外出，常在村里居住的也就 2~3 个没上大学的孩子，看别人家的孩子上学、上班，自己也很后悔没能做到让孩子上大学。现在家里条件好了，农活我们老人干得也不多，每天做做家务，做饭菜没有太多事情做，每天看着他一个人辛苦不忍心。感觉自己每天除了吃，花钱，对家里没有贡献，会想出去打工，但没什么文化，哪儿都去不了，只能干着急。①

三、农业生产中投入的成本不断提高

目前，农业生产成本呈不断上涨趋势，种子、化肥、人力劳动等价格持续攀升。为了完成耕地整理、播种、中耕和收割等工作，农户需要借助现代机械设备。然而，一家农户无法拥有所有机具，因此需要雇用他人的设备来完成生产任务。在秋收阶段，由于时间紧迫，许多人选择使用机器进行收割，而另一部分人则选择雇用工人来完成生产。

在 2009 年以前，家家户户主要使用农家肥，每亩地用量大约为 1 千斤，主要根据个人现有肥料情况而定。从 2010 年开始，二铵成为主要的地肥，等待玉米生长出 5~7 片叶子后施用尿素，每袋（100 斤）可用于 3~4 亩地。自 2013 年起，农户开始减少对农家肥的使用，而是选择一次性混合肥，每亩地用量为 70~80 斤。在开始施用化肥之前，自家的农家肥无须购买费用，而施用化肥后，每袋地肥价格为 100 元，尿素每袋价格为 80 元。由于土地质量每年都会受到损害，近年来许多人在整地时开始重新施用农家肥，并在中耕阶段施用营养液。目前，农用机械的雇用价格也在不断上涨（见表 16-3）。

表 16-3　2022 年保尔斯稿嘎查农用机械雇用价格

机械类别	机械用途	价格（元）
多缸四轮车	耕地整地	25/亩

---

① 村民 G，女，65 岁，常年患有重症。2022 年 1 月 10 日笔者采访的对象。

续表

机械类别	机械用途	价格（元）
多缸四轮车	播种	15/亩
四轮车喷农药	中耕除草	5~6/亩
无人机喷农药	中耕除草	5/亩
铲车	农家肥装车	15~20/车
	挖青贮窖	300~350/小时
玉米收割机	收割玉米	120/亩
玉米收割机	铡青贮	60/亩
脱粒玉米一体机	脱粒	0.025/斤
铡草机	粉碎秸秆	200/小时
喷碎机	粉碎饲料	6~7/袋

资料来源：由访谈对象村民 E[1] 提供。

结　论

影响农业生产和农村生活的因素包括经济、制度、自然和其他社会因素的变化，这构成了社会整体环境。从社会背景来看，自然原因是基础，制度因素是至关重要的推动力。自土地承包制实施以来，陆续颁布了取消农牧业税和各种农作物补贴、农机补贴等政策。然而，真正决定农业生产方式的是农业技术水平的提升和农具的变迁，这是农业生产发生变革的根本动力。随着新的机械设备的问世，生产规模和效率得到了极大的改善，使劳动得到了解放，增加了农民的收入。

与此同时，随着农业生产过程中机械化和生产水平的提高，农村剩余劳动力的增加也成为一个问题。大量未得到有效引导的剩余劳动力在家闲置，造成巨大浪费。虽然少数年轻劳动力在农耕空闲时间外出打工，但大部分人都留在家忙活日常劳作，这不仅在心理上产生压力和负面影响，也浪费了宝贵的休闲时间。虽然村委会组织的广场舞和老年门球队等活动丰富了人们的节假日集体娱乐，但作为剩余劳动力，如何更好地利用休闲时间，让它产生更多经济效益，需要政府的

---

① 村民 E，男，41 岁，中共党员，2009~2014 年担任保尔斯稿嘎查村主任。

正确引导和创造机会。今天，随着技术的快速发展，农业生产过程不断机械化，生产水平不断提高，但农民生活仍面临着成本不断增加、农业收入不足以维持生活、家畜市场价格不稳定、草饲价格越来越贵等经济压力，这对农民来说是一个新的挑战。

参考文献

［1］敖其．蒙古族传统物质文化［M］．呼和浩特：内蒙古大学出版社，2017：36.

［2］阿古达木．牧区家庭畜牧业发展中所面临的问题及对策研究［D］．内蒙古农业大学硕士学位论文，2017.

［3］阿拉坦宝力格．游牧生态与市场经济［M］．呼和浩特：内蒙古大学出版社，2013.

［4］阿拉腾嘎日嘎．近现代内蒙古游牧变迁研究——以扎赉特旗为例［M］．沈阳：辽宁民族出版社，2012.

［5］阿鲁斯．"玛拉沁艾力"养牛专业合作社调查研究［D］．内蒙古师范大学硕士学位论文，2020.

［6］安达．草原畜牧业的发展与草原文化［D］．内蒙古大学硕士学位论文，2006.

［7］阿思根．试论少数民族地区一贯滞后的客观因素——以民族社会学认知视野为出发点［J］．内蒙古民族大学学报（社会科学版），2009，35（6）：23-27.

［8］［美］阿图罗·埃斯科瓦尔．遭遇发展——第三世界的形成与瓦解［M］．汪淳玉译．北京：社会科学文献出版社，2011.

［9］白大拉．嘎达苏种畜场开展种树种草［J］．内蒙古林业，1984（12）：19.

［10］白福英．开发与内蒙古牧区文化变迁——以西乌旗赛音温都尔嘎查调查为例［D］．内蒙古大学硕士学位论文，2007.

［11］白钢．内蒙古自治区土地改革研究［D］．吉林大学硕士学位论文，2016.

［12］包广才．内蒙古可持续发展论［M］．呼和浩特：内蒙古大学出版社，2004.

［13］宝拉尔．新宝拉格镇传统乳制品生产状况及问题研究［D］．内蒙古师范大学硕士学位论文，2020.

［14］暴庆五，王关区，吴精华．草原生态经济协调持续发展［M］．呼和浩特：内蒙古人民出版社，1997.

［15］宝因贺希格．蒙古族游牧轨迹［M］．北京：民族出版社，2018.

［16］包玉山，额尔敦扎布．内蒙古牧区发展研究［M］．呼和浩特：内蒙古大学出版社，2011.

［17］包玉霞．内蒙古国有牧场改革与发展问题研究［D］．内蒙古大学硕士学位论文，2007.

［18］包志明．科尔沁蒙古族农民生活［M］．北京：民族出版社，1999.

［19］巴德玛．农村蒙古族居民生产方式变迁研究——以永红村生产四队为例［D］．内蒙古师范大学硕士学位论文，2012.

［20］巴图斯日古楞．游牧民牧养五畜习俗探析——以锡林郭勒盟东乌珠穆沁旗为例［D］．内蒙古师范大学硕士学位论文，2013.

［21］波·铁木尔．乌珠穆沁羊［M］．赤峰：内蒙古科学技术出版社，1987.

［22］北京大学中国持续发展研究中心，东京大学生产技术研究所．可持续发展：理论与实践［M］．北京：中央编译出版社，1997.

［23］才布希格．蒙古文化中德人与自然［M］．北京：民族出版社，2006.

［24］才让珠玛，才吉卓玛．青海湖周边社会传统生计方式的变迁与生态适应性研究——基于青海湖周边莫胡里村的人类学考察［J］．青藏高原论坛，2016，4（2）：7.

［25］曹晗．乡村振兴与中国人类学研究的新议题［J］．广西民族大学学报（哲学社会科学版），2019，41（5）：18-26.

［26］崔兰．东乌珠穆沁旗畜牧业生产方式转型研究［D］．中央民族大学硕士学位论文，2013.

［27］崔希海．农具更新对农村社会生产生活的影响研究——以通辽市科尔沁左翼中旗协代村为例［D］．内蒙古师范大学硕士学位论文，2013.

［28］朝木日勒格．从人类学的视角分析牧区家庭经营方式现状［D］．内蒙古大学硕士学位论文，2008.

［29］陈刚．发展人类学视野中的文化生态旅游开发——以云南泸沽湖为例［J］．广西民族研究，2009（3）：163-171.

［30］陈庆德．发展人类学引论［M］．昆明：云南大学出版社，2007.

［31］陈庆德，郑宇，潘春梅．民族文化产业论纲［M］．北京：人民出版社，2014.

［32］陈艳芳．扎赉特旗农具变迁研究［D］．内蒙古师范大学硕士学位论文，2012.

[33] 陈颜洁. 苏尼特右旗荒漠草原三种放牧方式下群落斑块特征 [D]. 内蒙古农业大学硕士学位论文, 2020.

[34] 楚秋娟. 通辽市肉牛产业链发展研究 [D]. 内蒙古农业大学硕士学位论文, 2009.

[35] 道尔基帕拉木. 集约化草原畜牧业 [M]. 呼和浩特：内蒙古人民出版社, 2000.

[36] 达林太, 郑易生. 牧区与市场——牧民经济学 [M]. 北京：社会科学文献出版社, 2010.

[37] 达林太, 郑易生. 牧区与市场：市场化中的牧民 [M]. 北京：社会科学文献出版社, 2021.

[38] 邓蓉, 张存根, 王伟. 中国畜牧业发展研究 [M]. 北京：中国农业出版社, 2005.

[39] 邓小平. 邓小平文选（第三卷）[M]. 北京：人民出版社, 1993.

[40] 杜华君, 张继焦. 文化遗产的"传统—现代"转型与乡村振兴的内源性动力——基于新古典"结构—功能论"的人类学分析 [J]. 广西民族大学学报（哲学社会科学版）, 2020, 42 (6)：103-111.

[41] 董丽霞. 小村庄里的"大棚"——发展人类学视角下的"寿光模式" [D]. 复旦大学硕士学位论文, 2012.

[42] 东乌珠穆沁旗志编委会. 东乌珠穆沁旗志 [M]. 呼伦贝尔：内蒙古文化出版社, 2013.

[43] 鄂斯尔. 现代化建设与游牧生活 [M]. 呼和浩特：内蒙古人民出版社, 2006.

[44] 方宝姗. 1959~2015年东乌珠穆沁旗白灾对畜牧业的影响 [J]. 内蒙古气象, 2017 (3)：29-32.

[45] 费孝通. 江村经济 [M]. 北京：北京时代华文书局, 2018.

[46] 冯宗慈, 奥德, 杜敏, 范国臻, 王忠贵, 邹道训, 张殿荣, 赵国福, 包向东. 嘎达苏良种细毛羊营养需要量及冬季春季补饲标准的验证 [J]. 内蒙古畜牧科技, 1997 (S1)：243-250.

[47] 冯宗慈, 奥德, 王志铭, 王秀, 尹殿明, 赵国福, 张殿荣. 嘎达苏地区几种主要牧草的营养动态 [J]. 内蒙古畜牧科技, 1997 (S1)：224-226.

[48] 盖志毅. 新牧区建设与牧区政策调整——以内蒙古为例 [M]. 沈阳：辽宁民族出版社, 2011.

[49] 高峰. 从牧场到市场——锡盟畜牧业产业化的思考 [J]. 内蒙古宣传, 1999 (9)：18-19.

［50］嘎·系日呼，其日麦拉图．老牧民经验汇编［M］．呼伦贝尔：内蒙古文化出版社，2019.

［51］葛根佐拉．牧民专业合作社发展中的地方政府行为研究——以苏尼特右旗为例［D］．内蒙古农业大学硕士学位论文，2017.

［52］关宇霞，强健，张积家．我国北方少数民族社会变迁的影响因素研究［J］．民族学刊，2021，12（12）：50-59+129.

［53］郭爱莹，曹步春，王占川．做大做强鄂尔多斯细毛羊产业的思考［J］．畜牧与饲料科学，2014，35（6）：70-72+79.

［54］国家统计局农村社会经济调查司．2019中国县域统计年鉴（乡镇卷）［M］．北京：中国统计出版社，2020.

［55］郭京福，毛海军．民族地区特色产业论［M］．北京：民族出版社，2006.

［56］郭育晗．现代化进程中的壮族社会文化变迁［D］．广西民族大学硕士学位论文，2007.

［57］郭占锋．走出参与式发展的"表象"——发展人类学视角下的国际发展项目［J］．开放时代，2010（1）：130-139.

［58］郝维民，齐木德道尔吉．内蒙古通史［M］．北京：人民出版社，2011.

［59］韩长赋．关于实施乡村振兴战略的几个问题［J］．农业工作通讯，2018（18）：12-19.

［60］韩满都拉．农牧关系的变迁——基于内蒙古一个半农半牧社区的实地调查［D］．中央民族大学硕士学位论文，2011.

［61］韩茂莉．草原与田园——辽金时期西辽河流域农牧业与环境［M］．北京：生活·读书·新知三联书店，2006.

［62］韩念勇．草原的逻辑续（上）［M］．北京：民族出版社，2018.

［63］哈斯蒙德．乌珠穆沁羊肉销售渠道研究［D］．内蒙古师范大学硕士学位论文，2016.

［64］哈斯亚提·再努拉．做好草原保护与修复 促进生态可持续发展［J］．畜禽业，2021，32（6）：73-74.

［65］和曦．民族文化生态与民族文化创意产业的调适——以丽江纳西社会为例［D］．云南大学硕士学位论文，2012.

［66］黄健英．蒙古族经济文化类型在北方农牧交错带变迁中演变［J］．江汉论坛，2008（9）：133-138.

［67］黄小婷，骆日瑜．畜种改良在畜牧业发展中的影响探析［J］．牧业论坛，2016，32（10）：20.

［68］黄应贵．作物、经济与社会：东埔社布农人的例子［J］．广西民族学院学报（哲学社会科学版），2005（6）：13-28.

［69］胡美术．生计转型视角下的蓝靛瑶传统纺织文化变迁［D］．广西民族大学硕士学位论文，2010.

［70］贾晓波．心理适应的本质与机制［J］．天津师范大学学报（社会科学版），2001（1）：19-23.

［71］蒋恩臣．农业生产机械化（北方本第三版）［M］．北京：中国农业出版社，2013.

［72］［日］俊藤十三雄．蒙古游牧社会［M］．呼和浩特：内蒙古人民出版社，1990.

［73］蒋树威．畜牧业可持续发展的理论与实用技术［M］．北京：中国农业出版社，1998.

［74］［英］凯蒂·加德纳，大卫·刘易斯．人类学、发展与后现代挑战［M］．张有春译．北京：中国人民大学出版社，2008.

［75］康玲．内蒙古地区雪灾分析［J］．内蒙古气象，2007（1）：10-11+14.

［76］刘生琰．游牧民生计方式变迁与心理适应研究［D］．兰州大学博士学位论文，2013.

［77］刘晓茜，李小云．发展的人类学研究概述［J］．广西民族大学学报（哲学社会科学版），2009，31（5）：38-47.

［78］刘星，陈悦，张玉，李华民，梅成君．品种改良——畜牧业可持续发展动力［J］．中国畜禽种业，2018，14（5）：16-17.

［79］刘钟龄，恩和，达林太．内蒙古牧区草原退化与生态安全的建设［M］．呼和浩特：内蒙古大学出版社，2011.

［80］李惠安，黄连贵，赵铁桥．中国农村合作社的新发展与合作立法问题［J］．农业经济问题，1995（11）：4.

［81］李静，刘生琰．游牧民生计方式变迁与心理适应研究［M］．北京：中国社会科学出版社，2016.

［82］李隆伟．土地承包经营权确权对农民土地流转行为的影响［M］．北京：经济科学出版社，2018.

［83］刘广镕．农业生产结构及农村产业结构（理论与方法）［M］．西安：陕西科学技术出版社，1985.

［84］李鹏．基于草畜平衡与牧民收入关系的生态补偿研究［D］．内蒙古大学硕士学位论文，2012.

［85］李平，孙小龙，刘天明．草原牧区发展中问题浅析［J］．中国草地学

报，2013，35（5）：133-138.

［86］李其木格．五畜均衡对内蒙古草原生态保护之作用［D］．内蒙古师范大学硕士学位论文，2011.

［87］李圆圆．牧民收入视角下的草原生态保护研究［D］．内蒙古农业大学硕士学位论文，2012.

［88］李悦．内蒙古牧区发展与牧民可持续生计研究［D］．内蒙古大学硕士学位论文，2020.

［89］刘慧慧．内蒙古牧区牧户草地流转行为及其对草地生态影响研究［D］．兰州大学硕士学位论文，2020.

［90］林峰．乡村振兴战略规划与实施［M］．北京：中国农业出版社，2018.

［91］林蔚然，郑广智．内蒙古自治区经济发展史（1947～1988）［M］．呼和浩特：内蒙古人民出版社，1990.

［92］林耀华．民族学通论［M］．北京：中央民族大学出版社，1997.

［93］罗康隆．草原游牧的生态文化研究［M］．北京：中国社会科学出版社，2017.

［94］罗康隆，黄贻修．发展与代价——中国少数民族发展问题研究［M］．北京：民族出版社，2006.

［95］罗康隆．论民族生计方式与生存环境的关系［J］．中央民族大学学报，2004（5）：44-51.

［96］罗柳宁．生态环境与文化调适［J］．广西民族学院学报（哲学社会科学版），2004（S1）：8-12.

［97］路宏，胡政平．牧区族群的生计变迁与心理适应——以甘南夏河县桑科乡X村为例［J］．甘肃社会科学，2017（2）：129-135.

［98］［美］露丝·本尼迪克特．文化模式［M］．王炜等译．北京：社会科学文献出版社，2009.

［99］鲁顺元．当代青海藏族文化变迁的地域性差异研究［D］．兰州大学博士学位论文，2011.

［100］路宪民．社会文化变迁中的西部民族关系［D］．兰州大学博士学位论文，2008.

［101］吕俊彪．"靠海吃海"生计内涵的演变——广西京族人生计方式的变迁［J］．东南亚纵横，2003（10）：52-56.

［102］马桂英．蒙古文化中的人与自然关系研究［M］．沈阳：辽宁民族出版社，2013.

［103］马林，张扬．我国草原牧区可持续发展模式及对策研究［J］．中国草

地学报，2013，35（2）：104-109.

［104］［英］马林诺夫斯基. 西太平洋上的航海者［M］. 弓秀英译. 北京：中国社会科学出版社，2016.

［105］［法］马塞尔·莫斯. 礼物［M］. 汲喆译. 北京：商务印书馆，2016.

［106］马宇萌，杨琳. 文化生态视角下的传统技艺类非物质文化遗产展示设计研究［J］. 艺术与设计（理论），2021，2（9）：48-50.

［107］［蒙古］M. 特木尔扎佈，［蒙古］M. 额尔敦朝克图. 蒙古游牧人文化［M］. 呼和浩特：内蒙古人民出版社，2004.

［108］孟晓刚，刘启明. 关于畜牧业产业化的理论研究［J］. 现代农业，2005（1）：41-42.

［109］娜布其. 市场化进程中的蒙古族传统奶食品店探析——以呼和浩特市传统奶食品店为例［D］. 内蒙古师范大学硕士学位论文，2011.

［110］纳·额尔登朝克图，纳·额尔等孟克. 蒙古游牧式畜牧业研究［M］. 呼伦贝尔：内蒙古文化出版社，2016.

［111］［蒙古］那·哈夫卡. 蒙古游牧哲学［M］. 呼和浩特：内蒙古人民出版社，2013.

［112］那木吉拉苏荣. 游牧文化与和谐理念［M］. 呼伦贝尔：内蒙古文化出版社，2007.

［113］那顺巴依尔. 内蒙古牧区社会变迁研究［M］. 呼和浩特：内蒙古大学出版社，2011.

［114］内蒙古自治区畜牧厅修志编史委员会. 内蒙古畜牧业大事记［M］. 呼和浩特：内蒙古人民出版社，1997.

［115］聂萨如拉. 牧户之间草地流转的影响因素及草地退化研究［D］. 内蒙古大学硕士学位论文，2015.

［116］潘晶，张奎疑，郝英. 草原牧区发展现状及实现可持续发展的策略［J］. 江西农业，2020（8）：132+135.

［117］潘天舒. 发展人类学概论［M］. 上海：华东理工大学出版社，2009.

［118］潘天舒. 发展人类学十二讲［M］. 上海：上海教育出版社，2019.

［119］彭萨如拉. 改革开放以来牧民生活方式变迁研究——以科尔沁海迪哈嘎村为个案［D］. 中国海洋大学硕士学位论文，2015.

［120］祁进玉. 文化传承与文化生态保护的人类学研究——以热贡艺术为个案［C］. 2008 年中国艺术人类学论坛暨国际学术会议——"传统技艺与当代社会发展"，2018.

［121］秦红增. 乡村土地使用制度与农业产业化经营——科技下乡的人类学

视野之二 [J]. 广西民族学院学报（哲学社会科学版），2004（4）：75-82.

[122] 秦红增，唐剑玲. 定居与流动：布努瑶作物、生计与文化的共变 [J]. 思想战线，2006（5）：52-58.

[123] 秦红增. 瑶族村寨的生计转型与文化变迁 [M]. 北京：民族出版社，2008.

[124] 青华. 苏尼特羊业品牌化研究 [D]. 内蒙古师范大学硕士学位论文，2016.

[125] 曲靖瞳. 乡村振兴背景下突泉县畜牧业发展政府规制研究 [D]. 内蒙古大学硕士学位论文，2020.

[126] 仁钦. 内蒙古牧区工作成就启示研究（1947~1966）[M]. 北京：中国社会科学出版社，2019.

[127] 任文俊，孙永明. 谈谈狼针草的认识和应用 [J]. 今日畜牧兽医，2011（11）：68.

[128] 荣兆梓，吴春梅. 中国三农问题——历史·现状·未来 [M]. 北京：社会科学出版社，2005.

[129] 赛汉. 内蒙古国营B牧场的移民、发展与种畜改良区域民族卷 [C]. 边疆发展中国论坛文集，2010.

[130] 色音拉布登. 关于牧区改革的探索 [M]. 呼和浩特：内蒙古教育出版社，2018.

[131] 色音. 蒙古游牧社会变迁 [M]. 呼和浩特：内蒙古人民出版社，1998.

[132] 色音，张继焦. 生态移民的环境社会学研究 [M]. 北京：民族出版社，2009.

[133] 斯琴毕力格. 抓住"人、草、畜"三要素 [J]. 草原与牧业，2013（2）：7-9.

[134] 斯钦塔娜. 苏尼特羊肉销售渠道发展研究 [D]. 内蒙古农业大学硕士学位论文，2012.

[135] [美] 斯图尔德. 文化变迁论 [M]. 谭卫华，罗康隆译. 贵阳：贵州人民出版社，2012.

[136] 宋蜀华，白振声. 民族学理论与方法 [M]. 北京：中央民族大学出版社，1998.

[137] 苏德毕力格. 内蒙古草原畜牧业 [M]. 呼和浩特：内蒙古大学出版社，2006.

[138] 苏尼特右旗志编纂委员会. 苏尼特右旗志 [M]. 呼伦贝尔：内蒙古

文化出版社，2002.

[139] 苏启．乡村振兴中乡村产业发展规划的思考［J］．农村·农业·农民（B版），2021（12）：22-23.

[140] 孙燕．藏族民众视角下当代西藏地方文化的适应性研究——以日喀则市为例［D］．兰州大学博士学位论文，2020.

[141] 孙志超．科尔沁蒙古族农具变迁调查研究［D］．内蒙古师范大学硕士学位论文，2019.

[142] 苏日太．以发展理论研究现代牧民生活变迁——以内蒙古四子王旗为例［D］．内蒙古大学硕士学位论文，2015.

[143] 舍·宝音涛克涛夫．蒙古族五畜命名［M］．赤峰：内蒙古科学技术出版社，2020.

[144] 盛国滨．青海牧区人草畜和谐发展与社会稳定研究［J］．西北民族大学学报，2012（3）：94-98+110.

[145] 石博文．杜尔伯特养牛农户的经济人类学分析［D］．中央民族大学硕士学位论文，2020.

[146] 石奕龙．应用人类学［M］．厦门：厦门大学出版社，1996.

[147] 石奕龙．斯图尔德及其文化人类学理论［J］．世界民族，2008（3）：62-71.

[148] 史玉丁．发展人类学视角下传统村落文化的保护与活化［J］．世界农业，2018（7）：65-70.

[149] 谭同学．二元农业、农户生活货币化与乡村振兴——来自桂东北瑶寨的调查与思考［J］．北方民族大学学报，2020（6）：56-63.

[150] 唐忠．中国农业生产发展40年：回顾与展望［M］．北京：经济科学出版社，2018.

[151] 特力格尔．内蒙古不同草原类型草畜平衡现状分析［D］．内蒙古师范大学硕士学位论文，2021.

[152] 特·那木吉拉苏荣．草原五宝丛书［M］．呼和浩特：内蒙古人民出版社，2015.

[153] 通辽统计年鉴委员会．通辽市统计年鉴2008［M］．通辽：通辽市统计局，2009.

[154] 王海飞．文化传播与人口较少民族文化变迁——裕固族30年来文化变迁的民族志阐释［M］．北京：民族出版社，2010.

[155] 王海燕．土地制度变革对农村社会变迁的作用——基于对张庄村的实地调研［J］．改革与开放，2009（12）：162-163.

［156］王明珂.游牧者的抉择——面对汉帝国的北亚游牧部族［M］.南宁：广西师范大学出版社，2008.

［157］王铭铭.20世纪西方人类学主要著作指南［M］.北京：世界图书出版公司，2008.

［158］王天祥.内蒙古农畜产品流通模式创新研究［D］.内蒙古财经大学硕士学位论文，2014.

［159］王思明.20世纪中国农业与农村变迁研究：跨学科的对话与交流［M］.北京：中国农业出版社，2003.

［160］玉时阶.美国瑶族生计方式的变迁［J］.中南民族大学学报（人文社会科学版），2007（3）：35-38.

［161］王逍.人类学视野中的畲族乡村发展反思［J］.浙江师范大学学报（社会科学版），2016，41（4）：65-71.

［162］王晓毅.环境压力下的草原社区——内蒙古六个嘎查村的调查［M］.北京：社会科学文献出版社，2009.

［163］王迅，苏赫巴鲁.蒙古族风俗志（上）［M］.北京：中央民族大学出版社，1990.

［164］王燕鸽.嘉祥县肉羊交易市场发展对策研究［D］.山东农业大学硕士学位论文，2021.

［165］王玉海.发展与改革：清代内蒙古东部由牧向农的转型［M］.呼和浩特：内蒙古大学出版社，2000.

［166］王泽霖.人类学词典［M］.上海：上海辞书出版社，1991.

［167］伍兹.文化变迁［M］.石家庄：河北人民出版社，1989.

［168］乌日力嘎.科尔沁蒙古族村落生计变迁方式研究［D］.兰州大学硕士学位论文，2013.

［169］乌日陶克套胡.内蒙古自治区牧区经济发展史研究［M］.北京：人民出版社，2018.

［170］乌日陶克套胡.论蒙古族游牧经济特征［J］.中央民族大学学报，2005（2）：32-36.

［171］乌苏日格仓.游牧经济变迁与发展［M］.呼和浩特：内蒙古教育出版社，2013.

［172］吴彤，张锡梅.人与自然：生态、科技、文化和社会［M］.呼和浩特：内蒙古大学出版社，1995.

［173］吴雪婷.乡村振兴战略下六枝生态畜牧业发展模式研究［D］.贵州民族大学硕士学位论文，2021.

［174］徐君韬．荒漠化草原牧户饲草料储备与生产效率研究——以苏尼特右旗为例［D］．内蒙古大学硕士学位论文，2013．

［175］徐丽丽．内蒙古草原牧区畜产品销售渠道研究［D］．内蒙古农业大学硕士学位论文，2012．

［176］徐祥临．农村经济与农业发展［M］．北京：党建读物出版社，2000．

［177］徐彦明，李春明，普燕．农机购置补贴与农机推广工作可持续发展分析［J］．现代农机，2002（1）：48-49．

［178］徐阳吉哲．扎赉特旗生态环境质量与农村经济发展耦合协调分析［D］．东北农业大学硕士学位论文，2022．

［179］辛允星．发展的解构学及其困境——与《遭遇发展》的反思性对话［J］．中国农业大学学报（社会科学版），2012，29（2）：151-155．

［180］姚洋．内蒙古草牧场承包经营权内部流传市场的问题研究［D］．内蒙古农业大学硕士学位论文，2009．

［181］姚洋．中国农地制度：一个分析框架［J］．中国社会科学，2000（2）：54-65+206．

［182］杨金波，刘德福，色勒扎布．乌拉盖牧场畜种与畜群结构优化模型［J］．内蒙古农牧学院学报，1996（2）：8．

［183］杨愚春．一个中国村庄——山东台头［M］．南京：江苏人民出版社，2001．

［184］杨美慧．中国人际关系与主体性建构［M］．南京：江苏人民出版社，2009．

［185］杨庭硕．生态人类学导论［M］．北京：民族出版社，2007．

［186］杨学新，任会来．中国农具80余年的变迁研究——基于1923年卜凯盐山县150农家调查［J］．农业考古，2010（4）：169-177．

［187］杨须爱，李静．交往与流动话语中的村落社会变迁［M］．北京：中国社会科学出版社，2008．

［188］闫茂旭．路径选择视角下的内蒙古牧区民主改革——以锡林郭勒盟为中心的考察［J］．广播电视大学学报（哲学社会科学版），2009（4）：88-94．

［189］闫天灵．汉族移民与近代蒙古社会变迁研究［M］．北京：民族出版社，2004．

［190］阎云翔．礼物的流动——一个中国村庄的互惠原则与社会网络［M］．上海：上海人民出版社，2017．

［191］余海龙．草原生态保护视域下的牧区发展研究［D］．西北民族大学硕士学位论文，2018．

［192］虞美丽．美利奴羊毛户外运动贴身层服装的功能性评价［D］．东华大学硕士学位论文，2021.

［193］于玉慧．哈尼族生计方式变迁研究——以西双版纳老坝荷为例［D］．广西民族大学硕士学位论文，2013.

［194］扎鲁特旗档案馆．扎鲁特年鉴［M］．北京：中国文史出版社，2011.

［195］扎鲁特旗志编纂委员会．扎鲁特旗志（1987-2009年）［M］．呼伦贝尔：内蒙古文化出版社，2010.

［196］赵旭东．乡村文化与乡村振兴——基于一种文化转型人类学的路径观察与社会实践［J］．贵州大学学报（社会科学版），2020，38（4）：30-43.

［197］赵玉石．新型农村合作社发展中的政府行为研究［D］．东北师范大学博士学位论文，2019.

［198］张皓．内蒙古草原畜牧业可持续发展研究［D］．西北农林科技大学硕士学位论文，2019.

［199］张洪波．文化生态学理论及其对我国城市可持续发展的启示［J］．现代城市研究，2009，24（4）：85-90.

［200］张静．乡村振兴与文化活力——人类学参与观察视角下浙江桐乡M村经验分析［J］．中华文化论坛，2018（4）：112-116.

［201］张昆．生态政策视阈下的边境牧民生计与适应策略——基于东乌珠穆沁旗的调查研究［J］．贵州民族研究，2020，41（10）：38-43.

［202］张蕾．改革开放初期内蒙古牧区经济体制改革与畜牧业发展研究［J］．农业考古，2014（1）：66-72.

［203］张玭．基于文化生态学的格凸河苗寨文化保护与开发策略研究［D］．重庆大学硕士学位论文，2014.

［204］张庆军．乡村振兴战略下畜牧产业发展研究［J］．山西农经，2021（2）：75-76.

［205］张雯．自然的脱嵌——建国以来一个草原牧区的环境与社会变迁［M］．北京：知识产权出版社，2016.

［206］张遥．蒙古国畜牧业转型升级和科技创新［J］．科学管理研究，2020，38（2）：164-168.

［207］张银花，张建国．蒙古族传统游牧智慧的价值启示［J］．前沿，2017（5）：87-90.

［208］［美］詹姆斯·C.斯科特．国家的视角：那些试图改善人类状况的项目是如何失败的［M］．王晓毅译．北京：社会科学文献出版社，2004.

［209］郑宏．草原的逻辑续（下）［M］．北京：民族出版社，2018.

[210] 周大鸣，胡琴．人类学在全球治理中的地位和作用——以世界银行为例 [J]．中南民族大学学报（人文社会科学版），2019，39（3）：63-68.

[211] 洲塔，贾霄锋．黄河上游藏区社会经济发展研究 [M]．北京：民族出版社，2009.

[212] 周听．中国农具发展史 [M]．济南：山东科学技术出版社，2005.

[213] 中共中央、国务院关于"三农"工作的一号文件汇编（1982-2014）[M]．北京：人民出版社，2014.

[214] 中共中央、国务院．中共中央、国务院关于实施乡村振兴战略的意见 [M]．北京：人民出版社，2018.

[215] 中共中央文献研究室．毛泽东文集（第六卷）[M]．北京：人民出版社，1999.

[216] 中国饲用植物志编辑委员会．中国饲用植物志（第一卷）[M]．北京：中国农业出版社，1989.

[217] 中华人民共和国农业部．农具图谱（共四卷）[M]．北京：通俗读物出版社，1958.

[218] 庄孔韶．人类学概论 [M]．北京：中国人民大学出版社，2006.

[219] 朱建玲．锡林郭勒盟阶段性禁牧的效果研究 [J]．吉林农业，2011（6）：282-283.

[220] 朱婷婷．牧区专业合作社动力机制发展研究——以苏尼特右旗为例 [D]．内蒙古大学硕士学位论文，2014.

[221] 朱智贤．心理学大辞典 [M]．北京：北京师范大学出版社，1989.

后　记

　　农牧业作为国民经济的重要产业对于内蒙古自治区来说具有独特的优势和重要性。同时，农牧业的发展也与农牧民的生计模式、意识观念、文化以及生态环境的保护息息相关。自改革开放以来，中央一号文件明确要求在科学养畜、适当利用饲草资源的基础上大力发展我国畜牧业，并实行农牧林结合发展。党的十九大提出的乡村振兴战略为中国特色社会主义乡村发展开辟了道路，这也是新时期"三农"政策的具体体现。其目标是推动农村牧区产业兴旺、生态宜居、乡风文明、治理有效、生活富裕，建设好广大农牧民的生活家园。通过加快农村牧区现代化，形成工农互促、城乡互补、协调发展、共同繁荣的新型工农城乡关系，促进农业高质高效、乡村宜居宜业、农民富裕富足，为全面建设社会主义现代化国家提供有力支撑。其中，产业振兴是实现农牧民增收、农牧业发展和农牧区繁荣的基石，也是解决农村牧区问题的前提。

　　本书紧紧围绕新时代中国乡村振兴战略发展的时代背景，以内蒙古农村牧区产业振兴为聚焦点，在基于扎实的田野调查的基础上，从牧区"人—草—畜"互惠关系、牧区产业振兴、牧区畜牧业市场化、农区农具变迁四个方面进行案例分析研究。这些案例研究对于内蒙古农村牧区的可持续发展具有重要的现实研究意义。

　　本书的笔者团队在四个案例的调查点进行了为期三年的扎实的田野调查，通过深度访谈收集了丰富的第一手资料，并撰写了学术成果。案例一以内蒙古自治区锡林郭勒盟苏尼特右旗乌日根塔拉镇为研究对象，通过文献综述和田野调查，研究了现代牧区中"人—畜—草"三者之间的协调发展，并为建立自然与人文全面发展的和谐社会提供了理论依据。案例二从发展人类学视角，以鄂尔多斯市乌审旗布寨嘎查细毛羊羊毛产业为例，重点探讨了牧区产业振兴，具有一定的内蒙古及牧区产业振兴的现实研究意义。案例三从乡村振兴战略视角出发，运用文化生态学和可持续发展理论，探究了通辽市嘎达苏种畜场的畜牧业市场化的发展情况，并研究了畜牧业市场化对牧民经济、生活、文化、传统意识观念和传统人际关系的影响，以及生态环境和文化之间的相互关系。案例四基于对通辽市保尔斯稿嘎查的田野调查，进行了对当地农业生产及主要农具变迁的比较研究，为民族地区生产方式变迁的实证研究提供了更丰富的视角。希望本书能够为有关农牧业发展和乡村振兴战略的深入了解和思考提供个案，同时，也期待着更多的研究和实践能够为农牧业的发展和乡村振兴做出更大的贡献。

本书的撰写不仅仅是笔者个人努力的成果，更是一个团队的集体智慧的产物。撰写团队成员中除了笔者以外另有四位同学主要承担了四个案例的调查以及撰写工作，他们分别是内蒙古大学民族学专业的硕士研究生珠拉、包塔娜、月圆、布音敖其尔拉，他们的参与使本书得以顺利完成。这四位同学通过扎实的田野调查和辛勤的投入，为本书提供了宝贵的资料。

本书的撰写还得到内蒙古自治区锡林郭勒盟、鄂尔多斯市和通辽市的四个田野点的农牧民和地方领导的大力支持。他们在田野调查中给予了无私的奉献，耐心地接受笔者的访谈，为笔者提供了翔实、可靠的第一手资料。农牧民和地方领导的支持和奉献为本书的撰写提供了数据资料的支撑。

同时还要感谢经济管理出版社编辑的鼎力相助，在本书三审环节中出版社编辑从语句表述到逻辑的修改等方面都付出了大量的心血，对他们的感谢是难以言表的。尤其是经济管理出版社的任爱清编辑，为本书出版付出了大量的时间和精力，对她的努力深表谢意。

本书得到内蒙古大学民族学学科"双一流"建设和"部区合建"项目经费的资助，并属于内蒙古大学"铸牢中华民族共同体意识研究系列丛书"的成果之一。在此，我们衷心感谢内蒙古大学民族学与社会学学院院长阿拉坦宝力格教授、内蒙古大学民族学与社会学学院行政办公室主任赵艳丽老师等在经费申请与使用过程中给予的支持与帮助。

本书在田野调查、成果撰写和出版过程中，得到了许多人的支持与帮助，在此，我们一并表示诚挚的谢意。由于笔者学识有限，难免会有疏漏和错误之处，敬请各位读者、专家与同行批评指正，以便我们学习和修订。

杨常宝

2023 年 8 月 28 日于内蒙古大学